Wolfgang Seibel
Verwaltung verstehen

Eine theoriegeschichtliche Einführung

Suhrkamp

4. Auflage 2024

Erste Auflage 2016
suhrkamp taschenbuch wissenschaft 2200

Umschlag nach Entwürfen
von Willy Fleckhaus und Rolf Staudt
Druck und Bindung: C. H. Beck, Nördlingen
Printed in Germany
ISBN 978-3-518-29800-8

www.suhrkamp.de

suhrkamp taschenbuch
wissenschaft 2200

Die öffentliche Verwaltung gehört zu den wichtigsten und zugleich am wenigsten verstandenen Institutionen der Gegenwart. Warum handelt Verwaltung einerseits pedantisch und übergenau, eben bürokratisch, andererseits aber auch bemerkenswert flexibel und pragmatisch? Warum arbeitet sie meistens reibungslos und effektiv, bringt jedoch mitunter auch dramatische Fehlleistungen hervor? Wolfgang Seibel führt in *Verwaltung verstehen* in grundlegende Probleme öffentlicher Verwaltung ein und zeigt, wie sie in Theorie und Praxis bearbeitet werden. Sein flüssig geschriebenes und informatives Buch richtet sich nicht nur an Fachwissenschaftler, sondern an alle, die sich für das »Innenleben« dieser so wichtigen Institution interessieren.

Wolfgang Seibel ist Professor für Politik- und Verwaltungswissenschaft an der Universität Konstanz und Adjunct Professor of Public Administration an der Hertie School of Governance, Berlin.

Inhalt

Für Christiane,
ohne die ich nichts verstanden hätte.

Vorwort

Es fehlt in der Verwaltungswissenschaft an ethnographischen Studien nach dem Vorbild »dichter Beschreibungen«.[1] Gäbe es sie, würden sie vielleicht ähnlich wie die folgende Vignette beginnen.

In der Sprechstunde eines Amtsarztes im Gesundheitsamt einer kreisfreien Stadt erscheint eine krebskranke Zollinspektorin. Sie ist seit einem Dreivierteljahr krankgeschrieben, nun geht es nach Maßgabe der einschlägigen beamtenrechtlichen Regelungen um die Frage, ob sie ihren Beruf überhaupt noch ausüben kann, und das hängt von den Genesungsaussichten ab. Diese zu beurteilen, ist Aufgabe des Amtsarztes. Die Beamtin ist 36 Jahre alt, verheiratet und hat zwei grundschulpflichtige Kinder. Der Amtsarzt weiß, dass von Genesung keine Rede sein kann und die der Zollinspektorin verbleibende Lebenszeit nur noch wenige Monate beträgt. Die Attestierung der objektiv vorliegenden Berufsunfähigkeit allerdings wäre nicht nur eine weitere schwere psychische Belastung für die Frau, sie hätte auch zur Folge, dass die Dienstbezüge und nach ihrem Tod auch die Versorgungsleistungen für die Familienangehörigen gekürzt werden würden. Mehrfach bereits wurde der Amtsarzt von der Oberfinanzdirektion (OFD) als personalbewirtschaftender Stelle gemahnt, nun endlich sein Gutachten zu liefern. Nach der letzten Mahnung dieser Art greift der Arzt zum Telefon und schildert der zuständigen Referatsleiterin der OFD den tatsächlichen gesundheitlichen Zustand der Zollinspektorin, die sich daraus ergebende Konsequenz der Berufsunfähigkeit, vor allem aber seine Entscheidungsnot angesichts der Folgen einer amtlichen Berufsunfähigkeitserklärung. Die Referatsleiterin bittet sich Bedenkzeit aus und kündigt an, ihren Abteilungsleiter um Rat zu fragen. Dieser ruft noch am selben Tag zurück und macht folgenden Lösungsvorschlag: Der Amtsarzt möge der Oberfinanzdirektion schriftlich mitteilen, dass er zur Erstellung des Dienstfähigkeitsgutachtens über die erkrankte Zollinspektorin wegen Überlastung des Gesundheitsamts und speziell seines Sachgebiets derzeit nicht in der

1 Clifford Geertz, *Dichte Beschreibung. Beiträge zum Verstehen kultureller Systeme*, Frankfurt/M. 2003 [amerik. Orig. 1973].

Lage und daher mit der Übersendung des Gutachtens erst in etwa vier Monaten zu rechnen sei. Sowohl dem Amtsarzt als auch dem Abteilungsleiter in der OFD ist klar, dass sich der Vorgang innerhalb dieser Zeit aus den erörterten medizinischen Gründen erledigen wird, und genau so kommt es auch.

Nicht nur jede Verwaltungspraktikerin und jeder Verwaltungspraktiker, sondern jede und jeder, der oder dem der gesunde Menschenverstand nicht abhandengekommen ist, versteht diese Geschichte. Nicht nur die Abläufe und das Entscheidungskalkül der Beteiligten, sondern auch den Pragmatismus und die Verwaltungsklugheit, die darin zum Ausdruck kommen. Man kann sich in die Gewissensnöte des Amtsarztes hineinversetzen, und man darf auch die souveräne Entscheidung des Abteilungsleiters bewundern, der aus humanitären Gründen veranlasst, dass die beiden beteiligten Behörden es mit den Buchstaben des Dienstrechts und mit den Verfahrensgrundsätzen einer effektiven Verwaltung nicht so genau nehmen.

Die Verwaltungs*wissenschaft* aber hat viel größere Probleme mit der Interpretation eines solchen Vorgangs. Was soll man aus so einer einzelnen Fallgeschichte schon lernen können? Für empirisch arbeitende Verwaltungswissenschaftler, die an verallgemeinerungsfähigen Aussagen über die Verwaltung interessiert sind, hat ein Einzelfall bestenfalls illustrativen Charakter. Die mangelnde Verallgemeinerungsfähigkeit ist der Standardvorbehalt nicht nur gegenüber Einzelfallstudien, sondern auch gegenüber der ethnographischen Methode, die zudem auf exakte Beobachtung setzt und so keine beliebig große Zahl von Fällen in gleicher Genauigkeit untersuchen, daher aber auch nur bedingt, wenn überhaupt, verallgemeinerungsfähige Erkenntnisse zutage fördern kann. Entweder man entwickelt ein Tiefenverständnis von Strukturen und Situationen oder Handlungsabläufen, so die gängige Annahme, oder man strebt nach Erklärungen von möglichst hohem Abstraktionsgrad auf der Grundlage möglichst vieler Beobachtungen, die dann notwendigerweise nicht tiefschürfend sind.

Der Soziologe Hartmut Esser hat bereits vor einem Vierteljahrhundert verdeutlicht, wie unzureichend diese Standardannahmen sozialwissenschaftlicher Methodologie sind.[2] Verstehende und er-

2 Hartmut Esser, *Alltagshandeln und Verstehen. Zum Verhältnis von erklärender und verstehender Soziologie am Beispiel von Alfred Schütz und »Rational Choice«*, Tübingen 1991.

klärende Sozialwissenschaft schließen sich nicht nur nicht aus, sie können in eine komplementäre und somit fruchtbare Beziehung zueinander gesetzt werden. Voraussetzung ist, dass die verstehende Sozialwissenschaft nicht mit Theorieferne kokettiert und dass die Bemühungen um verallgemeinerungsfähige Erklärungen das Potenzial verstehender Beobachtung nicht ungenutzt lassen. In dieser eigentlich anzustrebenden, in der Forschungspraxis jedoch selten anzutreffenden Überlappung der jeweiligen Vorzüge von verstehender und erklärender Methode liegt die Herausforderung auch der Verwaltungswissenschaft.

Eine angemessene methodologische Problemlösungsstrategie ist auf einen angemessen kalibrierten Theoriezugriff angewiesen. Hierzu soll der vorliegende Band einen Beitrag leisten. Aus der oben wiedergegebenen »Geschichte« eines komplexen, aber alltäglichen Verwaltungsvorgangs lassen sich verallgemeinerungsfähige Schlüsse ziehen unter der Voraussetzung, dass man das spontane Verständnis, wie es die Verwaltungspraktikerin mitbringt, mit dem theoretischen Wissen des Verwaltungswissenschaftlers in Beziehung setzt. Davon haben dann im günstigen Fall beide etwas, Praxis und Wissenschaft.

So erkennt das theoretisch geschulte Auge im Verhalten des Amtsarztes und des Abteilungsleiters in der Oberfinanzdirektion ohne weiteres jene »brauchbare Illegalität«, von der bereits Niklas Luhmann in seiner unter den damaligen deutschen verwaltungswissenschaftlichen Verhältnissen bahnbrechenden Studie über *Funktionen und Folgen formaler Organisation* (1964) geschrieben hat.[3] Man sieht den latenten Schatten der Bürokratie, wie Max Weber sie in seinem posthum zusammengestellten Werk *Wirtschaft und Gesellschaft* (1922) idealtypisch charakterisiert hat.[4] Man sieht die Zone der Unsicherheit, die sich vor dem Abteilungsleiter auftut und deren Kontrolle Michel Crozier in seinem Klassiker *Le phénomène bureaucratique* (1963) als eigentliche Machtquelle in der Verwaltung beschrieben hat.[5] Man erkennt den Sinn für

3 Niklas Luhmann, *Funktionen und Folgen formaler Organisation*, Berlin 1964.

4 Max Weber, *Wirtschaft und Gesellschaft. Grundriss der verstehenden Soziologie*, hg. v. Johannes Winckelmann, Tübingen [5]2002.

5 Michel Crozier, *Le phénomène bureaucratique. Essai sur les tendances bureaucratiques des systèmes d'organisation modernes et sur leurs relations en France avec le système social et culturel*, Paris 1963.

Verantwortung, der das Handeln und Unterlassen des Amtsarztes prägte, wenn man sich Carl J. Friedrichs Abhandlung »Public Policy and the Nature of Administrative Responsibility« von 1940 in Erinnerung ruft.[6] Beide, der Amtsarzt im Gesundheitsamt und der Abteilungsleiter in der Oberfinanzdirektion, lassen sich ferner in Anlehnung an Anthony Downs (*Inside Bureaucracy*, 1967) als hybride Rollenträger im Spannungsfeld aus Rechtsbindung, Amtsinteresse und Humanität interpretieren, die bereit waren, für Regelverletzungen geradezustehen,[7] weil sie sich, wie Philip Selznick es beschrieben hat (*Leadership in Administration*, 1957) nicht nur Zweckmäßigkeiten und Dienstvorschriften verpflichtet fühlten, sondern auch professionellen und institutionellen Grundwerten.[8]

Und schließlich hilft uns ein angemessenes theoretisches Verständnis dieses Vorgangs aus dem Alltag der Verwaltung auch, darüber nachzudenken, wo die Grenzen brauchbaren, aber nicht immer regelkonformen Entscheidens in der Verwaltung liegen, wo doch dessen Vorzüge von einer ganzen Denkschule der Verwaltungswissenschaft seit Jahrzehnten gepriesen werden. Gemeint ist das Theorem der begrenzten Rationalität *(bounded rationality)* auf der Grundlage und in der Nachfolge von Herbert A. Simon.[9] Nicht immer haben wir es in der Verwaltung mit erfahrenen, wohlwollenden und verantwortungsbewussten Menschen zu tun, sondern, wie auch sonst im Leben, mitunter mit bequemen, sich durchwurstelnden und im Regelfall opportunistischen Individuen.

Der vorliegende Band ist aus meiner langjährigen Lehre am Fachbereich Politik- und Verwaltungswissenschaft der Universität Konstanz entstanden, das ihm zugrundeliegende Konzept aber kam letztlich zustande durch umfangreiche Beobachtungen in und von öffentlichen Verwaltungen und zahllose Gespräche mit Verwaltungspraktikerinnen im Rahmen der von mir in unterschiedlichen

6 Carl J. Friedrich, »Public Policy and the Nature of Administrative Responsibility«, in: Carl J. Friedrich, Mason Edward S. (Hg.), *Public Policy. A Yearbook of the Graduate School of Public Administration, Harvard University*, Cambridge (Mass.) 1940, S. 3-24.

7 Anthony Downs, *Inside Bureaucracy*, Boston 1967.

8 Philip Selznick, *Leadership in Administration. A Sociological Interpretation*, Evanston (Ill.) 1957.

9 Herbert A. Simon, *Administrative Behavior. A Study of Decision-Making Process in Administrative Organization*, New York 1947.

Zusammenhängen durchgeführten Fallstudien. Ich danke daher an dieser Stelle meinen Studenten, insbesondere denjenigen meiner »Einführung in die Verwaltungswissenschaft«, auf deren Substanz der vorliegende Band zurückgeht, und meiner Fallstudienseminare. Ich danke meinen Mitarbeiterinnen und Mitarbeitern, die an der Entstehung des Bandes beteiligt waren, allen voran Angelika Dörr, die das gesamte Manuskript betreut hat, Simon Fechti, der das Literaturverzeichnis und das Register bearbeitete, sowie Annette Flowe, die immer wieder zur Stelle war, wenn es um Literaturbeschaffung und die Nachbearbeitung einzelner Manuskriptstellen ging. Ich danke sehr herzlich Jan-Erik Strasser, der das Buch durch ein ebenso fürsorgliches wie strenges Lektorat vor etlichen stilistischen und logischen Schwächen bewahrt hat.

Der Exzellenzcluster »Kulturelle Grundlagen von Integration« an der Universität Konstanz hat mir unschätzbare infrastrukturelle und intellektuelle Unterstützung zuteilwerden lassen. Das gilt insbesondere für die Förderung der verwaltungswissenschaftlichen Diskussionsrunde mit Arthur Benz, Christian Rosser und Fritz Sager und die Gewährung einer Heimstatt in der Kreuzlinger Seeburg. Ich danke diesen Freunden und Kollegen sehr herzlich für die vielen Anregungen und den kräftigen Motivationsschub. Danken möchte ich schließlich auch Markus Freitag, der meinte, ich solle doch einmal ein verwaltungswissenschaftliches Buch schreiben, mit dem auch Nicht-Verwaltungswissenschaftler etwas anfangen könnten. Eine wirkliche Verwaltungslehre ist es nun nicht geworden, aber ohne diesen Impuls und das durch ihn erzeugte und mit der zeitlichen Verzögerung der Manuskripterstellung zunehmende schlechte Gewissen wäre der nun vorliegende strukturierte Theorieüberblick vielleicht nie entstanden.

Gewidmet ist dieses Buch der einflussreichsten Verwaltungspraktikerin meines Lebens, meiner Frau Christiane.

Konstanz, im April 2016 Wolfgang Seibel

Einleitung: Verwaltung in der Demokratie. Effektivität und Verantwortung, Institutionalisierung und Partizipation

Öffentliche Verwaltung ist nach einer klassischen Definition[1] die Tätigkeit des Staates außerhalb von Gesetzgebung, Rechtsprechung und Regierung. In Reinform der »vollziehenden Gewalt« treffen wir die Verwaltung überall dort an, wo es um den Vollzug von Gesetzen außerhalb der Justiz geht. Typische Beispiele sind Einwohnermeldeämter, Regierungspräsidien, Finanzämter, Kraftfahrzeugzulassungsstellen oder die Dienststellen einer Gemeindeverwaltung beziehungsweise eines Landratsamtes. Aber es gibt auch Betriebe oder Einrichtungen im öffentlichen (und auch im privatwirtschaftlichen Sektor), die nach dem Verständnis ihrer Angehörigen nicht »Verwaltung« *sind*, aber eine Verwaltung *haben*. Das gilt bereits für die Regierung, die Justiz und die Parlamente mit den unterstützenden Einheiten der Ministerialverwaltung, der Justizverwaltung und der Parlamentsverwaltung. Ähnlich ist es bei Einrichtungen, bei denen der Dienstleistungscharakter im Vordergrund steht, bei Krankenhäusern, Schulen und Universitäten etwa oder bei den öffentlichen Verkehrsbetrieben. Im Hintergrund arbeitet dort eine Organisation, deren Zweck nicht die Dienstleistung selbst, sondern die Aufrechterhaltung des Betriebes ist. Auch sie wird normalerweise »Verwaltung« genannt, oft mit einem konkretisierenden Zusatz wie »Personalverwaltung«, »Haushaltsverwaltung« oder »Gebäudeverwaltung«. Verwaltungen sind ganz allgemein gesagt formale Organisationen, die nach Regeln arbeiten und mit eigens geschultem Personal öffentliche Aufgaben oder Assistenzfunktionen erfüllen.

Das Eigentümliche der Verwaltung ist, dass sie ebenso allgegenwärtig wie unentbehrlich und doch, was ihre eigentliche Natur betrifft, weitgehend unbekannt und nicht einmal besonders hoch angesehen ist. Verwaltung gilt bestenfalls als uninteressant, jedenfalls als Expertenangelegenheit. Das ist paradox, schon deshalb, weil die

1 Otto Mayer, *Deutsches Verwaltungsrecht. Erster Band*, München, Leipzig ^{3}1924, S. 7.

öffentliche Verwaltung im demokratischen Staat Angelegenheit der Bürger sein sollte, und das kann sie nur sein, wenn diese die Möglichkeit haben, sich über ihre Eigenheiten zu unterrichten und sie wenigstens ihren Grundzügen nach zu verstehen. Verwaltung verstehen bedeutet nicht nur zu wissen, wie sie funktioniert, sondern auch beurteilen zu können, ob sie gut und angemessen funktioniert. Es geht also sowohl um deskriptive als auch um normative Gesichtspunkte.

Modelle, Mechanismen, Theorien

Verwaltung zu verstehen, bedeutet, in groben Zügen das *System* von Verwaltung zu begreifen, so wie man dies bei natürlichen, also nicht von Menschen geschaffenen Systemen, ebenfalls tut, wenn man sich dafür interessiert. Das »Systematische« jeder einzelnen Verwaltung hat wiederum zwei Gesichtspunkte. Zum einen geht es um den konkreten Funktionszusammenhang, in dem zum Beispiel eine Behörde steht, zum anderen um die abstrakte Eigenschaft, einem Systemtypus anzugehören, den wir »Verwaltung« nennen. So wie etwa, wenn das Beispiel erlaubt ist, der Motor eines Autos in einem konkreten Funktionszusammenhang mit dem Fahrzeug steht, zugleich aber auch dem abstrakten Systemtypus »Antriebsaggregat« zuzurechnen ist.

Ein sinnvolles Verständnis des Systems, seiner Komponenten und der aus dem Zusammenwirken der Komponenten sich ergebenden Systemeigenschaften erreichen wir aber bei allen komplexeren Betrachtungsgegenständen nur mit Hilfe von Theorien. Theorien lassen uns ebenjene Strukturen und Mechanismen erkennen, die sowohl die abstrakten Systemeigenschaften als auch die konkreten Funktionszusammenhänge verständlich machen, und zwar mit Hilfe von Modellen. Ein Modell ist eine beschreibende oder erklärende Abstraktion der Wirklichkeit, wie zum Beispiel ein Stadtplan, eine Konstruktionszeichnung oder eine Algebrafunktion – abstrakte Darstellungen der Wirklichkeit, die uns jedoch gerade durch die Abstraktion Dinge und Zusammenhänge erkennen lassen, die wir ohne sie gar nicht oder nur durch aufwendiges Erkunden und das dadurch gewonnene Erfahrungswissen verstehen würden. Und weil Modelle der Wirklichkeit abstrakt sind, sind sie zugleich verallgemeinerungsfähig. Wenn wir einmal gelernt haben, uns nicht mehr anhand von Häuserecken und Schaufensterinhalten in einer Stadt zu orientieren, sondern mit Hilfe eines Stadtplans aus Papier oder auf unserem Smartphone, haben wir gleichzeitig gelernt, wie man sich *generell* die zweidimensionale Darstellung des dreidimensionalen Phänomens »Stadt« zunutze macht. Das Wissen, wie man einen Stadtplan liest, also das Modell versteht und benutzt, kommt uns dann auch in anderen Städten zugute.

Die Modelle der Verwaltungswirklichkeit, die uns die dafür einschlägigen Theorien anbieten, leisten Ähnliches, indem sie unterschiedliche Ausschnitte dieser Wirklichkeit abbilden. Wenn man das Phänomen hybrider Rollenmuster des leitenden Personals anhand eines Beispiels aus dem Amtsalltag verstanden hat, wird man es auch in Handlungskonstellationen anderer Behörden erkennen. Begreift man den Zusammenhang zwischen Unsicherheitszonen und Machtmobilisierung erst einmal, hat man generell einen schärferen Blick für die informellen Machtverhältnisse in Verwaltungen.

In diesem Buch geht es um Theorien als Angebote für Modelle von Strukturen und Handlungen, die als »Theorien mittlerer Reichweite« bezeichnet werden.[2] Es geht nicht, wie in Niklas Luhmanns einschlägigem Klassiker *Theorie der Verwaltungswissenschaft*,[3] um die Verwaltung als Großsystem mit der einen abstrakten Eigenschaft, für das Herstellen bindender Entscheidungen zuständig zu sein. Es geht vielmehr um die Systemkomponenten, die Jon Elster als die »Schrauben und Gewinde« sozialer Strukturen bezeichnet[4] und für die sich inzwischen der Begriff des *sozialen Mechanismus* etabliert hat:[5] Theorien über diejenigen »Verbindungsstellen«, an denen Strukturen und Handlungen in der Verwaltung aufeinander einwirken und die in der einschlägigen Literatur auf exemplarische Weise beschrieben werden. Die Auswahl dieser Theorien

2 Robert K. Merton, *Social Theory and Social Structure*, New York [3]1968, S. 39-72.

3 Niklas Luhmann, *Theorie der Verwaltungswissenschaft – Bestandsaufnahme und Entwurf*, Köln, Berlin 1966.

4 Jon Elster, *Nuts and Bolts for the Social Sciences*, Cambridge 1989.

5 Mario Bunge, »Mechanism and Explanation«, in: *Philosophy of the Social Sciences* 27 (1997), S. 410-465; ders., »Systemism. The Alternative to Individualism and Holism«, in: *Journal of Socio-Economics* 29 (2000), S. 147-157; Peter Hedström, Richard Swedberg (Hg.), *Social Mechanisms. An Analytical Approach to Social Theory*, Cambridge 1998; Renate Mayntz, »Mechanisms in the Analysis of Social Macro-Phenomena«, in: *Philosophy of the Social Sciences* 34 (2004), S. 237-259.

und ihrer Gruppierung erfolgt nach solchen Verbindungsstellen oder »Schrauben und Gewinden«, die für das Funktionieren des Systems »Verwaltung« als grundlegend betrachtet werden können. Es geht um die wenigen Grundfunktionen, die jede Verwaltung zu erfüllen hat und die sich aus ihrer systemischen Einbettung in den Staat und seine Verfassungsordnung ergeben. Damit ist in diesem Buch der demokratische Staat und insofern eine rechtsstaatliche Verwaltung gemeint, wenngleich etliche der hier in Anlehnung an die einschlägige theoretische Literatur beschriebenen Verwaltungsmechanismen durchaus auch in nicht-demokratischen Systemen wirken.

Grundfunktionen: Effektivität und Verantwortung

Im demokratischen Verfassungsstaat muss öffentliche Verwaltung zwei Grundfunktionen erfüllen, die mit der demokratischen Staatsform selbst verknüpft sind, nämlich die Gewährleistung von Effektivität und von Verantwortung. Wo »alle Staatsgewalt vom Volke ausgeht«, müssen die vollziehenden Organe des Staates möglichst genau und möglichst ressourcenschonend das tun, was die Repräsentanten des Volkes in Parlament und Regierung beschlossen haben. Gleichzeitig muss dieses Tun der vollziehenden Gewalt jederzeit transparent und nachvollziehbar und ihr Tun und Unterlassen einzelnen Amtsträgern persönlich zurechenbar sein. Verwaltung in der Demokratie kennt keine verantwortungsfreien Räume. Richtschnur der Verantwortung sind zum einen die formellen Rechenschaftsregeln, wie sie durch Hierarchie, Rechtsordnung und Finanzkontrolle festgelegt sind, zum anderen die Maßstäbe von Berufsethos und Moral. Eine verantwortungsbewusste Beamtin wird zum Beispiel fachlich gebotene Lösungen auch gegen behördeninterne Widerstände anstreben oder Belastungen für Bürgerinnen und Bürger auch dann zu vermeiden suchen, wenn sie dazu nicht gesetzlich verpflichtet ist.

Ein Gegenstand dieses Buches sind die zentralen Herausforderungen, denen eine gleichermaßen effektive wie verantwortlich handelnde Verwaltung gerecht werden muss, die wesentlichen Mechanismen, die dies im Normalfall gewährleisten, und deren exemplarische Darstellung in der einschlägigen theoretischen Literatur. Die Herausforderungen haben sich erst im Laufe der Zeit ergeben, weil sich der moderne Staat mit seiner Verwaltung ebenfalls erst im Laufe der Zeit herausgebildet hat. Dieser Verwaltungsstaat ist eine relativ junge Erscheinung. Er hat die Systeme der persönlichen Herrschaft abgelöst, für die in Europa die feudalen Herrschaftsordnungen standen, die aber auch heute noch in Form von Clan- oder Stammesherrschaft in vielen anderen Regionen der Welt (und in innereuropäischen Enklaven) anzutreffen sind.

Der deutsch-amerikanische Politikwissenschaftler Carl J. Friedrich sprach in diesem Zusammenhang von einem doppelten Prozess der Konzentration und der Delegation einerseits von Macht, andererseits von Ressourcen, der in der frühen Neuzeit in Europa zur Herausbildung eines Staatsapparates und damit zur Entstehung einer »Bürokratie« geführt habe.[6] Max Weber hat denselben Prozess als wechselseitige Abhängigkeit der Rationalisierung von Herrschaft und der Rationalisierung der Staatsorganisation zur »legalen Herrschaft mit bureaucratischem Verwaltungsstab« charakterisiert.[7] »Herrschaft«, so Weber, »ist im Alltag primär: Verwaltung.«[8]

Die Konzentration von Macht und Ressourcen im Sinne von Friedrich bedeutete in Kontinentaleuropa die Errichtung und Konsolidierung der Macht der Krone gegen die vormals herrschende Klasse des Feudalsystems, den Adel. Die Delegation von Macht und Ressourcen jedoch bedeutete die Bildung eines neuen Berufsstandes, der Beamten, die Ressourcen im Namen der Krone, also des Staates, nach geschriebenen Regeln und professionellen Standards effektiv zu nutzen hatten.[9] Während die Konzentration von Macht und Ressourcen ein politisches Problem war, weil sie auf die relative Entmachtung des Adels hinauslief, stellte die Delegation in erster Linie ein technisch-organisatorisches Problem dar. Immerhin musste ein Beamtenkörper erst einmal gebildet und mussten Organisationsstrukturen mit unterschiedlichen Delegationsstufen, je nach Fachaufgabe, erst einmal geschaffen werden. All dies geschah nicht im Handumdrehen, sondern im Laufe einer langwierigen

6 Carl J. Friedrich, *Constitutional Government and Politics. Nature and Development*, New York u. a. 1937.

7 Weber, *Wirtschaft und Gesellschaft*, S. 126-130.

8 Ebd., S. 126.

9 Bernd Wunder, *Geschichte der Bürokratie in Deutschland*, Frankfurt/M. 1986.

und konfliktreichen Staatsbildung, deren integraler Bestandteil neben der Durchsetzung der Macht der Zentralgewalt eben insbesondere die Herausbildung eines effektiv arbeitenden Verwaltungsapparates war.

Ein effektiv arbeitender Verwaltungsapparat war und ist jedoch an Voraussetzungen geknüpft, die nicht ohne weiteres zu erfüllen sind. Die Delegation von Macht und Ressourcen an eine öffentliche Verwaltung, die getragen wird von einer komplexen Organisationsstruktur und von einer Vielzahl von Verwaltungsangehörigen, erzeugt ein Organisations- und ein Verantwortungsproblem. Die Organisation der Verwaltung muss so gestaltet sein, dass sie die effektive Erledigung der jeweiligen Aufgabe ermöglicht und diese Erledigung kontrollierbar hält. Verantwortlich sind die Angehörigen der öffentlichen Verwaltung gegenüber denjenigen, die ihnen Ressourcen und Macht übertragen haben. Wenn die Verwaltung nicht so effizient funktioniert, wie sie sollte, oder wenn sie die ihr übertragene Macht und die ihr übertragenen Ressourcen missbräuchlich, zum Beispiel willkürlich, verwendet, so ist nicht »die Verwaltung« als abstrakte Organisation, sondern sind die in der Verwaltung an betreffender Stelle arbeitenden Personen zur Verantwortung zu ziehen. Das kann geschehen durch Vorgesetzte oder übergeordnete Instanzen, durch das Parlament, gegebenenfalls durch die Justiz und nicht zuletzt durch die Öffentlichkeit, im Normalfall repräsentiert durch die Medien. Man kann – unter anderem – demokratische und nicht-demokratische politische Systeme und man kann auch die relative Robustheit demokratischer Grundsätze innerhalb demokratischer politischer Systeme recht gut danach unterscheiden, ob oder inwieweit diese Verantwortlichkeit der Verwaltung institutionell gesichert ist und tatsächlich praktiziert wird.

Zur dieser Praxis gehört eine Verantwortungsethik der Verwaltungsangehörigen, also ein Bewusstsein davon, dass man über Macht und Ressourcen lediglich im Namen Dritter, also des »Volkes« im Sinne des Grundgesetzes, verfügt, dass man sich nicht nur gegenüber den verantwortungssichernden Institutionen, sondern auch gegenüber der Öffentlichkeit für das zu rechtfertigen hat, was man im Rahmen seiner Amtstätigkeit tut oder unterlässt. Diese Verantwortungsethik kann nur in demokratischen politischen Systemen existieren und gelebt werden, und sie ist eine wesentliche

Sicherung sowohl gegen willkürliches als auch gegen dilettantisches Verwaltungshandeln.

Aber Verantwortungsethik allein reicht als Sicherung nicht aus. Verantwortliches und effektives Verwaltungshandeln bedingen einander. Um verantwortlich handeln zu können, muss Verwaltung gut organisiert sein. Eine gut organisierte Verwaltung arbeitet mit professionellem Personal, sie hat verbindliche Zuständigkeitsregeln, sie koordiniert ihre unterschiedlichen Tätigkeitsbereiche auf wirksame Weise, sie ist reaktionsfreudig gegenüber den Bedürfnissen der Öffentlichkeit, und sie ist nicht zuletzt lernfähig. Nur eine in diesem Sinne gut organisierte Verwaltung kann das Versprechen einlösen, verantwortungsvoll mit den ihr übertragenen Ressourcen und mit der ihr übertragenen Macht umzugehen. Fehlende oder unzureichende Koordination bedeutet, dass in der Verwaltung, wie der Volksmund sagt, die linke Hand nicht weiß, was die rechte tut, dass Doppelarbeit geleistet oder Leistungen erst gar nicht abgerufen werden. Eine reaktionsträge Verwaltung ist für die Bürger eine Zumutung, für die vorgesetzten Personen und Instanzen aber so etwas wie eine tickende Zeitbombe. Wenn Probleme nicht rechtzeitig erkannt oder zwar erkannt, aber nicht »nach oben« weitergegeben werden, läuft eine Verwaltungsleitung Gefahr, irgendwann die sprichwörtlichen bösen Überraschungen zu erleben. Eine Verwaltung schließlich, die lernunfähig ist, wird keine Fehler korrigieren und fortfahren, die ihr anvertrauten Ressourcen zu verschleudern oder die ihr übertragene Macht zu missbrauchen.

Begrenzungen: Institutionalisierung und Partizipation

Effektivität und Verantwortung des Verwaltungshandelns stoßen auf zwei grundlegende Hemmnisse, die ihrerseits das Resultat der Modernisierung und Stabilisierung des Staates sind. Das eine betrifft die Institutionalisierung der Verwaltung, das andere ihre Demokratisierung.

Verwaltungen sind auf Eigenstabilität angewiesen, die jenseits ihrer jeweiligen Zweckmäßigkeit angesiedelt ist und sein muss. Wären Verwaltungen rein zweckmäßige Gebilde, würden sie schnell zur Disposition gestellt, sobald sie den Zweckmäßigkeitsmaßstäben nicht gerecht werden. Das kann zwar erforderlich werden, es ergibt sich aus den berechtigten Erwartungen der Bürgerinnen und Bürger an die Effektivität der Verwaltung; aber es gibt auch ein grundlegendes Spannungsverhältnis zwischen der Zweckrationalität der Verwaltung und ihrer Eigenschaft als soziales System und damit als Institution.

So sind zum Beispiel viele Zweckmäßigkeitsmaßstäbe in der Verwaltung innengesteuert in dem Sinne, dass sie durch Berufsgruppen in großer Distanz gegenüber den notgedrungen auf Sparsamkeit und Wirtschaftlichkeit gerichteten Interessen der Steuerzahlerinnen und Steuerzahler definiert werden. Ob eine Baubehörde die Statik einer Brücke beanstandet oder nicht, kann ausschließlich nach fachlichen Gesichtspunkten beurteilt, jedenfalls nicht nach Kostengesichtspunkten oder politischen Kriterien entschieden werden. Berufsgruppen in der öffentlichen Verwaltung bilden ihre eigene Identität, sie haben ihre eigenen Wertmaßstäbe und ihren eigenen Gruppenzusammenhalt. All dies und die damit einhergehende relative Robustheit gegenüber von außen herangetragenen Zweckmäßigkeitsansprüchen ist einerseits Voraussetzung der Eigenstabilität der Verwaltung in ihren einzelnen Fachzweigen, andererseits aber auch ein Risiko für die Gewährleistung von Effektivität und Verantwortlichkeit. Berufsgruppen in der öffentlichen Verwaltung können im positiven Fall ein eigenes Ethos und damit einen ausgeprägten Sinn für die mit ihrem öffentlichen Amt verbundene Verantwortung entwickeln, Eigenschaften, die wir uns von einem Bauingenieur, von dessen Urteil die Genehmigung einer Brückenkonstruktion und damit die Sicherheit der Brückennutzer abhängt, genau so wünschen. Im negativen Fall verschanzen sich Berufsgruppen in der Verwaltung dagegen hinter ihrem Expertenwissen, nutzen dieses für ihre Ziele oder für die Wahrung ihrer Privilegien.

Ein weiteres Phänomen, das mit der Institutionalisierung von Verwaltung verbunden ist und mit den Erfordernissen der Effektivität und Verantwortung in latenter Spannung steht, ist die Funktionsverflechtung von Organisationseinheiten. Verwaltungen halten sich auch dadurch stabil, dass ihre Untereinheiten durch eine Vielzahl formeller und informeller Beziehungen untereinander verbunden sind. Diese Abhängigkeiten sind im deutschen Verwaltungssystem besonders ausgeprägt, weil hier die föderativen Strukturen ein System der Arbeitsteilung unter drei gebietskörperschaftlichen Ebenen – Bund, Länder und Gemeinden – hervorgebracht haben, das ohne die tagtägliche Abstimmung, zu der auch wechselseitige Aushilfe und Rücksichtnahme gehören, nicht funktionsfähig wäre. Dieses System arbeitet, ähnlich wie das der Berufsgruppen und der professionellen Selbststeuerung der Verwaltung, weitgehend autonom und somit ohne direkte Einwirkung politischer oder anderweitig öffentlicher Instanzen. Darin liegt seine Stärke, zugleich aber auch eine Schwäche, wenn es um Effektivität und Verantwortung geht. Es gehört zur Natur einer institutionalisierten Verwaltung, dass sie sich weitgehend mit sich selbst beschäftigt und gerade deshalb in ihren Untereinheiten gut eingespielt, stabil und verlässlich ist. Aber darin liegt offensichtlich auch das Risiko einer Verselbständigung sowohl gegenüber den Steuerungs- und Kontrollansprüchen der Parlamente und politischen Leitungsinstanzen als auch gegenüber den Transparenzgeboten einer demokratischen Öffentlichkeit.

Eine Begrenzung dessen, was die Maßstäbe von Effektivität und Verantwortung nahelegen oder erfordern, ergibt sich aber auch aus den Systemeigenschaften der Demokratie selbst. Zu diesen Eigenschaften gehört der Anspruch der Öffentlichkeit auf Transparenz und Partizipation. Wo dies möglich ist, sollten Verwaltungsentscheidungen nicht bloß verordnet, sondern von den betroffenen Bürgerinnen und Bürgern mindestens verstanden oder sogar mit erarbeitet werden. Das wird man sich für die Erstellung eines Wohngeld- oder eines Steuerbescheides weder vorstellen noch wünschen können, weil hier die Sachverhalte entweder banal oder durch nicht verhandelbare Interessengegensätze von Bürger und Staat gekennzeichnet sind. Aber etwa bei Entscheidungen über Infrastrukturmaßnahmen mit nachhaltiger Wirkung sind Transparenz und Partizipation nicht nur wünschenswert, sondern in der Struktur und im Recht der deutschen Verwaltung auch angelegt oder ausdrücklich vorgesehen. Gemeinderäte etwa sind nicht wirklich Gemeinde-»Parlamente«, weil sie nur relativ wenig rechtsetzende, dafür aber umso mehr faktische Verwaltungskompetenzen haben, denn sie treffen Regelungen im Einzelfall. Nicht nur, dass Gemeinderäte aufgrund der lokalen Nähe zu den Bürgerinnen und deren Angelegenheiten besser »geerdet« sind als Landtags- oder Bundestagsabgeordnete, vielfach wird der partizipative Anspruch der Bürger auch durch öffentliche Initiativen vorgetragen. Darin kommt die besondere Natur öffentlicher Verwaltung in der Demokratie zum Ausdruck.

Und doch sind auch hier die Risiken für die Effektivität und Verantwortlichkeit des Verwaltungshandelns offensichtlich. Wie weit soll die Offenlegung interner Unterlagen eines Infrastrukturprojekts der öffentlichen Verwaltung gehen, ohne dass die Arbeitsfähigkeit von Behörden und die Rechte Dritter, zum Beispiel privater Projektträger, beeinträchtigt werden? Wer beteiligt sich tatsächlich an Bürgerinitiativen, und welchen Einfluss hat die Struktur der Beteiligung auf die Repräsentativität demokratischer Steuerung der Verwaltung und die Gewährleistung der Gleichheit vor dem Gesetz? Wie gewährleistet man, dass durchsetzungsstarke Partikularinteressen die Verwaltung nicht vereinnahmen und deren vom Gesetzgeber aufgegebene legitime Ziele verfälschen? Wie kann man sicherstellen, dass Bürgerbeteiligung tatsächlich fachlich gute und politisch akzeptable Lösungen hervorbringt und die Verwaltung sie nicht für die sprichwörtliche Flucht aus der Verantwortung missbraucht? Auch dies sind Fragen, die ihren Niederschlag in der verwaltungswissenschaftlichen Theoriebildung gefunden haben.

Organisation des Buches

In den nachfolgenden Kapiteln werden die mit den Herausforderungen der Effektivität und Verantwortung und den Begrenzungen durch Institutionalisierung und Demokratie verbundenen Voraussetzungen und Folgeprobleme ausbuchstabiert. Dabei ist es hilfreich, sich zunächst mit dem grundlegenden Paradox der Institutionenbildung selbst zu befassen. Institutionen sind weder bloße Regeln noch auf Zweckmäßigkeit ausgerichtete Organisationen. Ganz im Gegenteil. Institutionen halten ein Dilemma unter Kontrolle, das sich aus divergierenden Erfordernissen von Zweckmäßigkeit und Stabilisierung ergibt. Wenn Verwaltung nicht zweckmäßig wäre, hätte sie keine Existenzberechtigung. Aber wenn sie nicht robust gegenüber dem ständigen Wandel von Zweckrationalitäten wäre, besäße sie keine Eigenstabilität. Verwaltungen »institutionalisieren« sich dadurch, dass sie bis zu einem gewissen Grad die Aura von Selbstzweck und Selbstverständlichkeit entwickeln.

Mit allen positiven und weniger positiven Folgen. Das wird in Kapitel 1 erläutert.

Aber in gewisser Hinsicht ist die Verwaltung eben auch schlichtes Werkzeug. Sie soll öffentliche Aufgaben effektiv, also zweckmäßig, und effizient, also ressourcensparend, erfüllen. Wir sind nicht glücklich über die Verschwendung von Steuergeldern, die uns die Berichte der Rechnungshöfe regelmäßig vor Augen führen, und wir erwarten als Dienstleistungsnehmer der Verwaltung guten Service. Darum und um die dafür zu erfüllenden Voraussetzungen und die Mechanismen der Erfüllung dieser Voraussetzungen geht es in Kapitel 2.

Dennoch: Als eine möglichst effiziente und effektive Organisation allein wird die öffentliche Verwaltung gegenüber den Bedürfnissen der Bürgerinnen und Bürger nicht immer hinreichend reaktionsfähig sein. Verwaltung ist nicht *nur* der verlängerte Arm des Gesetzgebers, sie hat auch Aufgaben der sozialen und politischen Integration, was sich unter anderem in der Zusammensetzung ihres Personalkörpers oder in ihrer Ausstattung mit Selbstverwaltungsrechten niederschlägt. Davon handelt Kapitel 3.

Die Bereitschaft der Verwaltung, ihrer sozialen und politischen Umwelt gerecht zu werden, darf sie allerdings nicht zur Beute von Interessengruppen machen, und sie darf bei aller Flexibilität und Integrationsbereitschaft auch nicht den Willen des Gesetzgebers unterlaufen. Verwaltung muss also ein hinreichendes Maß an Autonomie besitzen, damit sie den Willen des parlamentarischen Gesetzgebers erfüllen und damit einem demokratischen Grundprinzip Genüge tun kann. Das wiederum darf jedoch nicht zu Lasten ihrer Reaktionsfreudigkeit (Responsivität) gegenüber den Bürgerinnen und Bürgern gehen, und es stellt sich die Frage, was unter diesen Umständen die Qualität von Verwaltungsverantwortung tatsächlich ausmacht. All dies wird in Kapitel 4 behandelt.

Die Sicherung verantwortungsvollen Verwaltungshandelns kann nicht allein durch entsprechende institutionelle Vorkehrungen erfolgen, so unerlässlich diese in einem demokratischen Verfassungsstaat sind. Verantwortungsvolles Verwaltungshandeln, dies wird in Kapitel 5 erläutert, bedarf einer Verantwortungsethik, einer moralischen Basis, denn das Pflichtethos reiner Hingabe an die Aufgabe, deren Erledigung das Amt abverlangt, stellt keine hinreichende Absicherung gegen unethisches Verwaltungshandeln dar.

In Kapitel 6 geht es um die Grenzen einer »gut organisierten« Verwaltung und um die Grundsatzfrage, wie gut Verwaltungen faktisch überhaupt organisiert sein *können*. Verwaltungen sind auch eine Arena für Machtkonflikte und erinnern mitunter an »organisierte Anarchien«. Wer dies versteht und weiß, dass das innerhalb gewisser Grenzen auch normal ist, dem bleiben im Umgang mit und im Leben in Verwaltungen einige Frustrationen erspart.

Einen realistischen Blick sollte man auch auf die Lernfähigkeit von Verwaltungen werfen. Dies wird in Kapitel 7 empfohlen und getan. Wie andere Organisationen auch, sind öffentliche Verwaltungen zunächst nicht als lernfähige Gebilde gedacht, sie sollen vielmehr gegenüber sachfremden äußeren Einflüssen robust und insofern mit einer gewissen Trägheit ausgestattet sein. Das schafft Probleme da, wo Anpassungen auch ohne Gesetzesbefehl oder politische Weisung wünschenswert wären.

Diese Überlegungen wiederum führen zu einer Betrachtung des Verhältnisses von Politik und Verwaltung unter zwei Gesichtspunkten, die in Kapitel 8 abgehandelt werden: Grundsätzlich müssen Politik und Verwaltung in einem demokratischen Verfassungsstaat getrennte Sphären bleiben, weil nur der Befehl des Gesetzes und nicht die Einzelanweisung einer Politikerin oder eines Politikers bei der Erledigung einer Verwaltungsaufgabe eine Rolle spielen darf. Ebenso verhält es sich mit internen Politisierungserscheinungen. Keine Verwaltung darf ihre eigene Politik machen und dafür das Geld des Steuerzahlers ausgeben oder das Gesetz unterlaufen. Andererseits sind punktuelle Politisierungen, etwa durch Verbände oder auch durch Medien, unvermeidlich, und in einem gewissen Ausmaß wird man Behörden auch die robuste Vertretung ihrer eigenen institutionellen Interessen zubilligen müssen.

Hier sind also Grenzziehungen erforderlich zwischen funktionalen und dysfunktionalen, harmlosen und pathologischen Verwaltungswirklichkeiten. Darum geht es in Kapitel 9, das sich zwei klassischen Verwaltungspathologien widmet, der Bürokratisierung und der Überkomplexität, sowie den darauf ausgerichteten Therapien oder Bewältigungsstrategien.

Im Spannungsverhältnis von Zweckmäßigkeit und Stabilisierung müssen Verwaltungen ihre Standardpathologien unter Kontrolle halten, und sie dürfen bei aller Komplexität nicht nur der Sachverhalte, sondern auch ihrer eigenen Strukturen nicht substanziell an Entscheidungsfähigkeit einbüßen. Wie sie das im Großen und Ganzen bewerkstelligen, wird in Kapitel 10 behandelt.

Das vorliegende Buch ist konzipiert als eine theoriegeschichtliche Einführung, die das Verstehen der Verwaltung erleichtern soll. Als solche könnte es seine Funktion auch erfüllen, ohne auf die jüngeren und aktuellen Diskussionen in der verwaltungswissenschaftlichen Forschungsliteratur einzugehen. Gleichwohl ist ein Brückenschlag von den Klassikern der verwaltungswissenschaftlichen Theorie zu diesen Diskussionen hilfreich. Nicht nur, dass einige der in der älteren Literatur diskutierten wesentlichen Mechanismen der Sicherung von Effektivität und Verantwortung unter den begrenzenden Bedingungen von Institutionalisierung und demokratischen Partizipations- und Legitimationserfordernissen auch in der jüngeren Forschung immer wieder eine Rolle gespielt haben und zum Teil auch ausdrücklich aufgegriffen wurden. Vielmehr ist auch die verwaltungswissenschaftliche Forschungslandschaft der letzten zwei oder drei Jahrzehnte mindestens so fragmentiert, wie es die verwaltungswissenschaftliche und organisationstheoretische Literatur schon immer war. Ein zusammenfassender Überblick hierzu erschien mir daher sinnvoll, er erfolgt in Kapitel 11.

Der Überblick über die jüngeren verwaltungswissenschaftlichen Diskussionen führt schließlich zu einer abschließenden Betrachtung über normative Theoriebildung in der Verwaltungswissenschaft. Der Generaltrend der Verwaltungswissenschaft geht, was die Strukturanalysen betrifft, deutlich in Richtung einer Relativierung der staatlichen Verwaltung im engeren Sinne und einer Betonung nicht-staatlicher Verwaltungsformen und nicht-hierarchischer Steuerungsmechanismen. Hierfür steht die *Governance*-Forschung ebenso wie die Literatur zu hybriden Organisationsformen in der öffentlichen Verwaltung. Damit stellen sich aber auch neue Fragen nach dem Kern von Staatlichkeit und den Grenzen eines (allzu) pragmatischen Umgangs mit den Grundprinzipien einer, im positiven Sinne des Begriffs, bürokratischen Verwaltung. Dies wird in Kapitel 12 angesprochen und anhand drastischer Fälle von Verwaltungsversagen im Zeichen von Hybridität und Pragmatismus illustriert.

Dieses Buch ist keine Verwaltungskunde, gleichwohl widmet sich Kapitel 13 dem Unikat der deutschen Verwaltung. Der deutsche Fall, der den meisten der Leserinnen und Leser aus dem Alltag geläufig ist, bietet gerade in seiner nationalen Eigentümlichkeit reichhaltiges Anschauungsmaterial für die Stärken und Schwächen einer Verwaltung, wenn es um Effektivität und Verantwortung unter den Bedingungen langfristiger Institutionalisierungsprozesse und demokratischer Partizipationsansprüche und Legitimationserfordernisse geht. Erläutert werden Verwaltungsaufbau und Verwaltungsorganisation in Deutschland und die Grundzüge des Allgemeinen Verwaltungsrechts. Skizziert wird der politische und gesellschaftliche Prozess, in dem sich Konzentration und Delegation von Ressourcen und Macht seit dem 18. Jahrhundert vollzogen haben, und welche Konsequenzen sich daraus für Aufbau und Funktionsweise der öffentlichen Verwaltung in Deutschland ergeben haben. Schließlich wird erläutert, was die Grundzüge des Allgemeinen Verwaltungsrechts in Deutschland ausmacht und inwiefern gerade das Verwaltungsrecht ein hoch entwickeltes System ist, das aufgrund der besonderen deutschen Verwaltungsgeschichte, die ihre Wurzeln in der vor-konstitutionellen Monarchie hat, zugleich ein flexibles und verwaltungsfreundliches, weniger jedoch ein bürgerfreundliches Steuerungsinstrument darstellt.

Zum Umgang mit Theoriegeschichte

Den Schwerpunkt der Darstellung bilden die Klassiker der Verwaltungswissenschaft. Außer dem Zweck der exemplarischen Beschreibung grundlegender Mechanismen des Umgangs der Verwaltung mit den Herausforderungen von Effektivität und Verantwortung dient ihre Darstellung auch durchaus der Archäologie des verwaltungswissenschaftlichen Wissens.[10] Es handelt sich überwiegend um denkschulprägende Definitionen und Analysen, deren Spuren in der nachfolgenden Theorieentwicklung oft bald nur noch für die Experten erkennbar waren. Ironischerweise war dies nicht selten Ausdruck einer Erfolgsgeschichte. Prägende Begrifflichkeiten und Charakterisierungen einer modernen Verwaltung haben den Status von Standardwissen erreicht, das wichtiger wurde als das Wissen um seine Urheber. Das gilt natürlich nicht für die großen Stars

10 Michel Foucault, *Archäologie des Wissens*, Frankfurt/M. 1973 [französ. Orig. 1969].

der Bürokratietheorie und Verwaltungswissenschaft wie Max Weber, Herbert A. Simon oder Michel Crozier. Sie haben, wie Weber, die Bürokratietheorie im eigentlichen Sinne begründet, sie haben deren zentrale Ideen, wie Herbert A. Simon, mit einer Handlungs- und Entscheidungstheorie verknüpft oder, wie Michel Crozier, mit einer Theorie der Macht in formalen Organisationen und einer Theorie der Organisationspathologie.

Doch schon Autoren wie Woodrow Wilson, Henri Fayol oder Luther Gulick – für jeden Kenner der Materie Klassiker der Verwaltungswissenschaft oder der Organisationstheorie – sind einem breiteren interessierten Publikum weitgehend unbekannt. Woodrow Wilson kennt man natürlich als amerikanischen Präsidenten (der mit seinem großen Projekt, die Welt sicher für die Demokratie zu machen, scheiterte), nicht aber als den Theoretiker der Verwaltung im demokratischen Staat, die nur als professionelle Verwaltung, wie Wilson hervorhob, eine den Bürgern gegenüber verantwortliche Verwaltung sein kann. Und nur den Insidern dürfte bekannt sein, dass Henri Fayol als Entdecker des berühmten »kleinen Dienstwegs« gelten kann, also der informellen Verbindung zwischen zwei Verwaltungseinheiten, die eigentlich nur in Aufwärts- und Abwärtsrichtung über die Hierarchieleiter miteinander kommunizieren sollen.

Gleiches gilt für Luther Gulick und die Unterscheidung von Linie und Stab und zwischen divisionaler und funktionaler Gliederung in der formalen Organisationsgestaltung. Wenig bekannt sein dürfte auch, dass Philip Selznick der eigentliche Entdecker des Phänomens der *agency capture* ist, der »Kaperung« der Verwaltung durch Interessengruppen mit der Folge systematischer Zielabweichungen und, wie nicht betont werden muss, grober Verletzungen des Gleichheitsprinzips, wie es in Deutschland in Artikel 3 des Grundgesetzes niedergelegt ist.

Weitgehend unbekannt dürfte schließlich auch sein, dass der Brite Donald Kingsley bereits 1944 ein Konzept entwickelt hat, das Jahrzehnte später als *affirmative action* Karriere machen sollte, nämlich das Prinzip einer »repräsentativen Bürokratie«, in der die wichtigen gesellschaftlichen Schichten und Gruppen anteilig vertreten sind. Und Kingsley ist nicht der einzige verwaltungswissenschaftliche Theoretiker, der heutige Problemlagen von Staat und Verwaltung gedanklich vorwegnehmen konnte, weil er einen klaren

Blick für grundlegende Organisationsprinzipien und Dilemmata der öffentlichen Verwaltung hatte. Wer heute über den Beitrag des Staates und seiner Verwaltung zur Sicherung der Nachhaltigkeit bei der Nutzung natürlicher Ressourcen, sozialen Sicherungssystemen oder einer auf langfristige Nutzung angelegten Infrastruktur nachdenkt, kann Nutzen ziehen aus Herbert Kaufmans Studie über die US-amerikanische Forstverwaltung (*The Forest Ranger*, 1960), in der die autonomiesichernden Mechanismen beschrieben werden, die eine Verwaltung robust machen gegenüber kurzfristigen wirtschaftlichen Nutzenerwägungen.

Analoges gilt für die Frage, wie Verwaltungen trotz aller offenkundigen Unzulänglichkeiten und geradezu fest eingebauter Fehlerquellen einigermaßen zufriedenstellend funktionieren können. Plausible Erklärungen findet man in der Beschreibung von Organisationen als »organisierte Anarchien«, wie sie Michael Cohen, James March und Johan Olsen (1972) vorgelegt haben, in William Niskanens (1971) Charakterisierung des budgetmaximierenden Verhaltens von Verwaltungsabteilungen und Behördenzweigen oder in Graham T. Allisons und Morton Halperins Analysen »bürokratischer Politik« (1972).

Theoriegeschichte als solche hat natürlich dennoch nicht die Funktion eines Nachweises, dass irgendwie alles schon einmal da gewesen ist. Gewinn wirft sie nur ab, wenn sie auf praktische, analytische und normative Problemlagen bezogen wird, die der Gegenstand der Betrachtung selbst erzeugt.

1. Verwaltung als Institution

Als Werkzeug des Staates zur Erfüllung kollektiver Aufgaben ist die öffentliche Verwaltung eine Organisation wie jede andere auch. Verwaltung muss zweckmäßig organisiert sein. Sie muss dieselben Probleme lösen, die auch ansonsten durch »gutes Organisieren« zu lösen sind: angemessene Differenzierung von Routineaufgaben und Leitungsfunktionen, zweckmäßige Arbeitsteilung und Funktionszuweisungen, angemessene Mechanismen der Koordination und dergleichen mehr.

Aber Verwaltung ist nicht *ausschließlich* zweckrationale Organisation, denn sonst könnte und müsste sie zur Disposition gestellt werden, wenn sie ihre Zwecke einmal nicht erfüllt. Verwaltung ist auch eine soziale Struktur, und als solche führt sie gewissermaßen ein zweckfreies Eigenleben. Der britische Soziologe Anthony Giddens hat darauf verwiesen, dass dem ein folgenreiches Paradoxon zugrunde liegt:[1] Soziale Strukturen sind einerseits durch menschliches Handeln und menschliches Entscheiden entstanden, sie sind also weder selbstverständlich noch alternativlos. Dennoch liegt ihre Funktion gerade darin, dass sie uns im Alltag als alternativlos und selbstverständlich erscheinen. Soziale Strukturen, die tagtäglich wieder in Frage gestellt würden, könnten eine strukturierende Wirkung für das menschliche Handeln gar nicht entfalten. Es sei also das Phänomen der Strukturierung selbst, so Giddens, und die damit untrennbar verbundene Dualität von Stabilität und Wandel, die für die Theorie und Empirie der Sozialwissenschaft die eigentliche Herausforderung darstellten.[2]

Das trifft auch für die öffentliche Verwaltung zu. Wir wissen, dass die Verwaltung, wie sie sich heute darbietet, nicht immer so existiert hat, und wir wissen auch, dass sie weder naturgegeben noch von Gott erschaffen ist. Es gibt also irgendwelche »historischen Wurzeln« oder, mit anderen Worten, konkrete Umstände und menschliche Handlungsweisen, die in der Vergangenheit liegen, welche die Verwaltung, wie wir sie heute kennen, entstehen ließen und ihr das

1 Anthony Giddens, *The Constitution of Society. Outline of the Theory of Structuration*, Cambridge 1984.

2 Ebd., S. 1-40.

uns mehr oder weniger vertraute Gepräge verliehen haben. Nur: Im alltäglichen Umgang mit der Verwaltung, sei es als Verwaltungsangehöriger oder als ihr Klient, muss uns diese abstrakte Erkenntnis nicht kümmern. Im Alltag nehmen wir die Verwaltung, so wie sie ist, als selbstverständlich und alternativlos hin, so wie wir das mit anderen Ergebnissen der »Strukturierung« im Sinne Giddens' auch tun. Wir behandeln Verwaltung als Institution.

Verwaltung als Institution ist etwas grundlegend anderes als Verwaltung als zweckrationale Organisation.[3] Organisationen – Unternehmen zum Beispiel oder auch einzelne Behörden – werden vor unseren Augen gegründet, und sie können, wenn sie sich als relativ oder absolut unzweckmäßig erweisen, verändert oder auch wieder aufgelöst werden. Mit institutionalisierten sozialen Strukturen verhält es sich grundlegend anders. Sie treten uns zunächst als quasi-gegenständlich gegenüber, und sie können auch nicht von heute auf morgen geändert werden, selbst wenn starke Veränderungsimpulse in der Gesellschaft dies nahelegen. Die Institution der Familie ist das klassische Beispiel hierfür.

Émile Durkheim hat in diesem Zusammenhang den Begriff des sozialen Tatbestands geprägt.[4] Die Institutionalisierung sozialer Strukturen bedeutet, dass wir sie zunächst einmal als einen solchen Tatbestand akzeptieren müssen und in der Regel auch tatsächlich akzeptieren.[5] Wir denken nicht jeden Morgen über den Sinn der Familie nach, und wir überlegen auch nicht jeden Tag, ob wir unser Berufsleben revolutionieren sollten (selbst wenn uns manchmal danach zumute ist).

Hieraus kann offensichtlich ein neues Dilemma resultieren. Es betrifft das Problem des sozialen Wandels. Schließlich entstehen zu »sozialen Tatbeständen« geronnene oder institutionalisierte soziale

3 Vgl. Walter W. Powell, Paul J. DiMaggio, »Introduction«, in: Walter W. Powell (Hg.), *The New Institutionalism in Organizational Analysis*, Chicago 1991, S. 1-39; zu einem Überblick ferner Lynne G. Zucker, »Organizations as Institutions«, in: *Research in the Sociology of Organizations* 2 (1983), S. 1-47, oder Peter Walgenbach, Renate E. Meyer (Hg.), *Neoinstitutionalistische Organisationstheorie*, Stuttgart 2008.

4 Émile Durkheim, *Die Regeln der soziologischen Methode*, Darmstadt [5]1976 [französ. Orig. 1895].

5 Peter L. Berger, Thomas Luckmann, *Die gesellschaftliche Konstruktion der Wirklichkeit. Eine Theorie der Wissenssoziologie*, Frankfurt/M. [5]1977 [amerik. Orig. 1967], S. 56-72.

Strukturen nicht nur nicht von sich aus, auch ihre Veränderung ist das Ergebnis menschlichen Handelns. Also entsteht die Frage, auf welche Weise Menschen das scheinbar Selbstverständliche zur Disposition stellen, ohne die damit verbundene Stabilisierungsleistung zu gefährden. Diese Stabilität hat wiederum eine Doppelnatur. Institutionen geben den Individuen Halt, sie können sie aber auch beengen und regelrecht unterdrücken.[6] Andererseits müssen Institutionen ihre Eigenstabilität gewährleisten. Stabiler struktureller Wandel ist daher, im Unterschied zum Suggestivcharakter der Institutionen selbst, alles andere als selbstverständlich, wie uns nicht nur die Geschichte der Revolutionen,[7] sondern auch der Zusammenbrüche und des Verschwindens ganzer Zivilisationen[8] vor Augen führt.

Für die Herstellung einer angemessenen Balance zwischen Stabilität und Wandel trifft der moderne Staat – und insbesondere der demokratische Verfassungsstaat – durch die Trennung von Politik und Verwaltung besondere Vorkehrungen. Zwar ist die Durchbrechung dieser Trennung notorisch (siehe Kapitel 8), aber grundsätzlich sorgen Routine und Stetigkeit des Verwaltungshandelns dafür, dass nicht nur Regierungswechsel, sondern mitunter auch regelrechte Regimeumbrüche von Gesellschaften ohne größere soziale Verwerfungen verkraftet werden. Es beruhigt die Menschen ungemein, wenn dieselbe Verwaltung, auf die sie hin und wieder schimpfen mögen, in Zeiten politischer Instabilität dafür sorgt, dass weiterhin der Müll abtransportiert wird, die Gehälter der Beamtinnen und Beamten bezahlt werden, Polizei und Feuerwehr erscheinen, wenn man sie ruft, das Wohngeld pünktlich ausbezahlt und selbst die Steuern ohne Wenn und Aber eingezogen werden. Die Dualität von Regimeumbruch und Verwaltungskontinuität,

6 Für diese negativen Seiten der Institution hat der amerikanische Soziologe Erving Goffman den Begriff der »totalen Institution« geprägt. Erving Goffman, *Asyle. Über die soziale Situation psychiatrischer Patienten und anderer Insassen*, Frankfurt/M. 1973 [amerik. Orig. 1961]. Émile Durkheim wiederum hat in der ersten empirischen Untersuchung über suizidales Verhalten von Menschen überhaupt nachgewiesen, dass sowohl zu geringe als auch zu intensive soziale Integration das Selbstmordrisiko erhöhen. Vgl. Émile Durkheim, *Der Selbstmord*, Frankfurt/M. 1983 [französ. Orig. 1897].

7 Theda Skocpol, *States and Social Revolutions. A Comparative Analysis of France, Russia, and China*, Cambridge (Mass.) 1979, S. 99-111.

8 Jared M. Diamond, *Kollaps. Warum Gesellschaften überleben oder untergehen*, Frankfurt/M. 2006 [amerik. Orig. 2005].

die in Deutschland die historischen Wegmarken von 1918/1919, 1945 und 1989/90 kennzeichnet, steht beispielhaft hierfür. Auf der anderen Seite wird ein noch so radikaler politischer Regimewechsel das Vertrauen der Menschen in den Staat nicht so sehr erschüttern wie der Zusammenbruch elementarer Verwaltungsfunktionen in einem ansonsten stabilen politischen System. Solche Fälle gibt es, und es ist nicht erstaunlich, dass sie von Erscheinungen sozialer Segregation und Desintegration begleitet werden.[9]

Das Phänomen der Institutionalisierung sozialer Strukturen und der damit verbundenen Chancen und Risiken ist in der anthropologischen und soziologischen Forschung namentlich in der ersten Hälfte des 20. Jahrhunderts gründlicher aufgearbeitet worden als im Neo-Institutionalismus der Politikwissenschaft und der Wirtschaftswissenschaft späterer Jahre.[10] Auch der grundlegende Unterschied zwischen Organisation und Institution wird nur verständlich, wenn man die theoriegeschichtlichen Wurzeln des Institutionenbegriffs näher betrachtet. Das gilt vor allem für das Verhältnis von zweckgerichtetem und normgeleitetem Handeln, das für die öffentliche Verwaltung konstitutiv ist, für dessen Entschlüsselung aber zunächst die anthropologische Forschung Wesentliches geleistet hat.

Das Phänomen von Menschen gemachter zweckmäßiger Einrichtungen, die sich auch dann als robust erweisen, wenn ihre Zweckmäßigkeit schwindet, wird für die Verwaltung in dem Moment bedeutsam, wo Veränderungen größerer oder kleinerer Art als erwünscht, zugleich aber als schwer oder gar nicht durchführbar betrachtet werden. Die konventionelle Erklärung für diese geläufige Problematik verweist auf Unsicherheiten über die Folgen einer Veränderung des Status quo[11] und das daraus resultierende

9 Vgl. die Untersuchung zum Behördenversagen im Vorfeld und während des Wirbelsturms Katrina an der Südostküste der USA im Jahr 2005: U.S. House of Representatives, *A Failure of Initiative. Final Report of the Select Bipartisan Committee to Investigate the Preparation for and Response to Hurricane Katrina*, Washington, D. C. 2006.

10 Raimund Hasse, Georg Krücken, *Neo-Institutionalismus. Mit einem Vorwort von John Meyer*, Bielefeld ²2005; Konstanze Senge u. a. (Hg.), *Einführung in den Neo-Institutionalismus*, Wiesbaden 2006.

11 Bekannt als Gefangenendilemma. Vgl. von den zahlreichen Darstellungen Manfred J. Holler, Gerhard Illing, *Einführung in die Spieltheorie*, Berlin, Heidelberg ⁶2006, S. 2-9.

»Veto-Spieler«-Verhalten.[12] Diese Betrachtung vernachlässigt, dass der Status quo auch aus »kulturellen« Gründen aufrechterhalten werden kann (für den Verwaltungspraktiker ist es eine alltägliche Erfahrung, dass Widerstand gegen Wandel nicht nur auf bloßen Interessendivergenzen, sondern auch auf der sprichwörtlichen Macht der Gewohnheit beruht); diese Vernachlässigung wiederum mag daraus resultieren, dass selten aufgeschlüsselt wird, was hier mit »Kultur« überhaupt gemeint sein soll.

Der polnisch-amerikanische Anthropologe Bronislaw Malinowski hat eine exemplarische Analyse des Zusammenhangs zwischen Zweckorientierung, Kultur und Institutionenbildung geliefert.[13] Sein Ansatzpunkt war das Phänomen, dass Menschen für die Befriedigung ihrer Grundbedürfnisse wie Essen, Schlafen, Sicherheit etc. sehr unterschiedliche Formen wählen, die sich jedoch innerhalb einer überschaubaren sozialen Ordnung zu selbstverständlichen und insofern kulturell dominierenden Formen verfestigen. Tatsächlich gehören die unterschiedlichen Formen des Essens und Trinkens zu den einfachsten und zugleich deutlichsten Merkmalen unterschiedlicher Kulturen. An diese simple Beobachtung knüpfte Malinowski eine Reihe weitreichender Schlussfolgerungen über das Phänomen der Institutionenbildung.[14] Offenbar gebe es für ein und dasselbe Bedürfnis sehr unterschiedliche Erfüllungsmöglichkeiten, aber die in einer bestimmten sozialen Ordnung gewählte Erfüllungsmöglichkeit sei derart verfestigt, dass Abweichungen kaum toleriert und als sozialer Tabubruch behandelt werden. Das, so kann man aus Malinowskis Feststellungen schlussfolgern, gilt selbst dann, wenn sich andere Formen der Bedürfniserfüllung als zweckmäßiger erweisen sollten. Man kann es praktischer finden, mit den Fingern zu essen, aber man weiß, dass es sich nicht gehört, also lässt man es – bezeichnenderweise aber eher, wenn man unter

12 George Tsebelis, *Veto Players. How Political Institutions Work*, Princeton 2002.

13 Bronislaw Malinowski, *Eine wissenschaftliche Theorie der Kultur*, Frankfurt/M. [8]1993 [amerik. Orig. 1944].

14 Eine gut lesbare Einführung in die Institutionentheorie Malinowskis hat Helmut Schelsky in einem thematisch scheinbar fernliegenden Zusammenhang gegeben: Helmut Schelsky, »Über die Stabilität von Institutionen, besonders Verfassungen. Kulturanthropologische Gedanken zu einem rechtssoziologischen Thema« [1949], in: ders. (Hg.), *Auf der Suche nach Wirklichkeit. Gesammelte Aufsätze zur Soziologie der Bundesrepublik*, München 1979, S. 38-63.

Beobachtung steht, als wenn man allein ist. Und man würde es selbst dann nicht tun, wenn sich an einem Esstisch alle einig wären, dass das Essen mit den Fingern eigentlich praktischer wäre. Das ist ein erster Hinweis für die begrenzte Erklärungskraft von Zweckrationalität und Interessendefinitionen, wenn es um die Stabilität von Institutionen geht.

Aus der einfachen Entdeckung, dass es, wie Malinowski es formulierte, keine *point to point relation,* also keine Eins-zu-eins-Beziehung zwischen bestimmten Bedürfnissen und bestimmten Erfüllungsmöglichkeiten gibt, hat die strukturfunktionalistische Soziologie einen doppelten Schluss gezogen, der mit dem Begriff der funktionalen Äquivalente und der Unterscheidung von manifesten und latenten Funktionen verbunden ist. Einerseits führen Bedürfnisse und die damit verbundenen zweckgerichteten Handlungsimpulse ungeachtet ihrer Gleichförmigkeit zu einer Vielfalt sozialer Institutionen, andererseits erfüllen soziale Institutionen ihrerseits eine Vielfalt von Funktionen. Das gemeinsame Essen stillt nicht nur den Hunger, es erfüllt auch die Funktion der sozialen Integration, in Deutschland bekannt als »gemütliches Beisammensein«.

Die Banalität dieser Beispiele unterstreicht die Allgegenwart und Wirkungskraft von Institutionalisierungsprozessen aller Art. Die Stabilität von Institutionen beruht keineswegs auf monokausaler Zweckmäßigkeit. Sie ist in doppelter Weise abgestützt oder, wie es der deutsche Anthropologe Arnold Gehlen formuliert hat, »überdeterminiert«:[15] Eine Institution wird zum einen aufgrund der kulturellen Norm akzeptiert, durch die sie sich als unhinterfragte Selbstverständlichkeit etabliert, und zum anderen dadurch, dass sie nicht nur ein bestimmtes Bedürfnis, sondern gleich mehrere Bedürfnisse befriedigt. Institutionen können durch eine mehr oder weniger ausgeprägte ideologische Überhöhung gestützt werden, die, wie es für staatliche Institutionen gar nicht so selten ist, ihren Ausdruck auch in einer besonderen Symbolik oder in bestimmten Ritualen finden. Sie verkörpern, wie es Gehlen in Anlehnung an Maurice Hauriou[16] ausgedrückt hat, eine Leitidee (*idée directrice*)

15 Arnold Gehlen, *Der Mensch. Seine Natur und seine Stellung in der Welt. Textkritische Edition unter Einbeziehung des gesamten Textes der 1. Auflage von 1940*, Frankfurt/M. 1993.

16 Maurice Hauriou, »La théorie de l'institution et de la fondation (essai de vitalisme social)« [1925], in: *Cahiers de la nouvelle journée* 23 (1933), S. 89-128.

mit besonders loyalitätssteigernden Verpflichtungsgehalten. Nicht jede Verwaltung bringt dies fertig, aber es gibt Verwaltungszweige, die durchaus von einem besonderen professionellen Ethos erfüllt sind, vom Bewusstsein einer Mission. In Kapitel 4 lernen wir dies am Beispiel der Forstverwaltung näher kennen, ähnlich gelagerte Fälle sind der Auswärtige Dienst oder die Steuerfahndungsabteilungen der Finanzämter. Institutionalisierung ist also auch ein Schutz gegen Opportunismus und Korruption, was die hohe Akzeptanz gelungener Institutionalisierungen zusätzlich erklären mag.

Hinzu kommt eine weitere elementare Funktion: die der Entlastung. Institutionen dämpfen die Risiken, die mit der »Weltoffenheit« des Menschen, seiner Fähigkeit zu bewusstem, zweckgerichtet-instrumentellem Handeln und der damit gegebenen Fülle von Handlungspotenzialitäten verbunden ist.[17] Das darin angelegte Überlastungsrisiko, so wiederum Arnold Gehlen, wird durch Institutionen gedämpft, diese legen die Handlungsantriebe »auf Schienen«.[18] Die ideelle Stabilisierung von Institutionen erfolgt also in dieser Betrachtungsweise nicht allein durch ideologische Bekräftigung einer »Leitidee« oder von »Werten«, sondern zudem durch einen komplementären Mechanismus, dessen Charakteristikum gerade der Verzicht auf explizite Bekräftigung ist und an einem quasi-instinktiven Bedürfnis des Menschen ansetzt, am Schutz vor Komplexitätsüberlastung.

Ohne in irgendeiner Weise auf die anthropologische Institutionenforschung Bezug zu nehmen, wurden ähnliche Gedanken später durch Herbert A. Simon und seine Partner oder Nachfolger für die Organisationstheorie fruchtbar gemacht (siehe Kapitel 10), wenn auch mit ambivalenten Folgen. Simon charakterisierte

17 Vgl. Berger/Luckmann, *Die gesellschaftliche Konstruktion der Wirklichkeit*, S. 56-72, u. a. mit Verweis auf Gehlen, *Der Mensch*.

18 Gehlen, *Der Mensch*, S. 86. Es sei, so Gehlen, »die theoretisch wie praktisch gleich fundamentale Frage: Wie bringt es denn der Mensch angesichts seiner Weltoffenheit und der Instinktreduktion, bei aller potenziell bei ihm enthaltenen unwahrscheinlichen Plastizität und Unstabilität eigentlich zu einem voraussehbaren, regelmäßigen, bei gegebenen Bedingungen denn doch mit einiger Sicherheit provozierbaren Verhalten, also zu einem solchen, das man quasi-instinktiv oder quasi-automatisch nennen könnte, das bei ihm *anstelle* des echt Instinktiven steht und das offenbar den stabilen sozialen Zusammenhang erst definiert? So fragen, heißt das Problem der *Institutionen* stellen.« (Hervorh. im Orig.)

bereits in seinem ersten, Furore machenden Buch *Adminstrative Behavior* von 1947 als zentrale Leistung formaler Organisationen nicht deren unmittelbare Zweckmäßigkeit, sondern die Entlastung von Entscheidungskomplexität bei der Auswahl von Zwecken und Mitteln.[19] Seine Nachfolger und zeitweiligen Ko-Autoren James G. March und Johan P. Olsen haben diesen Gedanken 1989 in einem Buch über die »Wiederentdeckung der Institutionen«, ebenfalls ohne dies näher auszuweisen, mit der zentralen handlungstheoretischen Idee des philosophischen Pragmatismus John Deweys verknüpft, nämlich der »Logik der Angemessenheit« im Unterschied zur »Logik der Konsequenz«, die aus rationaler Zweck-Mittel-Abwägung folgt.[20] Dadurch, dass Institutionen das Nicht-Selbstverständliche als selbstverständlich erscheinen lassen, entlasten sie nicht allein von Entscheidungskomplexität, sie verleihen den tatsächlichen Entscheidungen auch eine spontane Legitimität. Sie definieren, was angemessen und unangemessen, und sie suggerieren, was richtig und was falsch ist. Verwaltungen als Institutionen laden in der Tat zum Pragmatismus ein, darin liegt ihre große Stärke. Dadurch werden gewissermaßen die Ecken und Kanten der bürokratischen Organisation glatt geschliffen und alltagsnahe Entscheidungen möglich, die sowohl der Verwaltung selbst als auch ihren Klienten nutzen, bis hin zur »brauchbaren Illegalität«, wie Niklas Luhmann es überspitzt genannt hat.[21] Verwaltung als Institution lädt aber ebendadurch auch zum Opportunismus ein, sie honoriert nicht nur angemessenes, sondern auch angepasstes Verhalten. Eine Schule der Zivilcourage ist die Verwaltung nicht, und sie verschleiert womöglich selbst noch unmoralisches Entscheiden als »angemessen«, wenn dies mit den eingeübten Verhaltensroutinen in Einklang steht.[22]

19 Simon, *Administrative Behavior.*

20 James G. March, Johan P. Olsen, *Rediscovering Institutions. The Organizational Basis of Politics*, New York 1989, S. 21-26.

21 Luhmann, *Funktionen und Folgen formaler Organisation*, S. 304-314. Luhmann begründete in den 1960er Jahren seine akademische Karriere als Assistent an der Hochschule für Verwaltungswissenschaften in Speyer, an der damals im Übrigen auch Arnold Gehlen lehrte, durch die Popularisierung der US-amerikanischen Organisationstheorie, insbesondere der Konzepte von Simon und March, die in der rechtswissenschaftlich geprägten deutschen Verwaltungslehre innovativ wirken mussten.

22 Vgl. hierzu Guy B. Adams, Danny L. Balfour, *Unmasking Administrative Evil*,

Die ideellen Stabilisierungsleistungen, wie Gehlen sie betont hat, und die strukturellen, wie sie die anthropologische Forschung und, daran anknüpfend, der soziologische Strukturfunktionalismus unterstrichen haben, heben also zum einen komplementäre Leistungen der Institutionenbildung hervor, auf der anderen Seite verweisen sie auf die Ambivalenz dieser Leistungen. Die Kehrseite der doppelten Abstützung von Institutionen über Leitideen und ideologische Bekräftigungen einerseits und ihre Multifunktionalität andererseits liegt in Überstabilisierung und Blockadeeffekten, die aus funktionalen Verflechtungen resultieren. Wenn die Ordnung der Institution als selbstverständlich erscheint und wenn überhaupt jede Institution als funktionale »Antwort« auf ein soziales Funktionserfordernis betrachtet wird, kann, so Robert K. Merton, ihre relative oder absolute Dysfunktion und damit potenzielle Instabilität nicht erfasst werden.[23] Die Bindungskraft der Institutionen kann sich überleben, wenn die Normen, von denen sie ursprünglich ausging, in zu starken Widerspruch zur sozialen Wirklichkeit geraten. Das kann man auch in der Verwaltung beobachten. Wenn Forstverwaltungen unter Druck gesetzt werden, den Wald für den notleidenden Fiskus zu »verwerten«, erodiert das Berufsethos, dessen Fixpunkt die Überzeugung war, dass nur der Staat mit seinen Forstbeamten die natürliche Ressource Holz gegen Raubbau schützen kann.

Hinzu kommt: Das Phänomen funktionaler Äquivalente bringt es mit sich, dass Menschen in funktional differenzierten Gesellschaften für die Erfüllung ein und desselben Bedürfnisses unterschiedlichen Institutionen angehören (das Geselligkeitsbedürfnis etwa kann im Sportverein ebenso wie im Berufsleben befriedigt werden). Spiegelbildlich hierzu, so Robert Merton, erfüllt ein und dieselbe Institution manifeste und latente Funktionen. Die manifeste Funktion ist der offizielle Zweck der Institution und ihre Legitimationsgrundlage gegenüber Dritten. Der Zweck (ihre manifeste Funktion) ist nun einmal der, der im Gesetz steht, und nicht die Gewährleistung von Geselligkeit oder die Anbahnung von Partnerschaften und Ehen unter den Behördenangehörigen (was zu den

Thousand Oaks (Cal.) [3]2009; Stefan Kühl, *Ganz normale Organisationen. Zur Soziologie des Holocaust*, Berlin 2014.

23 Robert K. Merton, »Bureaucratic Structure and Personality« [1940], in: ders., *Social Theory and Social Structure*, New York [3]1968, S. 249-260.

latenten Funktionen zählen mag). Die manifesten Funktionen sind mehr oder weniger offensichtlich, notwendigerweise spezifisch und gering an Zahl, die latenten Funktionen hingegen sind zahlreich und ohne nähere Untersuchung unbestimmbar. Sie seien daher auch, so Merton, für den Soziologen das eigentlich interessante Phänomen.[24] Denn mit dem Phänomen der latenten Funktionen bleibt ein Risiko verbunden, für das Robert Merton die heute klassische Formulierung der nicht-antizipierten Folgen sozialen Handelns gewählt hat.[25] Weil die latenten Funktionen einer Institution zahlreich und zum erheblichen Teil unbekannt sind, lösen zweckrationale Eingriffe – zum Beispiel Organisationsreformen – auch unbekannte und daher unkontrollierbare Folgen aus. Was den manifesten Funktionen einer Behörde dient, kann zum Beispiel informelle Netzwerke zerstören, deren Funktionstüchtigkeit für die betroffenen Behördenangehörigen eine wesentliche Motivationsquelle war. Wer die informellen Funktionsverflechtungen von Institutionen ignoriert, schneidet sie unter Umständen von wichtigen Ressourcen ab, etwa Expertenwissen oder verwaltungspolitische Unterstützung in Konflikten mit vorgesetzten Dienststellen oder konkurrierenden Instanzen.

Durch funktionale Äquivalente und Multifunktionalität ergeben sich also Verflechtungen zwischen unterschiedlichen Institutionen. Dies ist eine Folge der über Mehrfachmitgliedschaften der Mitglieder hergestellten Überlappungen, die ihrerseits wieder formeller (manifester) oder informeller (latenter) Art sein können. Einen ähnlichen Gedanken hatte Ende des 19. Jahrhunderts bereits Georg Simmel unter dem Begriff der »Kreuzung socialer Kreise« formuliert.[26] Auch hieraus ergibt sich ein ambivalenter Stabilisierungseffekt. Auf der einen Seite stehen den Angehörigen der jeweiligen Institution Alternativen zur Verfügung; Funktionsverflechtungen stabilisieren daher soziale Makroordnungen. Das gilt auch für Unternehmen, Banken oder Verwaltungen. Es ist keine Katastrophe, wenn eine dieser Institutionen ausfällt, es stehen in

24 Merton, »Manifest and Latent Functions« [1957], in: ders., *Social Theory and Social Structure*, S. 73-138.

25 Merton, »The Unanticipated Consequences of Purposive Social Action«, in: *American Sociological Review* 1 (1936), S. 894-904.

26 Georg Simmel, *Über sociale Differenzierung. Sociologische und psychologische Untersuchungen*, Leipzig 1890, S. 100-116.

der Regel andere bereit, bei einem solchen Funktionsausfall »einzuspringen«. Allerdings hat dies auch eine Kehrseite: Fehlfunktionen einer Institution haben unter den Bedingungen der Funktionsverflechtung belastende Folgen auch für andere Institutionen. Und sollten solche Fehlfunktionen ein größeres Ausmaß haben, können sie die Absorptionsfähigkeit des übrigen Institutionengeflechts überfordern. Seit der großen Bankenkrise, die im Herbst 2008 einsetzte, ist dieses Phänomen unter dem Schlagwort *too big to fail* geläufig.

Ähnliches gilt für das Verhältnis von manifesten und latenten Funktionen und die Konsequenzen für das Innenleben von Institutionen. Einerseits stabilisieren latente Funktionen die Institution, weil sie in gewisser Weise das Leben der ihr angehörenden Menschen erst lebenswert machen. Eine Institution, in der nur die offizielle und manifeste Funktion etwas zählt, wäre für ihre Angehörigen »kalt« und bedrückend. Dass bürokratische Organisationen, also typischerweise öffentliche Verwaltungen, entsprechende Wirkungen entfalten können, ist gerade von Robert Merton in einer frühen Arbeit dargelegt worden,[27] eine Deutung, die jedoch nicht unwidersprochen blieb. Denn gerade die latenten Funktionen, die auch eine bürokratische Organisation erfüllt, relativieren die Prägekraft von Hierarchie und Regelbindung. Es gebe, so Alvin W. Gouldner,[28] in bürokratischen Organisationen durchaus Regeln, die nur von symbolischem Wert seien und von denen jeder wisse, dass sie ständig gebrochen werden(»*mock bureaucracy*«).

Eben weil sie *auch* Institutionen und nicht bloße zweckrationale Werkzeuge sind, haben öffentliche Verwaltungen ständig Kompromissleistungen im Spannungsverhältnis von Zweckmäßigkeit, Binnenstabilität und Außenverflechtung zu erbringen. Der internationale Vergleich zeigt, dass Malinowskis Entdeckung der kulturprägenden Auswahl unter funktionalen Äquivalenten für die Erfüllung von Standardbedürfnissen auch für die öffentlichen Verwaltungen gilt. Die Grundfunktionen des Vollzugs von Gesetzen durch hinreichend koordinierte und mit Hilfe von professionellem Personal steuerbare Organisationen werden in den untereinander vergleichbaren entwickelten demokratischen Industriestaaten auf

27 Merton, »Bureaucratic Structure and Personality«.

28 Alvin W. Gouldner, *Patterns of Industrial Bureaucracy*, New York ^{2}1965.

sehr unterschiedliche Weise erfüllt. Die latenten Funktionen und die Funktionsverflechtungen unter der Vielzahl von Teilinstitutionen einer öffentlichen Verwaltung sorgen dafür, dass Abweichungen vom einmal eingeschlagenen Pfad institutioneller Entwicklung praktisch unmöglich sind. In begrenztem Umfang können Verwaltungen aber auch über Ländergrenzen hinweg voneinander lernen. Die jüngere Welle eines *New Public Management* scheint hierfür ein Beispiel zu bieten. Tatsächlich handelte es sich hier um einen internationalen Trend, der sich in praktischen Reformmaßnahmen mit relativ intensiver verwaltungswissenschaftlicher Begleitung niedergeschlagen hat. Und doch zeigt sich im internationalen Vergleich dann auch wieder das Beharrungsvermögen nationaler Verwaltungskulturen, durch die die Reformimpulse zumindest modifiziert, wenn nicht sogar erstickt wurden.[29] Ganz ähnliche Phänomene zeigen sich beim Vollzug von Rechtsetzungsakten der Europäischen Union in deren Mitgliedsländern.[30]

Die Ambivalenz politischer und administrativer Organisationen als Institutionen hat in den vergangenen Jahrzehnten durchaus theoretische Aufmerksamkeit gefunden, weniger dagegen die hier skizzierte Theoriegeschichte des Institutionenbegriffs und erst recht nicht die normative Dimension von Angemessenheit und Vertretbarkeit institutionalisierter Entscheidungsprozesse. Eine gleichwohl hilfreiche Klassifizierung hat sich an den unterschiedlichen Ausprägungen institutioneller Logiken im Spannungsfeld aus Zweckmäßigkeit, Legitimation und struktureller Trägheit entwickelt. Peter Hall und Rosemary Taylor[31] haben in der wahrscheinlich meistzitierten einschlägigen Abhandlung drei Varianten des theoretischen Institutionalismus unterschieden: einen auf der Theorie der rationalen Wahl (*rational choice*) basierenden, einen soziologischen und einen historischen Institutionalismus. Die Stärke dieser Unterscheidung liegt in der Benennung wesentlicher Grundeigenschaften politischer und administrativer Institutionen, ihrer relativen Zweckmäßigkeit, ihrer scheinbaren Selbstverständ-

29 Sabine Kuhlmann, Hellmut Wollmann, *Verwaltung und Verwaltungsreformen in Europa. Einführung in die vergleichende Verwaltungswissenschaft*, Wiesbaden 2013.

30 Christoph Knill, *The Europeanisation of National Administrations. Patterns of Institutional Change and Persistence*, Cambridge 2001.

31 Peter A. Hall, Rosemary C. R. Taylor, »Political Science and the Three New Institutionalisms«, in: *Political Studies* 44 (1996), S. 936-957.

lichkeit und ihrer historischen Herausbildung und Pfadabhängigkeit.

Die – nur bedingt den Autoren anzulastende – Schwäche dieser Einteilung liegt in der Einladung, Theorien als Denkschulen zu verstehen. Man kann sich durchaus aussuchen, ob man Verwaltungen als zweckmäßig, als wertegebunden oder als historisch gewachsen und in ihrer Entwicklung pfadabhängig betrachtet. Letztlich sind Verwaltungen als Institutionen jedoch ein Ensemble aus Zweckmäßigkeit und kulturell oder strukturell verfestigte Arrangements. Dem und der dadurch nahegelegten pragmatischen Theorieauswahl wird eher der am Kölner Max-Planck-Institut für Gesellschaftsforschung von Renate Mayntz und Fritz Scharpf entwickelte »akteurzentrierte Institutionalismus« gerecht.[32] Er verbindet handlungstheoretische und strukturanalytische Perspektiven und schließt damit, was die Verwaltungswissenschaft betrifft, wieder an die durch Herbert Simon eingeleitete entscheidungstheoretische Wende der Organisationstheorie an.

Die Perspektive eines, in diesem Sinne, akteurzentrierten Institutionalismus ist denn auch hilfreich für die Desaggregierung komplexer Phänomene, die mit Pauschalkategorien wie »Kultur«, »Tradition« oder »Pfadabhängigkeit« umschrieben werden. Dies sind lediglich metaphorische Deutungen von Institutionalisierungseffekten und der damit einhergehenden Funktionsverflechtungen, ihnen fehlt eine handlungstheoretische Grundlage oder eben »Akteurzentrierung«. Diese Akteurzentrierung entspricht aber durchaus dem Alltagsverständnis leitender Verwaltungsangehöriger, sie agieren nun einmal tagtäglich, und sie wissen auch, dass ihr Handeln einen institutionellen Kontext hat, selbst wenn sie von diesem keinen klaren Begriff haben. Von dieser Klärung kann aber in der Praxis einiges abhängen. Das angemessene Verständnis der Konsequenzen des Institutionencharakters öffentlicher Verwaltung ist einerseits Erfahrungssache, andererseits durchaus eine Frage theoretischer Einsicht. Davon wird in den folgenden Kapiteln mehrfach die Rede sein.

Die meisten Leiterinnen einer Behörde dürften ein Gespür dafür haben, dass es in ihrem Verantwortungsbereich nicht allein

32 Renate Mayntz, Fritz Scharpf, »Der Ansatz des akteurzentrierten Institutionalismus«, in: dies. (Hg.), *Gesellschaftliche Selbstregelung und politische Steuerung*, Frankfurt/M. 1995, S. 39-72.

um monofunktionale Zielerreichung, sondern um den Ausgleich vielfältiger Interessen und die Berücksichtigung unterschiedlicher Wertvorstellungen geht, selbst wenn sie von funktionalen Äquivalenten oder manifesten und latenten Funktionen noch nie etwas gehört haben sollten. Damit ist aber noch nicht die Frage beantwortet, wie weit Kompromissbildungen gehen dürfen und wo die Grenze zwischen flexibler Anpassung und Obstruktion oder Korruption liegt. Wann soll man sich für den »eigenen Laden« stark, wann darf man Konzessionen machen? Wie viel Wohlfühl-Atmosphäre in einer Abteilung darf man tolerieren, wann muss man intervenieren? Welchen Konflikt mit welchen Instanzen soll man riskieren, welchem aus dem Wege gehen, wenn klar ist, dass man einander braucht und nach Möglichkeit nicht das sprichwörtliche Porzellan zerschlagen werden sollte? Welche funktionalen Äquivalente kommen in Betracht, wenn der eingeschlagene, traditionsreiche und allgemein akzeptierte Lösungspfad keinen Erfolg verspricht? Welche Irritationen und Obstruktionen muss man in Kauf nehmen, wenn alternative Lösungen zahlreiche latente Funktionen lahmlegen würden? Wie immer die Antworten auf diese und ähnliche Fragen aussehen, sicher ist, dass sie leichter zu finden sind, wenn man verstanden hat, was eine Institution wie die öffentliche Verwaltung eigentlich ausmacht.

2. Verwaltung als Werkzeug

Inhaber von Ressourcen oder Entscheidungsgewalt wollen die Kontrolle darüber behalten, was durch ausführende Personen oder Organe in ihrem Namen getan wird. Ökonomen bezeichnen dies als *Principal-agent*-Problem.[1] *Principals* sind die kontrollberechtigten Chefs, *agents* die ausführenden Mitarbeiter. Die damit verbundenen Probleme sind allgemein geläufig. Niemand, der Ressourcen und Macht als *principal* delegiert, verfügt über vollständige Informationen darüber, was die ausführenden Personen oder Organe tatsächlich tun. Es herrscht Informationsasymmetrie zu Lasten der *principals* und zu Gunsten der *agents*, und Letztere unterliegen der moralischen Versuchung (*moral hazard*), ihren Informationsvorsprung für eigennützige Ziele zu Lasten der Organisationsziele auszunutzen.[2]

Die bürokratische Organisation, wie wir sie heute als Grundstruktur jeder öffentlichen Verwaltung kennen, ist einerseits Ausdruck solcher Informationsasymmetrien und der mit ihnen verbundenen *Principal-agent*-Probleme, andererseits eine Antwort darauf. Bürokratie-Kritik können wir uns heute leisten, weil die Bürokratie zur Selbstverständlichkeit geworden ist. Als dies noch nicht der Fall war, war die Sensibilität für ihre Vorzüge im Hinblick auf das *Principal-agent*-Problem und die Notwendigkeit der Gewährleistung verantwortlichen Verwaltungshandelns ausgeprägter als zu späteren Zeiten, als die Schattenseiten der sich ausbreitenden bürokratischen Organisation stärker in den Vordergrund traten. Für diese positive Betrachtung der Bürokratie insbesondere unter dem Gesichtspunkt der Verantwortlichkeit steht Woodrow Wilson und, in abgeschwächtem Maße, auch Max Weber.

1 Einen Überblick gibt Gary J. Miller, *Managerial Dilemmas. The Political Economy of Hierarchy*, Cambridge 1992, insbes. S. 120-137 (»Hidden Actions in Hierarchies«).

2 George A. Akerlof, »The Market for ›Lemons‹: Quality Uncertainty and the Market Mechanism«, in: *Quarterly Journal of Economics* 84 (1970), S. 488-500; Sanford J. Grossman, Oliver D. Hart, »An Analysis of the Principal-Agent Problem«, in: *Econometrica* 51 (1983), S. 7-45.

Dass Wilsons Abhandlung über »Das Studium der Verwaltung«[3] zum Klassiker werden konnte,[4] verdankt sich seiner beispielhaften Beschreibung zweier Voraussetzungen einer verantwortlich handelnden Verwaltung, nämlich der Professionalität ihres Personals und der Trennung von Politik und Verwaltung. Dies hatte einen doppelten historischen Hintergrund. Der eine wurde durch die Entstehung und frühe Entwicklung des US-amerikanischen Staates gebildet, der andere durch die Beobachtung der Monarchien des aufgeklärten Absolutismus in Kontinentaleuropa. Wilson verfasste einen Lobgesang auf die professionelle Verwaltung mit geschultem Fachbeamtentum und die strikte Trennung von Politik und Verwaltung und sah in diesen Hinsichten besondere Schwächen bei den USA.Die öffentliche Verwaltung war dort rund einhundert Jahre nach der Staatsgründung in Wilsons Sicht noch immer ein Objekt nachholender Modernisierung. Während die Modernisierung des politischen Systems in den USA im Vergleich zu Europa weit fortgeschritten war, fehlte es den Regierungsinstanzen auf der zentralen und der einzelstaatlichen Ebene, gemessen am europäischen Standard, weitgehend an einer fachlich geschulten Verwaltung. Vielmehr sorgten die große Zahl öffentlicher Wahlämter und der starke Einfluss der politischen Parteien für eine nachhaltige Verzögerung der Professionalisierung der Verwaltung und insbesondere auch für deren nachhaltige Politisierung. Verwaltungsposten waren Beute-Objekt der jeweils in Wahlen siegreichen Partei. Dieses *spoils system* bildete ein ernsthaftes Modernisierungshindernis, und als solches wurde es durch Wilson auch charakterisiert. Nicht die Verwaltung, sondern die Justiz bildete während der ersten hundert Jahre der US-amerikanischen Geschichte das Gegengewicht zur Parteienherrschaft.[5] Ein Staat, der eine leistungsfähige Infrastruktur in einem seit der Mitte des 19. Jahrhunderts gewaltig

3 Woodrow Wilson, »The Study of Administration«, in: *Political Science Quarterly* 2 (1887), S. 197-222.

4 Fritz Sager, Christian Rosser, »Weber, Wilson, and Hegel: Theories of Modern Bureaucracy«, in: *Public Administration Review* 69 (2009), S. 1136-1147.

5 Stephen Skowronek, *Building a New American State. The Expansion of National Administrative Capacities 1877-1920*, Cambridge 1982. Zur Entstehung und Entwicklung des öffentlichen Dienstes in den USA im 19. Jahrhundert siehe auch Frederick C. Mosher, *Democracy and the Public Service*, New York u. a. 1968, zum Vergleich mit der europäischen Entwicklung insbesondere S. 24-53.

nach Westen ausgedehnten Territorium und in den entstehenden industriellen Ballungszentren zu entwickeln hatte, konnte sich unter diesen Umständen nicht herausbilden. Daher Wilsons Credo: Ein leistungsfähiger Staat braucht ein professionelles Beamtentum und eine strikte Trennung von Politik und Verwaltung.

Kurioserweise hatten sich diese Voraussetzungen einer leistungsfähigen Staatlichkeit in Europa, wie Wilson ausdrücklich vermerkte, unter nicht-demokratischen Bedingungen wesentlich besser entwickelt als in den Vereinigten Staaten auf der Grundlage der Verfassung von 1787. Seinen amerikanischen Lesern war Wilson daher eine Erklärung schuldig, wie autokratische Staatlichkeit mit einer demokratischen Verfassung in Einklang zu bringen war. Dazu konzentrierte er sich auf den gemeinsamen Kern der Probleme, die durch die Verwaltung sowohl autokratischer als auch demokratischer politischer Systeme zu lösen waren (und sind). Hier bildet, ganz so wie später bei Carl J. Friedrich (s. Kapitel 4), die Übertragung von Ressourcen und Macht und die damit gegebene Notwendigkeit der Sicherung von Verantwortung den Angelpunkt. Es gehe darum, so Wilson, »das einfachste System [zu] entdecken, nachdem den Beamten Verantwortung unmissverständlich übertragen werden kann; es ist am besten, Gewalt zu teilen, ohne sie zu behindern und Verantwortlichkeiten zu teilen, ohne sie zu verschleiern«.[6] Natürlich bedeute die Delegation von Macht an die Verwaltung ein Risiko für die demokratische Regierungsform. Aber, so Wilson, »in der Macht liegt keine Gefahr, solange sie nicht unverantwortlich ist«.[7]

Aber wie sichert man die Verantwortlichkeit der Verwaltung tatsächlich? Wilson macht dazu einen bemerkenswerten Vorschlag, der auf den ersten Blick paradox erscheint. Eine Konzentration von Macht sei nicht immer von Nachteil, sondern im Hinblick auf die Gewährleistung der Verantwortung der Verwaltung sogar unerlässlich. Nur dürfe sich die Macht eben nicht bei der Verwaltung als solcher konzentrieren, sondern in abgestuftem Maße bei den jeweiligen Leitern der verschiedenen Verwaltungsinstanzen, wofür wiederum die Ausbildung eines professionellen Beamtenapparates die

6 Hier zitiert nach der deutschen Übersetzung von Jochen Muskalla: »Das Studium der Verwaltung«, in: Heinrich Siedentopf (Hg.), *Verwaltungswissenschaft*, Darmstadt 1976, S. 57-85, hier S. 74.

7 Ebd., S. 75.

Voraussetzung sei. Werde nämlich, so Wilson, die Macht »an viele verteilt, wird sie verschleiert; und verschleiert man sie, macht man sie unverantwortlich. Wird sie jedoch auf die Leiter der Verwaltung und die Leiter der Verwaltungszweige konzentriert, kann man diese leicht überwachen und zur Rechenschaft ziehen.«[8]

Damit ist eine bis heute gültige, unabdingbare Voraussetzung verantwortlichen Verwaltungshandelns benannt: das Prinzip der persönlichen Zurechenbarkeit des Verwaltungshandelns und seiner Folgen. Im demokratischen Verfassungsstaat darf es keine verantwortungsfreien Räume geben. Wir werden demselben Gedanken später noch einmal in anderer Form begegnen, nämlich bei Henri Fayol und dem von ihm formulierten Prinzip der Einheit der Auftragserteilung. Und man sieht bereits, welche pathologische Erscheinung hier indirekt angesprochen ist: Fragmentierte Verwaltungsorganisationen und kollegiale Leitungsinstanzen sind sinnvolle Konstruktionen zur Diffusion von Macht und der Integration unterschiedlicher Gesichtspunkte und Interessen nur bis zu einem gewissen Grad. Ihr Nachteil ist, wie Wilson unverblümt schreibt, die Verschleierung von Macht und die Möglichkeit zur Flucht aus der Verantwortung. Sich hinter abgestuften Kompetenzen und Mitbeteiligten zu verstecken, ist eine Versuchung, der Verwaltungsangehörige regelmäßig ausgesetzt sind, wenn sie unter erhöhtem Rechtfertigungsdruck stehen.[9] Dieser Rechtfertigungsdruck aber ist ein wesentliches Merkmal jeder Verwaltung in einem demokratischen Verfassungsstaat. In diesem nämlich, so wiederum Wilson, spiele »die Meinung des Volkes die Rolle der kritischen Autorität«.

Wilson ging es also keineswegs um die Verwaltung als ein blind wirkendes effektives Werkzeug des Staates, sondern um das Werkzeug einer legitimen Regierung unter der ständigen Beobachtung und Kontrolle durch die »kritische Autorität des Volkes«, welche über die effektive Aufgabenerledigung ebenso wacht wie über die Willkürfreiheit, Transparenz und Kontrollierbarkeit des Verwaltungshandelns. Die normativen Ansprüche Wilsons waren daher auch weiter gesteckt als diejenigen Max Webers, dessen idealtypisierende Beschreibung der Verwaltung aber wiederum sowohl im Hinblick auf die historischen Grundlagen als auch im Hinblick auf

8 Wilson, »Studium der Verwaltung«, S. 75.

9 Vgl. Christopher Hood, *The Blame Game. Spin, Bureaucracy, and Self-Preservation in Government*, Princeton 2011.

die innerorganisatorische Ausgestaltung einer rationalen und damit berechenbaren Verwaltung weitaus differenzierter war.

Weber verfolgte im Unterschied zu Wilson mit seiner Darstellung der »legalen Herrschaft mit bureaucratischem Verwaltungsstab« keine normativen Ziele. Wilson hatte im Grunde genommen ein Reformkonzept für die US-amerikanische Verwaltung im Sinn, Weber dagegen eine Erklärung der historischen Herausbildung der bürokratischen Organisationsform und ihrer Struktureigenschaften. Er unterschied »drei reine Typen legitimer Herrschaft«, je nach der Grundlage der jeweiligen Legitimitätsgeltung. Diese Legitimität könne traditionaler, charismatischer und rationaler Art sein. Das Besondere dieser Betrachtung war, dass Weber nicht von »Macht«, sondern eben von »Herrschaft« sprach, nämlich von der Steuerung des Verhaltens Dritter, die von diesen als gerechtfertigt – legitim – hingenommen wird. »Herrschaft« in diesem Sinne ist zivilisierte, gezügelte Macht. »Macht« selbst hingegen ist, wie Weber schrieb, »soziologisch amorph«, also gestaltlos. Sie sei nicht auf Beziehungen einer formalen Über-Unterordnung beschränkt, sondern betreffe »jede Chance innerhalb einer sozialen Beziehung, den eigenen Willen auch gegen Widerstreben durchzusetzen, gleichviel worauf diese Chance beruht«.[10] Herrschaft auf der Grundlage einer Legitimitätsgeltung *rationalen* Charakters beruhe dagegen »auf dem Glauben an die Legalität gesatzter Ordnungen und des Anweisungsrechts durch sie zur Ausübung der Herrschaft Berufenen«.[11] Sie ist aus den Herrschaftsordnungen der Feudalgesellschaft und des Absolutismus hervorgegangen, deren Legitimitätsgeltung traditionalen Charakters war und »auf dem Alltagsglauben an die Heiligkeit von jeher geltender Traditionen und die Legitimität der durch sie zur Autorität Berufenen« beruhte.[12]

»Bürokratie« ist in dieser Sichtweise einerseits Teil der rationalen Legitimitätsgeltung legaler Herrschaft, andererseits Ausdruck des Übergangs von persönlichen zu staatlichen Verwaltungsstäben. Dieser Übergang, gewissermaßen von der Schreibstube feudaler oder monarchischer Herrschaft zu den anonymen Apparaten territorialer Herrschaft in großem Maßstab, brachte ebenjene Herausforderung der Konzentration und Delegation von Ressourcen

10 Weber, *Wirtschaft und Gesellschaft*, S. 28.

11 Ebd., S. 124.

12 Ebd.

und Macht mit sich, die bei Wilson ebenso wie bei Friedrich den wesentlichen Erklärungsfaktor für die Herausbildung einer modernen Verwaltung ausmacht. Weber widmete sich nun genauer den organisations*internen* Merkmalen einer Verwaltung, der einerseits Ressourcen und Macht in der zivilisierenden Form von Herrschaft übertragen wurden, die andererseits aber die Gewähr dafür bieten musste, hiervon sachgerechten und willkürfreien Gebrauch zu machen. Dies führte zu den »Grundkategorien« der »legalen Herrschaft mit bureaucratischem Verwaltungsstab«. Dazu zähle »ein kontinuierlicher regelgebundener Betrieb von Amtsgeschäften innerhalb einer Kompetenz [...], mit fester Abgrenzung der eventuell zulässigen Zwangsmittel unter Voraussetzung ihrer Anwendung«. Und er fügte hinzu: »Ein derart geordneter Betrieb soll ›Behörde‹ heißen.«[13]

Weber nannte dann eine ganze Reihe von Merkmalen jener »legalen Herrschaft«, die jede für sich genommen die doppelte Funktion erfüllen, die Verwaltung einerseits steuerbar, andererseits willkürfrei und berechenbar zu machen: Das Prinzip der Amtshierarchie und eine »streng einheitliche Amtsdisziplin und Kontrolle« gewährleisten Steuerbarkeit und Verantwortlichkeit; die »Trennung des Verwaltungsstabs von den Verwaltungs- und Beschaffungsmitteln« und das Fehlen »jeder Appropriation der Amtsstelle an den Inhaber« verhindern Streben nach Ämtern und den Missbrauch des Amtes für Zwecke der persönlichen Bereicherung, also eine korruptionsfreie Verwaltung; das Prinzip der Aktenmäßigkeit der Verwaltung, »auch da, wo mündliche Erörterung tatsächlich Regel oder geradezu Vorschrift ist«, sichert Transparenz und Kontrollierbarkeit; die ausschließliche Geltung unpersönlicher, sachlicher Amtspflichten garantiert das willkürfreie Handeln der Verwaltung »ohne Ansehen der Person«; die Anstellung »kraft Kontrakts« und nicht aufgrund von Untertänigkeit, aufgrund freier Auslese nach Fachqualifikation, eine regelmäßige Bezahlung, »meist mit Pensionsberechtigung«, und die Ausübung des Amtes als einziger oder Hauptberuf sichert die professionelle Qualität des Verwaltungshandelns, verhindert Klientelbeziehungen, gewährleistet wiederum Korruptionsfreiheit und die persönliche Unabhängigkeit der Verwaltungsbediensteten; das Laufbahnprinzip (»Aufrücken je nach

13 Ebd., S. 125.

Amtsalter oder Leistungen oder beidem, abhängig vom Urteil der Vorgesetzten«[14]) führt zur Verbindung von vertikaler Mobilität und darauf aufbauenden Leistungsanreizen einerseits und Amtshierarchie andererseits mit der daran anknüpfenden Amtsdisziplin und Kontrolle.

Weber resümiert: Die im Sinne der oben genannten Merkmale

> rein bueraucratische, also: die bureaucratisch-monokratische aktenmäßige Verwaltung ist nach allen Erfahrungen die an Präzision, Stetigkeit, Disziplin, Straffheit und Verläßlichkeit, also: Berechenbarkeit für den Herrn wie für die Interessenten, Intensität und Extensität der Leistung, formal universelle Anwendbarkeit auf alle Aufgaben, rein technisch zum Höchstmaß der Leistung vervollkommenbare, in all diesen Bedeutungen: formal rationalste Form der Herrschaftsausübung.[15]

Daran hat sich ungeachtet der geradezu Kleistschen Sprachverdrechselungslust Webers bis heute nichts geändert. In der Rationalität einer staatlichen Organisation, die den Umgang mit delegierten Ressourcen und delegierter Macht zu »Herrschaft« zivilisiert, drückt sich die Legitimitätsgeltung der Verwaltung im demokratischen Verfassungsstaat mit rechtsstaatlicher Ordnung aus. Wir akzeptieren Verwaltung, wenn und solange sie effizient und effektiv mit dem ihr anvertrauten Geld, den Sachgütern und dem Personal umgeht und wenn und solange sie willkürfrei und berechenbar handelt. Dies gilt grundsätzlich sogar für nicht-demokratische politische Systeme, wenngleich die Wahrscheinlichkeit dafür in demokratischen politischen Systemen nun einmal ungleich höher ist.

Der schulbildende Charakter der Weberschen Bürokratietheorie beruhte auf zwei Leistungen. Das war zum einen die analytische Verbindung einer historisch-genetischen Erklärung eines bestimmten Herrschaftstypus, der rationalen Herrschaft eben, mit bestimmten Organisationsstrukturen des eigentlichen Herrschaftsapparates. Zum anderen war es der universelle Charakter der auf diese Weise herausgearbeiteten Strukturmerkmale der bürokratischen Organisation, die nicht allein auf die öffentliche Verwaltung, sondern auch auf die Verwaltung von Wirtschaftsbetrieben oder Banken angewendet werden konnte.

14 Ebd., S. 127.
15 Ebd., S. 128.

Letzteres gilt auch für diejenigen Beiträge zur Organisationswissenschaft, die ihre Impulse zum Teil aus den Verwaltungsproblemen großer Industriebetriebe erhielten, ihrerseits aber durchaus auch auf die Verhältnisse der öffentlichen Verwaltung übertragbar waren und aus diesem Grund bis heute zum Kanon systematischer Beschreibungen der Strukturmerkmale einer rationalen Organisation gehören. In den Beiträgen von Henri Fayol und Luther Gulick werden, ganz ähnlich wie bei Weber, nur ohne dessen historisch-analytischen Anspruch, die innerorganisatorischen Voraussetzungen einer Verwaltung präziser eingegrenzt, die effizient und effektiv und zugleich willkürfrei und berechenbar handelt. In der industriebezogenen Organisationslehre jedoch, die im amerikanischen Englisch als *Business Administration* bezeichnet wird, wurden die Beiträge Fayols und Gulicks wesentlich einflussreicher, als es diejenigen Webers jemals sein konnten.

Henri Fayol, selbst lange Jahre Präsident eines staatlichen französischen Bergwerks, stellte vierzehn nach ihm benannte »allgemeine Verwaltungsprinzipien« auf. Nicht alle müssen uns hier interessieren, zumal etwa diejenigen, die sich auf die Bezahlung beziehen, heute definitiv überholt sind. Bemerkenswert an Fayols Prinzipien ist jedoch zweierlei. Zum einen rufen sie in Erinnerung, wie wenig selbstverständlich das scheinbar Selbstverständliche eines geordneten Verwaltungsbetriebes tatsächlich ist und wie problematisch die Verhältnisse wären, unter denen diese Selbstverständlichkeiten ihre Geltung verlieren würden. Zum anderen ist bemerkenswert, wie Fayol strukturelle und persönlichkeitsbezogene Voraussetzungen »guten Verwaltens« analytisch verknüpft. Diese Sichtweise ist in der Verwaltungswissenschaft mittlerweile in den Hintergrund getreten, selten wird man heute in der Forschungsliteratur zum Beispiel Begriffe wie »Amtstugend« oder »Verantwortungsbewusstsein« antreffen.

Fayols »allgemeine Verwaltungsprinzipien« beziehen sich auf (1) Arbeitsteilung, (2) Autorität und Verantwortlichkeit, (3) Disziplin, (4) Einheit der Auftragserteilung, (5) Einheit der Leitung, (6) Unterordnung des Sonderinteresses unter das Interesse der Gesamtheit, (7) Entlohnung, (8) Zentralisation, (9) Rangordnung, (10) Ordnung, (11) Billigkeit, (12) Stabilität des Personals, (13) Initiative sowie (14) Gemeinschaftsgeist. Fayol betont nun nicht allein die Vorzüge der Arbeitsteilung und Spezialisierung, welche unter anderem »die Trennung der Gewalten zur Folge« habe[16] – darin ist er ein Nachfolger vieler Ökonomen seit Adam Smith –, er betont vor allem die komplementären strukturellen und personellen Faktoren, welche die nachteiligen Auswirkungen von Arbeitsteilung und Spezialisierung kompensieren sollen. Das betrifft Autorität und Verantwortlichkeit, Disziplin, Einheit der Auftragserteilung und Einheit der Leitung oder die Unterordnung des Sonderinteresses unter das Interesse der Gesamtheit.

Bemerkenswert ist, dass Fayol nicht allein zwischen formeller und persönlicher Autorität unterscheidet, sondern auch auf die charakterlichen Voraussetzungen der Wahrnehmung wirksamer Autorität durch das Leitungspersonal der Verwaltung eingeht. Zwar seien Sanktionsmittel für die Wahrnehmung von Verantwortung unabdingbar, diese gehörten »zu den wesentlichen Bedingungen für eine gute Verwaltung«.[17] Entscheidend sei jedoch der Mut zur Verantwortung:

> Nun ist die Verantwortlichkeit im Allgemeinen ebenso gefürchtet, wie die Autorität begehrt wird. Die Furcht vor der Verantwortung lähmt häufig die Initiative und vernichtet viele Eigenschaften. Ein guter Leiter muß den Mut zur Verantwortung haben und ihn in seiner Umgebung verbreiten. Die beste Garantie gegen den Mißbrauch der Autorität und die Schwächen des Leiters einer großen Unternehmung ist die Persönlichkeit und insbesondere die Ethik des Charakters des Leiters. Wir wissen aber, daß weder Anstellung noch Eigentum diesen Charakter verleihen.[18]

Nur Leitungspersonal mit diesem Mut zur Verantwortung könne, so Fayol, in der Verwaltung auf wirksame Weise auch Disziplin durchsetzen. Denn »die wirksamsten Mittel, sie [die Disziplin] herzustellen und zu erhalten, sind: geeignete Leiter in allen Posten, klare und billige Dienstanordnungen, gerechte Anwendung der Sanktionen«.[19] Der Sinn für Maß und Mitte, für »Billigkeit« und Fairness statt wild entschlossener Verwegenheit ist also das wesentliche Merkmal jenes Mutes zur Verantwortung, der nach Fayol den »guten Leiter« in der Verwaltung auszeichnet.

16 Henri Fayol, »Allgemeine Verwaltungsprinzipien« [1916], in: Heinrich Siedentopf (Hg.), *Verwaltungswissenschaft*, Darmstadt 1976, S. 121-152, hier S. 123.
17 Ebd.
18 Ebd., S. 124.
19 Ebd., S. 126 f.

Eingang in den klassischen Katalog guter Verwaltungsgrundsätze hat jedoch weniger Fayols Mahnung zur Auswahl geeigneter Leitungspersonen gefunden als sein Hinweis auf die Bedeutung einer angemessenen Ausübung der Leitungsfunktion selbst. Dabei unterscheidet er zwischen der Einheit der Auftragserteilung und der Einheit der Leitung. Mit »Einheit der Auftragserteilung« ist die Unterstellung eines Verwaltungsangehörigen unter eine einzige Leitungsperson (*unité de commandement*) gemeint, während mit »Einheit der Leitung« die Eindeutigkeit einer Anweisung (*unité de sens*) angesprochen ist (der Sprachgebrauch in der deutschen Fassung ist missverständlich). Einerseits sollte die Umsetzung dieser Prinzipien selbstverständlich sein, andererseits werden sie im Verwaltungsalltag häufig und notorisch verletzt. Aber es leuchtet unmittelbar ein, dass es hier um eine der wichtigsten Voraussetzungen »guter Verwaltung« überhaupt geht. Wenn unklar bleibt, was in einem arbeitsteiligen Zusammenhang überhaupt die Aufgabe sein soll, und wenn zudem, wie der Volksmund sagt, viele Köche den Brei verderben, kann nichts Gutes dabei herauskommen.

Im Alltag der Verwaltung wird gegen diese Grundsätze im Übrigen oft nicht aus purem Mutwillen verstoßen, sondern weil anders bestimmte Probleme nicht zu lösen sind. Faktisch können Anweisungen auch von formal Unzuständigen erteilt werden, etwa wenn die Verwaltung eingeholte Gutachten selbst gar nicht überprüfen kann, so dass diese faktisch wie Anweisungen wirken. Außerdem ergibt sich allein schon aus der Arbeitsteilung zwischen Fachabteilungen und Querschnittsabteilungen in jeder größeren Verwaltung eine Aufweichung des Prinzips einheitlicher Auftragserteilung. De facto können Personalabteilungen oder Haushaltsabteilungen in die Erfüllung einer Fachaufgabe »hineinregieren«, obwohl diese von der fachlich zuständigen Leitungsperson zu verantworten ist.

Etliche weitere der von Fayol aufgestellten Prinzipien sind später zu wahren Rennern der Organisationswissenschaft und der Managementlehre geworden, wenn auch in anderen, zumeist mit wohlklingenden Anglizismen versehenen Begrifflichkeiten. Dazu zählen die Unterordnung des Sonderinteresses unter das Interesse der Gesamtheit, die Stabilität des Personalkörpers oder Initiative und Gemeinschaftsgeist. In der biederen Sprache des frühen 20. Jahrhunderts klingt all dies nicht besonders mitreißend. Aber wenn man dafür die Begriffe *commitment*, *spirit*, *innovation* oder *loyalty* einsetzt, wird neuerlich deutlich, welche Zentralprobleme nicht nur eines effizienten, sondern auch eines akzeptierten und mobilisierenden Handelns und ausgewogener Strukturprinzipien einer guten Verwaltung Fayol damit angesprochen hatte.

Unter den kundigen Laien ist der Name Fayol vielleicht am ehesten mit einer scheinbaren Nebensächlichkeit seiner Erläuterungen der vierzehn Verwaltungsprinzipien verbunden. Dabei geht es um die Vor- und Nachteile des Dienstweges, von Fayol abgehandelt unter dem Stichwort »Rangordnung«:

> Die Rangordnung ist die Reihe von leitenden Angestellten, welche von der höchsten Autorität bis zum untersten Arbeitnehmer führt. Der Dienstweg ist der Weg, welchen die von der höchsten Autorität ausgehenden oder an sie gerichteten Nachrichten gehen, indem sie alle Stufen der Rangordnung durchlaufen. Dieser Weg ist notwendig, sowohl wegen einer sicheren Nachrichtenübermittlung als auch wegen der Einheit der Auftragserteilung. Aber er ist nicht immer der schnellste Weg, und in den großen Unternehmungen, besonders bei den staatlichen Dienststellen, mitunter fürchterlich lang. Nun gibt es viele Geschäftstätigkeiten, deren Erfolg von der schnellen Ausführung abhängt; man muss also die Achtung vor dem ordnungsgemäßen Weg mit der Notwendigkeit, schnell zu handeln, in Einklang bringen.[20]

Dieser Hinweis war die Geburtsstunde der berühmten Fayolschen Brücke, in Deutschland bekannt als »kleiner Dienstweg«. Der formelle Dienstweg, welcher die Hierarchieleiter hinauf und wieder hinunter führt, ist genau besehen in jeder guten Verwaltung die Ausnahme. In der deutschen Verwaltungssprache ist »Auf dem Dienstweg« sogar eine Vorgehensweise, die den Beiklang nahezu schikanöser Förmlichkeit hat. Normalerweise funktioniert die Verwaltung so, wie Fayol es selbst in einer Skizze dargestellt hat. Das betrifft die gestrichelte Linie zwischen den Stellen F und P einer hierarchischen Organisation mit zwei Weisungssträngen:

20 Ebd., S. 141.

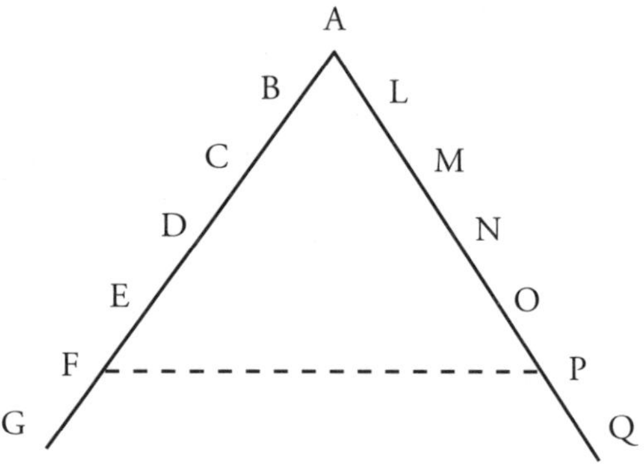

Abb. 1: »Fayolsche Brücke« (nach Fayol, »Allgemeine Verwaltungsprinzipien«, S. 141). Graphik: Simon Fechti.

Natürlich kommunizieren nachgeordnete Verwaltungseinheiten ohne jede Einhaltung des Dienstwegs untereinander, und sie tun dies spätestens seit der allgemeinen Verbreitung des Telefons – vom elektronischen Postverkehr ganz zu schweigen – in einem Ausmaß, das der 1926 verstorbene Henri Fayol beim besten Willen nicht vorausahnen konnte.

Anders als Fayol war Luther Gulick Wissenschaftler, allerdings war er auch praktisch sein ganzes Wissenschaftlerleben lang für die Verwaltung tätig. Gulick lehrte ab 1931 elf Jahre lang an der Columbia University und war nicht weniger als 60 Jahre, von 1921 bis 1982, in der Leitung des *Institute for Public Administration* tätig. In dieser Eigenschaft war er ab 1937 als Berater intensiv mit Verwaltungsreformen sowohl auf der amerikanischen Bundesebene als auch auf der kommunalen Ebene tätig. Von 1954 bis 1956 war er immerhin Verwaltungschef der Stadt New York.[21]

Auch Gulicks theoretisches Erbe weist eine Kuriosität auf. Das Konzept, das am meisten mit seinem Namen verknüpft ist, ist zugleich eines, das in der Verwaltungspraxis am wenigsten aufgegriffen wurde. Die Abkürzung hierfür lautet POSDCORB, ein Akronym für Planning, Organizing, Staffing, Directing, Coordi-

21 Wikipedia. The Free Encyclopedia, »Luther Gulick«, ⟨https://en.wikipedia.org/wiki/Luther_Gulick_%28social_scientist%29⟩, letzter Zugriff am 29. März 2016.

nating, Reporting und Budgeting. Gulick hatte die produktivste Phase seiner wissenschaftlichen Tätigkeit ab 1933, zur Zeit der Roosevelt-Administration und des *New Deal*, und er verknüpfte die sozialpolitischen und wirtschaftlichen Ziele einerseits mit der ökonomischen Theorie von John Maynard Keynes, andererseits mit dem Gedanken einer strategischen Wohlfahrtsstaatsplanung. Dem entsprach der Gedanke eines durchgehenden Zyklus aller gerade aufgezählten Verwaltungstätigkeiten. Das war mehr auf die relative Ausnahmesituation einer auf einzelne Regierungsprojekte ausgerichteten Spezialverwaltung bezogen als auf den Alltag einer regulären Vollzugsverwaltung, die unter den Bedingungen von Stetigkeit und Routine arbeitet. In den 1960er und frühen 1970er Jahren jedoch und damit im Zeichen von Lyndon B. Johnsons Sozialprogrammen einer »Great Society« und europäischen – insbesondere auch deutschen – Vorstellungen einer Umgestaltung der Ministerialverwaltung zu effektiven Planungsinstrumenten[22] erlangten diese Ideen Gulicks vorübergehend noch einmal eine gewisse Popularität.

Wesentlich bedeutender für Gestaltungskonzepte mit Auswirkungen auf die Normalverwaltungen waren Gulicks Beiträge zur Systematisierung formaler Organisationsgestaltung, die bekannt wurden unter den Begriffen Leitungsspanne (*span of control*), Stab-Linien-Organisation und divisionale oder funktionale Organisationsgliederung.

Zur »Leitungsspanne« schrieb Gulick: »Wie auch die menschliche Hand, [die] nur eine begrenzte Anzahl von Klaviertasten greifen kann, [...] [kann auch] der Mensch selbst nur in bestimmtem Umfang – soweit es Wissen, Zeit und Arbeitskraft erlauben – persönliche Leitungskontakte aufrechterhalten«.[23] Die tatsächliche Leitungsspanne sei abhängig vom Charakter der Tätigkeit, vom Alter der Organisation und von der räumlichen Nähe einer vorgesetzten Einheit zu den nachgeordneten Einheiten. Gleichartige Tätigkeiten erhöhten die potenzielle Leitungsspanne, Gleiches gelte für ältere Organisationen und größere räumliche Nähe. Diese

22 Renate Mayntz, Fritz Scharpf (Hg.), *Planungsorganisation. Die Diskussion um die Reform von Regierung und Verwaltung des Bundes*, München 1973.

23 Luther Gulick, »Bemerkungen zur Organisationstheorie« [1937], hier zitiert nach der Übersetzung von Alexa Pietzner in: Heinrich Siedentopf (Hg.), *Verwaltungswissenschaft*, Darmstadt 1976, S. 153-194, hier S. 160 f.

vergleichsweise schlichten Erkenntnisse haben ihren Einfluss bis in die Gegenwart erhalten, und auch hier haben sich zum Teil einfach nur die Begrifflichkeiten und sprachlichen Färbungen verschoben. Wenn heute etwa von steilen oder flachen Hierarchien die Rede ist, ist damit nichts anderes gemeint als eine engere oder weitere Leitungsspanne. Die überwiegend beliebten »flachen Hierarchien« bringen nämlich auch den Nachteil einer großen Leitungsspanne mit sich, immer vorausgesetzt, dass die Zahl der Mitarbeiter oder Untereinheiten einer Organisation konstant bleibt.

Eine Standardunterscheidung, die Gulick populär machte, ist die zwischen Linie und Stab. Die »Linie« bildet die hierarchische Verbindung zwischen Untereinheiten der Organisation, Stäbe sind leitungsunterstützende Einheiten. Diese Unterscheidung war offensichtlich nicht die Entdeckung Gulicks, sondern entstammt der militärischen Organisation, wo sie ihre klassische Ausformung erfahren hat. Im Unterschied zum Militär sind Stabseinheiten allerdings in der öffentlichen Verwaltung erstens nicht allgegenwärtig und zweitens auch nicht annähernd so einflussreich. In Verwaltung und Wirtschaft sind Stabseinheiten (etwa Pressereferate oder Planungsstäbe) im Zweifelsfall verzichtbar und die Zugehörigkeit zu ihnen auch nicht, wiederum im Unterschied zum Militär, mit einem Gewinn an Einfluss und Prestige verbunden (Ausnahmen bilden der renommierte Planungsstab im deutschen Auswärtigen Amt oder auch Ministerbüros, die nicht selten als Sprungbrett für bemerkenswerte Karrieren ambitionierter Verwaltungsangehöriger dienen).

Von erheblicher praktischer Bedeutung ist schließlich Gulicks Unterscheidung verschiedener Logiken der Abteilungsbildung in der Verwaltung, je nachdem, ob diese nach Objekt, Verrichtung, Klientel oder Bezirk ausgerichtet ist. Dies hat sich in der weiteren Entwicklung der Organisationslehre vor allem als Unterscheidung zwischen divisionaler Organisationsgliederung (Organisation nach Objekt) und funktionaler Organisationsgliederung (Organisation nach Verrichtung) niedergeschlagen, eine Gliederungslogik, die nicht nur die Welt der Industrieunternehmen, sondern auch die gesamte öffentliche Verwaltung durchzieht. Sie hat sogar in den zurückliegenden Jahrzehnten in der deutschen Verwaltung zu Reformkonjunkturen und einem latenten Richtungsstreit unter den Verwaltungsreformern geführt.

Bis in die jüngere Vergangenheit zeichnete die deutsche Verwaltung ein ungefähres Gleichgewicht zwischen allgemeiner Verwaltung und Sonderbehörden aus, was nichts anderes bedeutete als ein Gleichgewicht zwischen funktionaler und divisionaler Gliederung oder, wenn es um die gebietskörperschaftlichen Ebenen geht, zwischen Gliederung nach Region oder Bezirk (»allgemeine Verwaltung«) und Gliederung nach Fachaufgaben (»Sonderverwaltung«). Diese Struktur ist in den zurückliegenden Jahrzehnten schrittweise durch die Eingliederung der Sonderverwaltungen in die allgemeine Verwaltung abgelöst worden, naturgemäß insbesondere auf der kommunalen Ebene und hier wiederum namentlich auf der Ebene der Landkreise und kreisfreien Städte. Dabei ging die differenzierte Betrachtungsweise verloren, die Gulicks Analyse gekennzeichnet hatte.

Was nämlich in Gulicks Betrachtung offensichtlich wurde, war, dass der Vorteil einer divisionalen Organisationsgliederung in der Betonung der Professionalität in der Erledigung einer Fachaufgabe, der Nachteil hingegen in einer relativen Fragmentierung und der Tendenz zu negativer Koordination liegt. Die funktionale Organisationsgliederung bietet dagegen den Vorteil der Selbstkoordination der Organisation durch die einheitliche Verrichtung von Querschnittsfunktionen, wofür Personal- und Haushaltsabteilungen oder Rechtsabteilungen die besten Beispiele bieten. Der Nachteil der funktionalen Organisationsgliederung liegt aber in der potenziellen Stärkung sachfremder Einflüsse auf die Erledigung einer Fachaufgabe – etwa einer mangelnden Berücksichtigung fachspezifischer Qualifikationsanforderungen an das einzustellende Personal – und einer generellen, eher psychologischen Bevorzugung des »Wie« gegenüber dem »Was« und »Wofür«. Die in den deutschen Bundesländern vollzogene Eingliederung der Sonderverwaltungen – der Forstämter, Gesundheitsämter, Wasserwirtschaftsämter etc. – in die allgemeine Verwaltung auf der kommunalen Ebene hat dieser Tendenz Vorschub geleistet und die Fachverwaltungen größeren Einflüssen der Haushaltsabteilungen und auch der Kommunalpolitik ausgesetzt.

Während die Tugend der vierzehn Verwaltungsprinzipien nach Fayol in der Verbindung abstrakter Struktur- und Gestaltungsprinzipien mit Anforderungen an die besonderen, insbesondere auch ethischen und charakterlichen Eigenschaften des Führungspersonals liegt, zeichnen sich Gulicks Ideen für die Gestaltung der vollziehenden Normalverwaltung durch ihre Sensibilität für Dilemmata aus. Gulick gibt keine Empfehlungen für diese oder jene Leitungsspanne, die Verwendung oder Nicht-Verwendung von Stäben oder für die Wahl zwischen divisionaler oder funktionaler Organisationsgliederung. Er benennt die Strukturprinzipien als solche und die jeweiligen Vorzüge und Nachteile. Auch dies läuft, wenn auch im Unterschied zu Fayol auf eher implizite Weise, auf Anforderungen an das Führungspersonal in der Organisation hinaus. Dort und nicht im Lehrbuch müssen die Gestaltungsentscheidungen getroffen werden, welche die Vorteile mehren und die Nachteile begrenzen. Diese Abwägungsentscheidung allerdings erfordert jenen analytischen Blick, den Gulick auf die vermeintlich trockene Materie der formalen Organisationsgestaltung gerichtet hat.

3. Verwaltung als Integrationsinstanz

In einem demokratischen Verfassungsstaat muss die Verwaltung in erster Linie »Werkzeug« von Parlament und Regierung sein, aber keine »eigenständige Staatsgewalt«, wie es noch 1965 der Staatsrechtslehrer Hans Peters in seiner Antrittsrede als Rektor der Kölner Universität formuliert hatte.[1] Dennoch ist diese Perspektive verkürzt, insbesondere wenn man die deutschen Verhältnisse vor Augen hat.

Dass die Verwaltung und nicht Regierung und Parlament die Substanz des Staates ausmacht, erwies sich in Deutschland bei den Regimewechseln und Regimezusammenbrüchen des 20. Jahrhunderts, so insbesondere 1918 und 1945. In schweren politischen Krisen, in denen die Existenz des Staates insgesamt auf dem Spiel steht, entwickelt sich eine spontane Symbiose zwischen Verwaltung und Bevölkerung. Beide sind aufeinander angewiesen, die Bevölkerung auf eine funktionsfähige Verwaltung, die elementare Infrastrukturleistungen aufrechterhält, die Verwaltung ihrerseits auf eine loyale Bevölkerung, die ebendies einerseits ermöglicht, andererseits zu schätzen weiß und den Verwaltungsangehörigen bis auf weiteres die Existenzberechtigung und damit nicht zuletzt Lohn und Brot sichert. Der öffentlichen Verwaltung wächst in solchen Situationen eine politische Integrationsleistung zu, ohne die das Schicksal des Staates schnell besiegelt wäre. Das ist eine der Ursachen für die bemerkenswerte Kontinuität der Verwaltungsstrukturen in Deutschland, die sich von den durchgreifenden Regimewechseln des 20. Jahrhunderts deutlich abhebt. »Verfassungsrecht vergeht, Verwaltungsrecht besteht«, formulierte Otto Mayer nach einem solchen Regimewechsel im Vorwort zur dritten Auflage seines tonangebenden Lehrbuchs *Deutsches Verwaltungsrecht* von 1924 (1. Auflage 1898) diesen Sachverhalt.[2]

Doch Verwaltung erfüllt Integrationsfunktionen auch unter stabilen demokratischen Verhältnissen, und sie sichert den Zusammenhalt des Staates nicht allein durch ihre Ordnungsfunktionen

1 Hans Peters, *Die Verwaltung als eigenständige Staatsgewalt. Rektoratsrede*, Krefeld 1965.

2 Mayer, *Deutsches Verwaltungsrecht*, S. VI.

und Dienstleistungen. Die namentlich unter demokratischen Verhältnissen spannendere Frage ist, in welchem Umfang und mit welcher Rechtfertigung Verwaltung Integrationsleistungen auch durch die Beteiligung von Bürgerinnen und Bürgern an den eigentlichen Verwaltungsangelegenheiten erbringt. Im Übrigen muss die Verwaltung auch ihren eigenen Zusammenhalt als komplexe Organisation gewährleisten, also, wenn man so will, binnenintegrativ wirken. Was sagt jeweils die Theorie dazu? Was hält Organisationen grundsätzlich zusammen? Und was sichert ihre Unterstützung durch die Außenwelt? Welche Rolle spielt dabei die Teilhabe von Individuen und Gruppen?

Verwaltung als offenes System von Teilnehmern

Diese Fragen führen notwendigerweise zu ganz anderen Theoriebeiträgen als diejenigen, die sich auf die Funktionsfähigkeit der Verwaltung als legitimes Werkzeug von Parlament und Regierung beziehen. Die Beurteilung der Integrationskapazität von Verwaltung setzt zum einen voraus, dass man sie überhaupt als Organisation betrachtet, und zum anderen, dass man sie als ein System sozialer Beziehungen und damit – siehe Kapitel 1 – als Institution versteht. Denn sowohl die interne als auch die externe Stützung der Verwaltungsorganisation kann nichts anderes sein als die Stützung durch Individuen und Gruppen innerhalb und außerhalb der Organisation. In theoretischer Hinsicht musste daher zunächst einmal die Perspektive fixer Organisationsstrukturen durch die Perspektive eines »offenen Systems« ergänzt werden, das in seiner Funktionsfähigkeit durch Individuen und Gruppen mehr oder weniger gestützt wird. Das betrifft in erster Linie die Frage, was eine Verwaltungsorganisation überhaupt zusammenhält. Den bedeutendsten theoretischen »Durchbruch« in dieser Hinsicht erzielten James G. March und Herbert A. Simon (1958) mit einem Konzept von Verwaltung, das diese als ein offenes System von Teilnehmern betrachtet und die Unterscheidung von Organisationsmitgliedern und Nicht-Mitgliedern stark relativiert.

In dieser Perspektive, die sich von Konzepten von Verwaltung im Sinne Woodrow Wilsons und Max Webers ebenso unterscheidet wie von den instrumentellen Verwaltungs- und Organisationskonzepten Henri Fayols oder Luther Gulicks, werden dann bezeichnenderweise auch diejenigen historischen Prozesse der Herausbildung einer modernen Verwaltung besser verständlich, auf die sich indirekt gerade die Arbeiten Max Webers bezogen. So ist die bis heute maßgebliche Grundstruktur der deutschen Verwaltung mit ihrer Unterscheidung von Staatsverwaltung und Selbstverwaltung – oder, wie es im üblichen Sprachgebrauch ebenfalls heißt, zwischen unmittelbarer und mittelbarer Staatsverwaltung[3] – nur durch eine politische Kompromissleistung zu verstehen, die in der Frühzeit des aufgeklärten Absolutismus in Deutschland zwischen Krone und Landadel erfolgte.[4] Dabei ging es um Machtbalance durch administrative Integration.

Eine integrative Verwaltung kann in gewissem Sinne als Inbegriff einer demokratischen Verwaltung betrachtet werden, dann nämlich, wenn man das Konzept von Verwaltung als »offenes System« wörtlich nimmt und jedweden Einfluss auf die Verwaltung, solange er nur aus der Zivilgesellschaft heraus erfolgt, positiv bewertet. In der demokratischen Wirklichkeit wird man jedoch in Rechnung stellen müssen, dass die Zivilgesellschaft im Unterschied zu den repräsentativen Mechanismen demokratischer Wahlen gerade *nicht* egalitär organisiert ist. Dass »Integration durch Verwaltung« daher immer auch das Risiko einschließt, Machtasymmetrien der Gesellschaft fortzuschreiben und dadurch sowohl die Effektivität als auch die Legitimität der öffentlichen Verwaltung zu beeinträchtigen, ist eine zentrale Einsicht der verwaltungswissenschaftlichen Forschung, die insbesondere durch Philip Selznick in seinem Klassiker *TVA and the Grassroots* vermittelt wurde.[5]

Schließlich stellt sich die Frage, inwiefern eine integrative Verwaltung nicht allein über Beteiligungsformen, sondern auch durch die Zusammensetzung ihres Personalkörpers eine demokratische

3 Als unmittelbare Staatsverwaltung wird die in durchgehender Hierarchie einer obersten Bundes- oder Landesbehörde – einem Ministerium – unterstehende Verwaltung bezeichnet, als mittelbare Staatsverwaltung die Verwaltung durch rechtlich selbständige Organisationen unter staatlicher Aufsicht. Vgl. Hartmut Maurer, *Allgemeines Verwaltungsrecht*, München [17]2009, S. 547-619.

4 Vgl. exemplarisch für Preußen Christopher M. Clark, *Preußen. Aufstieg und Niedergang; 1600-1947*, München [5]2007, insbes. S. 178-219 (»Die Mächte im Land«) und S. 364-399 (»Die Welt der Bürokraten«).

5 Philip Selznick, *TVA and the Grassroots. A Study in the Sociology of Formal Organization*, Berkeley 1949.

Verwaltung sein kann oder sein sollte. Auf der einen Seite gilt in Deutschland, dass in ein öffentliches Amt nur berufen werden kann, wer die Voraussetzungen der Eignung, der fachlichen Befähigung und entsprechender Leistungen erfüllt. So steht es in Artikel 33 Absatz 2 des Grundgesetzes. Auf der anderen Seite gibt es geschlechtsspezifische Unter- und Überrepräsentation im öffentlichen Dienst, die signifikant und allgemein akzeptiert ist, obwohl sie mit Eignung, Befähigung und Leistung wenig, mit überkommenen Rollenbildern aber umso mehr zu tun hat. Das gilt zum Beispiel für die Überrepräsentation von Frauen im Pflegepersonal der Krankenhäuser oder im Lehrpersonal der Grundschulen, in den Kindergärten oder in den meisten Sekretariatsfunktionen und der komplementären Unterrepräsentation von Männern. Die verfassungsrechtlichen Zugangsregeln für den öffentlichen Dienst verpflichten die Verwaltung nicht zum Ausgleich solcher Disparitäten. Aber inwiefern die Verwaltung tatsächlich ein »Spiegelbild der Gesellschaft«, also etwa auch der Geschlechterparität sein kann und sein sollte, ist eine seit Jahrzehnten diskutierte Frage, die in systematischer Form erstmals durch Donald Kingsley (*Representative Bureaucracy*, 1944) aufgegriffen wurde.[6] Doch der Reihe nach.

James G. March und Herbert A. Simon übernahmen in ihrem Buch mit dem schlichten Titel *Organizations* von 1958 von Chester Barnard[7] die These, dass der Bestand einer Organisation an eine grundlegende Voraussetzung geknüpft ist: Es muss im subjektiven Empfinden der »Teilnehmer« ein ungefähres Gleichgewicht existieren von »Anreizen« (*inducements*) und »Beiträgen« (*contributions*). Dies entspricht in etwa auch unserem spontanen Fairnessempfinden: Wir möchten gerne, dass die Organisation, der wir angehören – gleich welcher Art diese ist – uns etwa so viel »zurückgibt«, wie wir selbst in sie »hineingeben«. Darin sind aber bereits mindestens zwei interpretationsbedürftige Faktoren enthalten, nämlich unsere subjektive Bewertung dessen, was wir geben und zurückbekommen, sowie der Grad unserer eigenen Abhängigkeit von einer ganz bestimmten Organisation – also die Frage, ob wir überhaupt eine Alternative haben, wovon wiederum unsere Toleranz gegenüber

6 J. Donald Kingsley, *Representative Bureaucracy. An Interpretation of the British Civil Service*, Yellow Springs 1944.

7 Chester I. Barnard, *The Functions of the Executive*, Cambridge (Mass.) 1938; James G. March, Herbert A. Simon, *Organizations*, New York 1958.

Abweichungen vom Grundsatz eines fairen Ausgleichs zwischen Anreizen und Beiträgen abhängt. Je weniger Alternativen, umso größer die Toleranz.

Was die Überlegungen von Barnard, March und Simon seinerzeit innovativ und bis heute bedeutsam machte, war, dass sie auf der Grundlage relativ einfacher und gut nachvollziehbarer Prämissen eine grundlegende Kehrtwende in der Betrachtung formaler Organisationen und damit insbesondere auch öffentlicher Verwaltungen vollzogen. Dieser neue Blickwinkel unterschied sich von der Vorstellung von Verwaltung als bloßem Werkzeug nicht nur dadurch, dass der Werkzeugcharakter der Organisation in Frage gestellt wurde, sondern auch dadurch, dass die subjektiven Voraussetzungen von Effizienz und Effektivität der Organisation im Empfinden der Organisationsteilnehmer in den Mittelpunkt gerückt wurden. Keine Organisation, so die Überlegung von March und Simon, kann auf Dauer »Beiträge« der relevanten Teilnehmer mobilisieren, wenn diese nicht das Gefühl haben, irgendeine faire Gegenleistung zu erhalten.

An dieser einfachen Überlegung ist im Vergleich zu den Klassikern der rationalen Organisation und Verwaltung – also insbesondere gegenüber Wilson, Weber, Fayol oder Gulick – ein doppelter Perspektivwechsel von Bedeutung. Zum einen wird die zweckrationale Wirkungsweise der Verwaltungsorganisation nicht auf Strukturprinzipien, sondern auf individuelle Motivationen bezogen. Das teilte die Betrachtung von March und Simon mit der *Human-Relations*-Bewegung in der Organisationsforschung, die seit den 1930er Jahren ihren Aufschwung genommen hatte.[8] Zum anderen sind mit »Teilnehmern« nicht nur Organisationsmitglieder gemeint, sondern alle, die in irgendeiner Form »Beiträge« zum Organisationsgeschehen leisten. Dies erweist sich bei näherer Betrachtung als eine erheblich realistischere Herangehensweise an die tatsächlichen Voraussetzungen von Stabilität und Wirksamkeit von Verwaltung als die normativen Prinzipien der Organisationsgestaltung, wie sie die Klassiker der rationalen Organisationstheorie aufgestellt hatten. Letzten Endes steht und fällt die Stabilität der Verwaltungsorganisation in der Tat mit der Bereitschaft der für ihre Existenz relevan-

8 Alfred Kieser, »Managementlehren – von Regeln guter Praxis über den Taylorismus zur Human Relations-Bewegung«, in: Alfred Kieser, Mark Ebers (Hg.), *Organisationstheorien*, Stuttgart [7]2014, S. 73-117.

ten Teilnehmer, ihren Beitrag zu Funktion und Erhalt der Organisation zu leisten. Wie alles, was durch menschliche Entscheidungen und kollektives Handeln zustande kommt, müssen auch Verwaltungen und andere formale Organisationen in ihrer Eigenschaft als ein System sozialer Beziehungen ernst genommen werden. Hieraus leiteten March und Simon fünf Grundsätze ab.

Erstens: Eine Organisation ist ein System interaktiven Sozialverhaltens einer bestimmten Anzahl von Personen, die als »Teilnehmer« beziehungsweise »Teilnehmerinnen« der Organisation bezeichnet werden können. Zweitens: Jeder Teilnehmer und jede Gruppe von Teilnehmern empfängt von der Organisation Anreize als Gegenleistung für die Beiträge, die er oder sie für die Organisation leistet. Drittens: Jede Teilnehmerin wird die Zugehörigkeit zur Organisation nur so lange aufrechterhalten, wie die gebotenen Anreize ihr größer oder ebenso groß erscheinen wie die eigenen Beiträge zugunsten der Organisation, gemessen an den jeweils eigenen Wertmaßstäben und in Abhängigkeit von den verfügbaren Alternativen. Viertens: Die Beiträge der Teilnehmer bilden die Grundlage der Anreize, welche die Organisation ihnen bieten kann. Fünftens: Eine Organisation ist solange existenzfähig, wie die Beiträge ihrer Teilnehmer die erforderlichen Anreize in ausreichendem Maße decken.

Anreize und Beiträge können vielfältige Formen annehmen, und die Diagnose der jeweils relevanten Formen für bestimmte Mitarbeiterinnen oder Mitarbeiter oder Gruppen von Mitarbeitern gehört nach March und Simon zu den grundlegenden Anforderungen, denen das Führungspersonal der Verwaltung gerecht werden muss. Der wichtigste Beitrag, den die Teilnehmer am Organisationsgeschehen erbringen, liegt natürlich in ihrer Arbeitsleistung. Wichtig und von Führungskräften zu berücksichtigen sind aber zum Beispiel auch »schlummernde Begabungen«, selbst wenn diese in keinem unmittelbaren Zusammenhang zu der erforderlichen Arbeitsleistung stehen sollten. Dazu kann etwa die soziale Intelligenz von Mitarbeitern gehören, also deren Fähigkeit, Empathie zu entwickeln und für die Sorgen und Nöte von Kolleginnen und Kollegen ein Gespür zu haben. Weitere Beispiele für wertvolle »Beiträge« sind Innovationspotenzial, kulturelle Vielfalt oder in die Organisation eingebrachte soziale Netzwerke.

Analog hierzu können auch die »Anreize« zum Verbleib in der

Organisation stark variieren. Natürlich ist ein wichtiger, wenn auch durchaus nicht immer der wichtigste Anreiz die Entlohnung. March und Simon machten auf Anreizfaktoren aufmerksam, die heute zum Einmaleins der Personalführung zählen, nämlich die Wichtigkeit des Betriebsklimas, der Ausgestaltung des Arbeitsplatzes oder der Familienfreundlichkeit eines Betriebes oder einer Verwaltung. Sie wiesen ferner darauf hin, dass diese Anreize von Mitarbeiter zu Mitarbeiter nicht nur im Hinblick auf die Zusammensetzung ihrer jeweiligen Komponenten variieren, sondern auch im Hinblick auf das jeweils mit ihnen verbundene Anspruchsniveau (*level of aspiration*).

In die subjektive Bewertung der Anreize durch die Teilnehmer der Organisation fließen also unterschiedliche Komponenten auf unterschiedlichem Niveau ein. Es ist für das Führungspersonal offensichtlich nicht einfach, sich auf die Vielfalt dieser subjektiven Bewertungen einzustellen, und es ist wahrscheinlich, dass auch in dieser Hinsicht Kompromisse die Regel und nicht die Ausnahme sind. »Man kann es nicht jedem recht machen« – aber es ist schon viel gewonnen, wenn Führungskräften die Notwendigkeit einer sorgfältigen »Kalibrierung« von Anreizen bewusst ist und wenn sie sich darüber im Klaren sind, dass davon die Leistungsfähigkeit ihrer jeweiligen Organisationseinheit abhängt. Denn ohne hinreichend ausbalancierte »Anreize« kann, wenn wir March und Simon folgen, der Zusammenhalt und ohne den Zusammenhalt kann die Leistungsfähigkeit der Organisation nicht gewährleistet werden.

Die unvermeidlichen Kompromissbildungen unter den Anreizerwartungen deuten ferner darauf hin, dass die »Teilnehmer« relative Enttäuschungen in bestimmten Anreiz- oder Anspruchssegmenten tolerieren, ohne die Organisation umgehend zu verlassen. Voraussetzung ist, dass es sich bei den entsprechenden Segmenten um weniger wichtige Ansprüche handelt oder dass die Befriedigung in anderen Anspruchs- oder Anreizsegmenten höher ist. March und Simon betrachten das anzustrebende Gleichgewicht aus Anreizen und Beiträgen also nicht so, dass die Teilnehmer am Organisationsgeschehen ein geringeres Maß an Anspruchsbefriedigung sofort mit dem Verlassen der Organisation »vergelten«. Es muss, so kann man schlussfolgern, schon einiges zusammenkommen, damit die »Teilnehmer« einer Organisation den Rücken kehren. Dies macht die Aufgabe des Führungspersonals allerdings nicht viel einfacher. Zwar können Vorgesetzte sich in der Regel darauf verlassen, dass Mitarbeiterinnen und Mitarbeiter auch bei gewissen Enttäuschungen der Organisation treu bleiben, zumal sie die Möglichkeit zur Artikulation von Unmut und Veränderungsvorschlägen haben.[9] Gerade die Grauzone der Toleranz erschwert es jedoch, jene Schwellenwerte der Frustration angemessen einzuschätzen, jenseits derer Mitarbeiterinnen und Mitarbeiter »das Handtuch werfen« und die Organisation verlassen oder die sprichwörtliche »innere Kündigung« einreichen, also mit schleichender Leistungsverweigerung reagieren.

Wer alles zählt zu den Teilnehmern am Organisationsgeschehen? March und Simon nennen folgende Gruppen: Beschäftigte, Investoren, Zulieferer, Vertriebsleute (*distributors*), Konsumenten. Obwohl dies auf die »Verwaltung« (*administration*) von Industriebetrieben bezogen ist, lassen sich diese Kategorien auch auf die öffentliche Verwaltung beziehen. Das gilt natürlich ohne weiteres für die Beschäftigten der Organisation. Als »Investoren« kann man, was die öffentliche Verwaltung betrifft, die Steuerzahler betrachten, als »Zulieferer« Parlament und Regierung, als »Vertriebsstruktur« fungieren bei öffentlichen Aufgaben alle öffentlichen Dienstleister, als »Konsumenten« Bürgerinnen und Bürger. Zu den Teilnehmern an der öffentlichen Verwaltung gehört also ein erheblich größerer Personenkreis als nur das Verwaltungspersonal. Außerdem müssen es nicht notwendig nur natürliche Personen sein, es kann sich beispielsweise auch um andere Institutionen und Behörden handeln.

Für alle Teilnehmer im Sinne von March und Simon gilt auch im öffentlichen Sektor, dass sie Einfluss auf das Verhalten der Verwaltung ausüben. Das wiederum ist besonders beachtenswert in den Fällen, wo es sich nicht um von der Verfassung und der Rechtsordnung erfasste »Teilnehmer« handelt, sondern um Sonstige, deren Einfluss auf die Verwaltung demzufolge informeller Natur und daher auch weniger transparent und kontrollierbar ist. Dazu zählen im weiteren Sinne alle Steuerzahlerinnen und Steuerzahler, in einem engeren Sinne aber zumindest die unmittelbaren Klienten einer Behörde. Deren Einfluss auf die Verwaltung kann mit dem öffentlichen Auftrag der Verwaltung und auch mit deren Geset-

9 Vgl. zu diesem Elastizitätsphänomen Albert O. Hirschman, *Exit, Voice, and Loyalty. Responses to Decline in Firms Organizations and States,* Cambridge (Mass.) 1970.

zesbindung durchaus kollidieren. In Kapitel 8, wo es um mögliche Politisierungen der Verwaltung geht, wird dieses Risiko ausführlicher erörtert.

Aber auch im Hinblick auf »Innen« und »Außen« kann man nicht alle Teilnehmer am Organisationsgeschehen über einen Kamm scheren. Zwischen dem Personal und den sonstigen Teilnehmern gibt es natürlich einen wesentlichen Unterschied, der March und Simon zufolge darin liegt, dass das Verwaltungspersonal der Weisungsgewalt der Führungskräfte der Organisation unterworfen ist und diese Weisungsgewalt auch dem Grundsatz nach akzeptiert. Beides ist bei den außenstehenden Teilnehmern offensichtlich nicht der Fall. Im Hinblick auf die »Anreize« macht das einen erheblichen Unterschied. Das Verwaltungspersonal kann durch Anweisungen dazu gebracht werden, das zu tun, was die für die jeweilige Behörde Verantwortlichen geschehen lassen möchten, sonstige Teilnehmer dagegen müssen durch andere Anreize dazu gebracht werden, ihren »Beitrag« zu leisten. Die Unterstützung der nicht zu den unmittelbaren Dienstleistungsnehmern zählenden Bürgerinnen und Steuerzahler wird die öffentliche Verwaltung in der Regel dadurch erreichen können, dass sie nicht durch besondere Fehlleistungen oder Ressourcenverschwendung auffällt. Ähnlich verhält es sich dem Grundsatz nach bei Parlamentsabgeordneten und Regierungsangehörigen. Größere Anstrengungen sind jedoch im Verwaltungsalltag gegebenenfalls im Verhältnis zu anderen Behörden erforderlich, solange dieses nicht durch die Pflicht zur Amtshilfe geregelt ist. Ob Verwaltungseinheiten ohne gesetzlichen Zwang kooperieren, kann zum Beispiel von impliziten Tauschgeschäften abhängen und von der Fähigkeit der Verwaltungsleiterin, dabei auch einen weiter gesteckten Zeithorizont in Rechnung zu stellen.[10]

Machtbalance durch administrative Integration

Damit ist bereits angedeutet: Öffentliche Verwaltung muss nicht nur ihren eigenen Organisationsapparat integrieren, sie ist ihrerseits auf eine angemessene politische Einbettung in ihr unmittel-

10 Vgl. hierzu die grundlegende Studie von Arthur Benz, *Kooperative Verwaltung. Funktionen, Voraussetzungen und Folgen*, Baden-Baden 1994.

bares Umfeld angewiesen. Hier existiert eine reziproke Integrationsbeziehung. Verwaltung muss akzeptiert werden, sie muss aber auch ihrerseits das Geltendmachen legitimer Interessen in ihrem jeweiligen Tätigkeitsfeld akzeptieren. Gerade das Beispiel der deutschen Verwaltungsgeschichte macht anschaulich, welche Spannungen sich daraus ergeben und wie diese wiederum gemildert werden können. Wesentlich hierfür ist – außer einer zufriedenstellenden Leistungskapazität der Verwaltung – ein flexibler Umgang mit den Interessengruppen im jeweiligen Umfeld.[11]

Tatsächlich ist gerade die deutsche Verwaltungsgeschichte durch einen solchen flexiblen Umgang mit herausfordernden Interessengruppen im Verwaltungsumfeld gekennzeichnet. Die amerikanische Politikwissenschaftlerin Theda Skocpol hat dies in ihrer seinerzeit wegweisenden vergleichenden Analyse großer Revolutionen[12] deutlich gemacht, in der sie das Ausbleiben einer Revolution in Deutschland seit dem 18. Jahrhundert als Vergleichsfall heranzog. Im Unterschied zu denjenigen Ländern, in denen es zu fundamentalen Umwälzungen sowohl der politischen als auch der gesellschaftlichen Ordnungen kam – so in Frankreich 1789, in China 1911 und in Russland 1917 –, entwickelte sich in Deutschland kein Bündnis zwischen einer unterdrückten Bauernschaft und einer unzufriedenen, in ihren Entwicklungsmöglichkeiten gehemmten bürgerlichen Elite. Ausschlaggebend aber war der Zusammenhalt der eigentlich herrschenden Klasse, des Adels, der wiederum auf eine Kompromissbildung zwischen Krone und Landadel beruhte.

Die Konzentration von Macht und Ressourcen bei der Zentralgewalt der Krone, die zunächst zwangsläufig zu Lasten der dezentralen adeligen Gewalten auf dem flachen Land gehen musste, vollzog sich in Deutschland auf friedliche Weise, weil die Krone dem Landadel die Verwaltungskompetenzen auf der lokalen Ebene im Rahmen der so genannten Patrimonialgewalt überließ, so dass der eigene Verwaltungsunterbau in der Fläche lediglich bis auf die regionale Ebene hinunterreichte. Zudem wurde die Besetzung der Offiziersstellen im stehenden Heer ebenfalls dem Landadel über-

11 Gerhard Lehmbruch, »Administrative Interessenvermittlung«, in: Adrienne Windhoff-Héritier (Hg.), *Verwaltung und ihre Umwelt. Festschrift für Thomas Ellwein*, Opladen 1987, S. 11-43.

12 Skocpol, *States and Social Revolutions.*

lassen, so dass dieser den Einsatz der bewaffneten Macht gegen die eigenen Interessen und Privilegien nicht fürchten musste.

Aus diesem Herrschaftskompromiss aus Krone und Landadel ergab sich in Deutschland eine Arbeitsteilung zwischen zentraler und dezentraler Verwaltung, die bis heute Bestand hat. Kennzeichnend für die deutsche Verwaltung ist die Dualität von Staatsverwaltung und Selbstverwaltung, wie sie auf der Ebene der Bundesländer, jedenfalls in den Flächenstaaten, als komplementäre Ergänzung von Landesverwaltung und Kommunalverwaltung oder von unmittelbarer und mittelbarer Staatsverwaltung besteht. Typische Rechtsform dieser mittelbaren Staatsverwaltung ist die Körperschaft des öffentlichen Rechts, die mitgliedschaftlich organisiert ist und Selbstverwaltungsstatus besitzt, wenn auch unter staatlicher Aufsicht.

Diese duale Ordnungslogik der deutschen Verwaltung ist ein Erbe der Ungleichzeitigkeit von administrativer und politischer Modernisierung. Eine professionelle und weitgehend rechtsstaatliche Verwaltung entwickelte sich in Deutschland erheblich früher als eine – seit den preußischen Reformen im frühen 19. Jahrhundert immer wieder versprochene und schließlich doch wieder vorenthaltene – allgemeine Verfassungsordnung oder gar eine Parlamentarisierung der Regierungsgewalt.[13] Für die Einhegung der gesellschaftlichen Entwicklungsdynamik, die sich mit der aufkeimenden Industrialisierung und der Herausbildung eines selbstbewussten Bürgertums entwickeln musste, hatte sich mit dem Herrschaftskompromiss zwischen Krone und Landadel ein generelles Integrationsmodell entwickelt. Ähnlich wie der Landadel durch die Überlassung der Patrimonialgewalt zu Toleranz gegenüber dem eigentlich adelsfeindlichen absolutistischen System bewogen worden war, wurden die revolutionären Impulse des Bürgertums in Deutschland durch Verwaltungsreformen gedämpft, deren tragendes Prinzip die Selbstverwaltung darstellte.[14] Dies galt für die preußische Städtereform von 1809 und später dann für die institutionelle Form der Körperschaft des öffentlichen Rechts, mit der unter anderem die bürgerlichen Freien Beru-

13 Reinhart Koselleck, *Preußen zwischen Reform und Revolution. Allgemeines Landrecht, Verwaltung und soziale Bewegung von 1791 bis 1848*, München [3]1989.

14 Vgl. Michael Stolleis, *Geschichte des öffentlichen Rechts in Deutschland. Zweiter Band: Staatslehre und Verwaltungswissenschaft 1800-1914*, München 1992, S. 416f.

fe erfasst wurden, die bis heute als öffentlich-rechtliche Kammern erhalten blieben.

Auf diese Weise hat sich in der deutschen Verwaltung eine doppelte Logik der Organisation von Verwaltung durchgesetzt: einerseits die Logik einer »von oben nach unten« organisierten Staatsverwaltung, andererseits die einer »von unten nach oben« organisierten Selbstverwaltung. Ausgerechnet die deutsche Verwaltung ist also keine monokratische Verwaltung im Sinne einer »rationalen Herrschaft mit bureaucratischem Verwaltungsstab«, wie Max Weber formulierte.

Hinzu kommt, dass auch die hierarchische Steuerung der Verwaltung durch das Parlamentsgesetz bis 1918 in Deutschland wegen der ausbleibenden Parlamentarisierung der Regierungsgewalt nicht existierte. Rechtssetzung war traditionell Aufgabe der Exekutive, zunächst des Kabinetts der Krone, später dann der Ministerialverwaltung in den einzelnen Ressorts. Auch diese Tradition lebt fort in Form der nicht-parlamentarischen Rechtsetzung über Verordnungen, und bis heute werden Gesetzentwürfe in Deutschland typischerweise nicht im Parlament, sondern in der Ministerialverwaltung angefertigt.

Obwohl die deutsche Verwaltung also nicht als parlamentarisch-demokratische Verwaltung entstand, war sie seit dem 18. Jahrhundert eine regelgebundene und insofern mehr und mehr rechtsstaatliche, mit juristisch geschultem Fachpersonal arbeitende Verwaltung, die zugleich eine besondere Disposition für die Integration gesellschaftlicher Gruppeninteressen entwickelt hatte. Ganz anders als bei Max Weber konzipiert, vereint die deutsche Verwaltung daher Elemente sowohl der professionellen als auch der Laienverwaltung. Die abgestuften Mitwirkungsrechte der Mitglieder der Körperschaften des öffentlichen Rechts sind dafür exemplarisch. Zu verstehen sind diese Strukturen nur, wenn man die politische Integrationsleistung in Rechnung stellt, welche die öffentliche Verwaltung in Deutschland gerade dadurch zu erbringen hatte, dass die Demokratisierung der Staatsgewalt wesentlich später erfolgte als in Frankreich, England oder den Vereinigten Staaten von Amerika. Heute verbindet die deutsche Verwaltung in einem bemerkenwerten Maße Professionalität und Integrationskapazität.

Wie dagegen ein missglückter Versuch der Integration potenziell herausfordernder Gruppen durch die Verwaltung aussehen kann, hat auf exemplarische Weise Philip Selznick in seinem Klassiker *TVA and the Grassroots* von 1949 geschildert.[15] TVA steht für *Tennessee Valley Authority*, eine US-Bundesbehörde, die unmittelbar nach Amtsantritt von Präsident Franklin D. Roosevelt im Mai 1933 gegründet worden war. Die TVA war eines der anspruchsvollsten Projekte der Ära des *New Deal*. Die Behörde hatte eine breite Palette an Aufgaben, die sich wechselseitig ergänzen und unterstützen sollten. Dazu gehörte die Verbesserung der Schiffbarkeit des Tennessee River und eine grundlegende Verbesserung des Schutzes gegen Überflutungen, umfangreiche Aufforstungen, die Gewinnung von neuen Ackerbauflächen und vor allem die Unterstützung der von der wirtschaftlichen Depression besonders betroffenen kleinen Farmer durch den Aufbau einer preisgünstigen Düngemittelproduktion und die Elektrifizierung des ländlichen Raumes. Der Zuständigkeitsbereich der TVA erstreckte (und erstreckt) sich über sieben Bundesstaaten.

Diese gewaltige Aufgabe war zum einen offensichtlich eine gigantische Herausforderung für die reinen Managementfunktionen. Hinzu kamen jedoch mannigfache wirtschaftliche und politische Widerstände. Zum einen war die TVA als Bundesbehörde von enormem Ausmaß, die ihrem ausdrücklichen Auftrag nach tief in die regionalen und lokalen Wirtschaftsstrukturen eingreifen sollte, ein politischer und administrativer Machtfaktor, der den Widerstand selbstbewusster Politiker auf der lokalen wie der bundesstaatliche Ebene selbst dann hervorrufen musste, wenn diese der *New-Deal*-Politik der Roosevelt-Administration grundsätzlich positiv gegenüberstanden, was indes nur bei einer Minderheit der Fall war. Zum anderen existierten ideologisch motivierte Widerstände gegen die unmittelbare wirtschaftliche Betätigung der Regierung, insbesondere im Schlüsselbereich der Energieproduktion (bis heute ist die TVA der größte Energieproduzent der USA).

Diese Konstellation ähnelte also durchaus der Spannungslage zwischen Krone und Landadel im entstehenden Absolutismus

15 Selznick, *TVA and the Grassroots.*

auf deutschem Boden. Während diese jedoch in eine dauerhafte Kompromisslösung in Gestalt der Dualität von Staatsverwaltung und Selbstverwaltung überführt werden konnte, wählte die TVA ein Integrationsmodell, das die Ziele der Behörde letzten Endes untergraben musste. Selznick hat die besondere Ironie hervorgehoben, die mit diesem Scheitern verbunden war. Die Behörde sollte nämlich nicht nur einen ganzheitlichen Planungsansatz verfolgen, der darauf ausgerichtet war, die wirtschaftlichen und sozialen Probleme der gesamten Region als einen einheitlichen Komplex zu betrachten und zu behandeln, es sollte auch ausdrücklich die lokale Bevölkerung in die Planungs- und Entscheidungsprozesse einbezogen werden. Es ging um die Einrichtung eines ganz neuen Verwaltungstypus, den wir heute vermutlich als basisdemokratisch bezeichnen würden und für den im amerikanischen Englisch der Begriff der Graswurzel-Demokratie steht. Daher der Titel von Selznicks Buch, *TVA and the Grassroots*.

Diese ausdrückliche politische Integrationsaufgabe der Behörde wurde nun in einer Weise bewältigt, die zu einer einseitigen Wahrnehmung der Fachaufgabe und zu einer unzureichenden Umsetzung der Vorgabe eines »ganzheitlichen« Planungsansatzes führte. Ursächlich hierfür war der Mechanismus, der von der TVA für den angestrebten Ausgleich der widerstreitenden Interessen von Regierung und regionalen Interessengruppen gewählt wurde und dem Selznick in seinem Buch besondere Aufmerksamkeit widmete: Kooptation. In die Leitungsgremien der TVA wurden die Kritiker und Opponenten kooptiert mit dem Ziel, sie auf diese Weise kompromissbereit zu machen oder zumindest zu neutralisieren. Diese Rechnung ging indes nicht auf. Die Kooptation wurde von einflussreichen Vertretern, namentlich Großfarmern und Düngemittelherstellern, zur Behinderung der Behördentätigkeit genutzt. Die TVA hatte sich gewissermaßen selbst entwaffnet: Die Behördenphilosophie war auf ebenjene Berücksichtigung örtlicher und regionaler Interessen ausgerichtet, die nun von mächtigen Opponenten über den Mechanismus der Kooptation gegen die Behörde selbst gewendet wurden. Das Demokratisierungsideal, so Selznick, erwies sich als Schutzideologie (*protective ideology*) zugunsten derjenigen politischen und gesellschaftlichen Kräfte, die an nichts anderem interessiert waren als der Aufrechterhaltung des Status quo im Tennessee Valley.

Die Stärke der Analyse von Selznick und ihre nachhaltige Wirkung in der verwaltungswissenschaftlichen Literatur erklärt sich aus seiner sorgfältigen Analyse der Wechselwirkungen der organisationstechnischen und managementbezogenen Faktoren einerseits und der gesellschaftlichen und politischen Einflüsse andererseits. Der Mechanismus der Kooptation, so schrieb Selznick, sei exemplarisch für das Bestreben jeder Großorganisation in der öffentlichen Verwaltung, ja überhaupt jeder Organisation, Risiken für ihre Stabilität oder Existenz zu reduzieren. Der Kooptationsmechanismus demonstriere, wie das Umfeld einer Organisation deren Führungspersonal, Struktur und Handlungsformen in einer Weise beeinflussen könne, die den ursprünglichen und legitimen Zielsetzungen zuwiderlaufe.

Offengelegt wurden durch Selznicks Studie auch exemplarische Verantwortungsverzerrungen, die mit dem Grundprinzip der Verwaltung unter einer demokratischen Regierungsform nicht zu vereinbaren sind. Verantwortlich bleibt jede Behörde gegenüber ihrem legitimen Auftraggeber, in diesem Fall der amerikanischen Bundesregierung. Gibt sie örtlichen Gruppeninteressen nach, wird dieser Verantwortungszusammenhang aufgehoben oder zumindest gelockert. Es macht keinen Unterschied, ob dies durch demokratische Impulse ausgelöst oder bemäntelt wird, so wie es bei der TVA der Fall war; was zählt, sind die realen Effekte. Man gewinnt durch *TVA and the Grassroots* also auch ein besseres Verständnis für das Verhältnis von Schein und Wirklichkeit bei der Umsetzung von Verwaltungsreformen.

Verwaltung als Spiegelbild der Gesellschaft

Die Prinzipien des modernen Verwaltungsstaates, wie sie insbesondere durch Max Weber systematisch erfasst worden sind, sehen von der soziologischen Zusammensetzung des Personalkörpers der Verwaltung ausdrücklich ab. Wenn die Verwaltung »ohne Ansehen der Person« handeln soll, darf auch bei der Zusammensetzung ihres Personals nichts anderes eine Rolle spielen als die Qualifikation von Bewerberinnen und Bewerbern unter fachlichen Gesichtspunkten. Den Personalkörper einer öffentlichen Verwaltung als Integrationsressource zu gebrauchen, wäre danach nicht nur nicht vorgesehen, sondern illegitim. Angehörige einer bestimmten Bevölkerungsgruppe aus Gründen der »Integration« bei der Besetzung öffentlicher Ämter zu bevorzugen, ist in Deutschland grundsätzlich verfassungsrechtswidrig. Artikel 33 Absatz 2 des Grundgesetzes definiert Eignung, Befähigung und fachliche Leistung als alleinige Kriterien des Zugangs zu öffentlichen Ämtern.

Es war der britische Verwaltungswissenschaftler Donald Kingsley, der dieses Prinzip in seinem allein schon durch den Titel schulbildenden Buch über die »repräsentative Bürokratie« (*Representative Bureaucracy*, 1944) grundlegend herausgefordert hat[16] – und zwar mit Argumenten, die heute noch weitaus plausibler erscheinen. Kingsleys Punkt war einfach: Der demokratische Staat könne es sich nicht leisten, einen bedeutenden Teil seiner Bürger von der Teilhabe an seinen Angelegenheiten auszuschließen. In einer Demokratie sei, wenn es um die öffentliche Verwaltung gehe, Fachkompetenz allein nicht genug. Der öffentliche Dienst müsse in seiner Zusammensetzung auch repräsentativ sein für die Gesellschaft, der er dient. Jedenfalls dann, so Kingsley mit verhaltenem Pathos, wenn der Staat tatsächlich der Freiheit und nicht der Sklaverei dienen solle.[17] Der demokratische Staat könne sich keinen Personalkörper leisten, der dem Volk wie eine abgehobene Kaste entgegentrete. Kingsley verwies darauf, dass die leitenden Positionen in der britischen Verwaltung durch Angehörige einer zahlenmäßig kleinen, aber umso einflussreicheren Bildungselite besetzt seien, namentlich den Absolventen der Universitäten Cambridge und Oxford. Erst recht galt die Warnung vor einem Kastenwesen in der öffentlichen Verwaltung natürlich für die damals noch buchstäblich weltumspannenden Kolonialgebiete Großbritanniens.

Heute sind uns Kingsleys Überlegungen nicht nur geläufig, ihre Berechtigung ist durch regelrechte Fehlentwicklungen der Personalpolitik umso offensichtlicher geworden. Es dürfte heute dem Common Sense entsprechen, dass etwas nicht stimmen kann, wenn in einer US-amerikanischen Kleinstadt mehr als 50 Prozent der Bevölkerung schwarz, sämtliche Polizisten aber weiß sind oder wenn der Frauenanteil in den Führungspositionen der Ministerialverwaltung des Bundes (Abteilungsleiter) in Deutschland bei 14 Prozent liegt.[18]

16 Kingsley, *Representative Bureaucracy.*

17 Ebd., S. 185.

18 Bundesministerium für Familie, Senioren, Frauen und Jugend, *Gleichstellung in*

»Repräsentative Bürokratie« ist also zumindest demokratiekonform, wenn nicht sogar eine Funktionsvoraussetzung von Verwaltung unter demokratischen Verhältnissen. Sie ist notwendig für die Identifikation aller Bürger mit »ihrem« Staat. Sie kann unerlässlich sein in bestimmten Tätigkeitsbereichen der öffentlichen Verwaltung für die effektive Erledigung der jeweiligen Fachaufgabe durch die Mobilisierung besonderer Kenntnisse und sozialer Kompetenz und, wie zu Kingsleys Zeiten, für die Sicherung der Responsivität und Lernfähigkeit der Verwaltung durch Verhinderung von Kastenbildung und einer Abschottung der Verwaltung gegenüber der Gesellschaft.

der Bundesverwaltung. Erfahrungs- und Gremienbericht 2010: zum Bundesgleichstellungsgesetz. Zweiter Erfahrungsbericht der Bundesregierung. Berichtszeitraum 1.7.2004 - 30.6.2009, Berlin 2011, S. 29, Abb. 11: Frauenanteile an den zweithöchsten Verwaltungspositionen im Vergleich der EU-15-Staaten 2008. Vergleichszahlen für den Frauenanteil in vergleichbaren Führungspositionen der übrigen untersuchten 14 EU-Staaten: Schweden 44 %, Griechenland 39 %, Spanien 38 %, Italien 36 %, Portugal 36 %, Niederlande 34 %, Österreich 28 %, Frankreich 25 %, Finnland 24 %, Großbritannien 22 %, Dänemark 19 %, Irland 15 %, Belgien 11 %, Luxemburg 4 %.

4. Verwaltungsautonomie und Verwaltungsverantwortung

In einem politischen Gemeinwesen, in dem »alle Macht vom Volke ausgeht«, ist die öffentliche Verwaltung den Bürgerinnen, deren Vertretungskörperschaften und den Kontrollinstanzen in der Justiz und der Finanzaufsicht verantwortlich. Die Wahrnehmung dieser Verantwortung ist voraussetzungsvoll und nicht frei von Paradoxien. Sie erfordert zum Beispiel hinreichende Autonomie der jeweiligen Verwaltungseinheiten. Diese dürfen ihre Verantwortung gegenüber den Bürgern nicht so verstehen, dass sie örtlichen oder persönlichen Einflüssen nachgeben, wenn das mit der Aufgabenerfüllung nichts tun hat oder sogar gegen das Gesetz verstößt. Die Verwaltung muss ihre gesetzliche Aufgabe ohne Ansehen der Person, professionell und nur an der Fachaufgabe orientiert wahrnehmen. Alles andere würde auf eine Verletzung des Gleichheitsprinzips, auf Dilettantismus und damit letzten Endes auf Machtmissbrauch, Ressourcenverschwendung und Korruption hinauslaufen.

Andererseits dürfen die Bürger erwarten, dass die öffentliche Verwaltung auf der Grundlage der für sie geltenden Gesetze nicht nur die besonderen Umstände des Einzelfalles berücksichtigt, sobald man als Antragsteller oder Auskunftsuchender mit ihr in Kontakt tritt. Vielmehr sollte die Verwaltung ganz allgemein ein offenes Ohr haben für die Gegebenheiten und Entwicklungen in ihrem gesellschaftlichen und politischen Umfeld. In diesem Sinne muss öffentliche Verwaltung im demokratischen Staat *responsiv* sein, also reaktionswillig und reaktionsfähig. Sie muss »bürgerfreundlich« sein in dem Sinne, dass sie die Bürger ernst nimmt und im Zweifelsfall die Angelegenheiten so erklärt, dass die Bürger auch für sie nachteilige Entscheidungen akzeptieren können. Alles andere müsste sich negativ auf das Ansehen der Verwaltung und damit letzten Endes auf die Legitimität des Staates insgesamt auswirken.

Diesen unterschiedlichen Anforderungen an eine verantwortlich handelnde Verwaltung trägt ein differenzierter Begriff von Verwaltungsverantwortung Rechnung, der in der englischen Sprache präziser gefasst werden kann als in der deutschen. Offensichtlich sind Verwaltungsangehörige nicht unmittelbar, sondern lediglich mittelbar dem Volk gegenüber verantwortlich. Das entspricht dem Wesen eines Verfassungsstaates, der zugleich ein Rechtsstaat ist. Die erste und unmittelbare Verantwortlichkeit der Verwaltungsangehörigen gilt der Rechenschaftslegung gegenüber denjenigen Instanzen, die ihr Tun und Unterlassen nach festgelegten Regeln kontrollieren. Dies betrifft die Vorgesetzten, übergeordnete Dienststellen, das Parlament, die Rechnungshöfe und die Gerichte. Im Englischen wird diese Verantwortungsdimension als *accountability* – Rechenschaftspflicht – bezeichnet. Doch jenseits dieser nach festgelegten Regeln erfolgenden Kontrollen muss es bei den Verwaltungsangehörigen auch einen Sinn für die Verantwortung gegenüber der Öffentlichkeit, den Kolleginnen und Kollegen und den Klienten der Verwaltung geben. Diese Verantwortungsdimension wird im Englischen als *responsibility* bezeichnet.

Die Bedeutung dieser begrifflichen Unterscheidung wird klarer, wenn man sich vorstellt, die öffentliche Verwaltung wäre lediglich einer dieser beiden Verantwortungsdimensionen verpflichtet. Eine Verwaltung, die ihre formalen Rechenschaftspflichten erfüllt, kann gleichwohl eine unverantwortlich handelnde Verwaltung sein, wie die Verwaltungsgeschichte der beiden deutschen Diktaturen im 20. Jahrhundert drastisch belegt. Eine Verwaltung aber, die lediglich auf die Verantwortungsethik ihres Personals setzt, würde auf alle Vorteile der Institutionalisierung formaler Rechenschaftspflichten verzichten. Diese bestehen in der Kontrolle der Verwaltung nach Regeln und Grundsätzen, die von den persönlichen Tugenden der Verwaltungsangehörigen unabhängig sind.

Wie also soll die Verwaltung mit diesem Dilemma umgehen? Wie soll sie einerseits responsiv, andererseits autonom sein? Wie soll sie einerseits rechenschaftspflichtig, andererseits in ihrer Rechenschaftspflicht nicht auf Verfahrensförmlichkeiten allein festgelegt sein? Klassische verwaltungswissenschaftliche Studien haben sich direkt oder indirekt mit ebendiesen Fragen beschäftigt.

Herbert Kaufmans Untersuchung über die amerikanische Forstverwaltung (*The Forest Ranger*, 1960) kann in diesem Zusammenhang als Gegenstück zu Philip Selznicks Untersuchung über die Tennessee Valley Authority gesehen werden.[1] Kaufman beschreibt, im Unterschied zu Selznick, nicht das Scheitern, sondern das Gelingen der Balance zwischen Verwaltungsautonomie und Verwaltungsresponsivität, und er tut dies an einem Beispiel, das die Notwendigkeit hinreichender Verwaltungsautonomie besonders sinnfällig macht. Fortwirtschaft hat sich nicht allein in Kontinentaleuropa,[2] sondern interessanterweise gerade in dem vermeintlich klassischen Land des Wirtschaftsliberalismus, den USA, zu einer *staatlichen* Aufgabe entwickelt, und dies aus gutem Grund. Forstwirtschaft ist der klassische Fall der Sicherung nachhaltiger Ressourcennutzung als Kollektivgut, das allein der Staat bereitstellen oder bei Bereitstellung durch Private überwachen und durchsetzen kann.[3]

Holz ist ein zu allen Zeiten stark nachgefragter Rohstoff mit der Eigenschaft, langsamer nachzuwachsen, als es dem menschlichen Lebenszyklus, den Zyklen demokratischer Wahlen und den kurzfristigen Verwertungsinteressen der Wirtschaft entspricht. Werden diese Diskrepanzen nicht in ein Gleichgewicht gebracht, kommt es unvermeidlich zu Raubbau an der natürlichen Ressource Holz. Davon zeugen die traurigen Geschichten der Abholzung ganzer Landstriche in Vergangenheit und Gegenwart mit dramatischen negativen Konsequenzen sowohl für das ökonomische als auch für das ökologische Gleichgewicht der betroffenen Regionen.[4]

Ein stabiles Gleichgewicht zwischen den kurzfristigen Nutzungsinteressen privater Wirtschaftssubjekte und den langfristigen Nutzungsinteressen der Gesellschaft kann nur durch eine Instanz

1 Herbert Kaufman, *The Forest Ranger. A Study in Administrative Behavior*, Baltimore 1960.

2 Vgl. James C. Scott, *Seeing Like a State. How Certain Schemes to Improve the Human Condition Have Failed*, New Haven (Conn.) 1998, S. 11-24.

3 Elinor Ostrom, *Governing the Commons. The Evolution of Institutions for Collective Action*, Cambridge 1990.

4 Vgl. den eindrucksvollen Vergleich zwischen den zwei Hälften ein und derselben Insel, der Dominikanischen Republik und Haiti, bei Diamond, *Kollaps*, S. 409-442.

sichergestellt werden, die ihrerseits auf generationenüberdauernde Nachhaltigkeit angelegt ist. Diese Instanz ist der Staat, wobei auch hier gilt, dass der demokratische Staat mit seinen vielfältigen formellen und informellen Kontrollinstanzen für die Sicherung nachhaltiger Ressourcennutzung wesentlich bessere Voraussetzungen bietet als autoritäre Staaten, in denen die Bereicherungsmöglichkeiten sowohl von Wirtschaftsmagnaten als auch Inhabern von Staatsämtern den Raubbau natürlicher Ressourcen begünstigen. Herbert Kaufman beschreibt nun das innere Gefüge einer Verwaltung, die demgegenüber »Kurs hält« und die Aufgabe, für die sie geschaffen wurde, äußerer Einflüsse ungeachtet wahrnimmt.

An Kaufmans Studie ist zweierlei bemerkenswert. Zum einen die Erkenntnis, dass diese wohlverstandene Autonomie einer Verwaltung auf innerorganisatorischen Voraussetzungen beruht, die mit dem Befolgen eines gesetzlichen Auftrags nach dem Prinzip von Befehl und Gehorsam wenig zu tun haben. Es geht vielmehr um Mechanismen, die sicherstellen, dass Verwaltungsangehörige das tun, was ihre Aufgabe ist und was ihre Vorgesetzten von ihnen erwarten, ohne dass Letztere ihnen gewissermaßen ständig über die Schulter sehen und kontrollieren, ob sie auch alles richtig machen. Die andere Besonderheit von Kaufmans Fallstudie ist methodologischer Art. *The Forest Ranger* ist das klassische Beispiel der Untersuchung eines *crucial case.*[5] Es ist eine Studie über das Eintreten eines Systemzustands, hier der Autonomie einer Verwaltung, unter Bedingungen, die dies eigentlich unwahrscheinlich machen. Dies wiederum hat zur Folge, dass der Demonstrationseffekt der Fallstudie umso deutlicher ausfällt. Der Fall ist grundlegend (*crucial*) für Verallgemeinerungen, weil das Funktionieren der untersuchten Mechanismen – hier der autonomiesichernden Mechanismen – unter vergleichsweise ungünstigen Bedingungen den Schluss erlaubt, dass diese Mechanismen unter günstigeren Bedingungen erst recht wirken.[6]

5 Vgl. zum Begriff des *crucial case* Harry Eckstein, »Case Study and Theory in Political Science«, in: Roger Gomm, Martyn Hammersley u.a. (Hg.), *Case Study Method. Key Issues, Key Texts*, London, Thousand Oaks (Calif.) 2000, S. 119-164; John Gerring, Jason Seawright, »Techniques for Choosing Cases«, in: John Gerring (Hg.), *Case Study Research. Principles and Practices*, Cambridge, New York 2007, S. 86-150, hier S. 116-119.

6 In der Methodenliteratur bekannt als *Sinatra Inference* (»If I can make it there,

Ungünstig für die Wahrung von Autonomie sind die Bedingungen, unter denen eine Forstverwaltung arbeitet, aus mindestens zwei Gründen. Zum einen sind es die zahlreichen lokalen Kräfte, die an einer Forstverwaltung zerren und deren eigentlichen Zweck, nämlich die nachhaltige Bewirtschaftung des Waldes, untergraben können. Beispiele sind etwa Wilderei oder unerlaubter Holzeinschlag. Zudem beruht die Arbeit einer Forstverwaltung angesichts der Größe und Unzugänglichkeit der Wälder auf der Mobilität und großen persönlichen Unabhängigkeit der Verwaltungsangehörigen, also der Forstbeamten vor Ort. Der einzelnen Forstbeamtin steht also auf der einen Seite nicht das robuste Umfeld eines Verwaltungsapparates zur Verfügung, der ihr gewissermaßen den Rücken stärkt, und sie ist auf der anderen Seite starken Anreizen ausgesetzt, vom Pfad der Tugend reiner Pflichterfüllung abzuweichen. Außerdem muss sie auch noch flexibel, im Umgang mit den Klienten oder der Bevölkerung freundlich und dennoch als Amtsträger respektiert bleiben. Keine leichte Aufgabe. Kaufman hat analysiert, wie sie bewältigt wird.

Er nennt zunächst vier Grundvoraussetzungen, die eine autonome und dadurch pflichterfüllende Forstverwaltung erfüllen muss. Sie alle haben etwas mit dem Faktor Personal zu tun. Es gehe zunächst darum, (1) Nachwuchskräfte zu finden, die den besonderen Anforderungen eines durch Selbständigkeit der Bewältigung von Aufgaben und Konflikten mit lokalen Interessenvertretern gekennzeichneten Berufs in physischer und charakterlicher Hinsicht gewachsen sind. Dennoch müsse es sich um Personen handeln, die bei aller Selbständigkeit in Denken und Handeln (2) die Bereitschaft zur Anpassung an die professionellen Anforderungen der dienstlichen Aufgaben und gegebenenfalls auch an die Weisungen der Vorgesetzten mitbringen. Ferner müsse auf diese Weise, so Kaufman, (3) eine besondere berufliche Identität ausgebildet werden, und diese wiederum setze eine, wie er es nennt, (4) »organisationale Akkulturation« voraus. Mit anderen Worten: Die Forstbeamten müssen eine bestimmte Organisationskultur verinnerlichen.

Diese Anforderungen, so führt Kaufman weiter aus, erfülle die Forstverwaltung durch eine ganze Serie von Maßnahmen und

I can make it anywhere«). Vgl. Jack S. Levy, »Case Studies. Types, Designs, and Logics of Inference«, in: *Conflict Management and Peace Science* 25 (2008), S. 1-18, hier S. 12.

Mechanismen. So würden Beförderungsstellen ausschließlich mit Forstangehörigen besetzt, also nie durch so genannte Quereinsteiger, und der Aufstieg auf der Karriereleiter erfolge stetig und langsam. Zur Identifikation mit dem Dienst als respektgebietendes Symbol nach außen dienen Uniform und Dienstmarke. Ferner gehe es darum, jedem einzelnen Forstbeamten – Kaufman ging seinerzeit wie selbstverständlich von ausschließlich männlichem Personal aus – einen besonderen Stolz auf die Dienstaufgabe zu vermitteln (»den Rangern wird immer und immer wieder gesagt, dass sie die Säulen sind, auf denen die Forstverwaltung ruht«). Regelmäßige Unterredungen zwischen Forstbeamten und ihren Vorgesetzten müssten die Möglichkeit zu Partizipation und der Äußerung von Kritik eröffnen. All dies, in Verbindung mit regelmäßiger Personalrotation – um einerseits den Erfahrungshorizont der einzelnen Beamten zu erweitern und um andererseits das Entstehen von Cliquen zu verhindern –, ermögliche die Dualität von Hierarchie und Berufsethos, was gewährleiste, dass die Forstbeamten auch ohne persönliche Kontrolle mit Engagement und Loyalität die Ziele der Organisation in die Tat umsetzen.

Welche Art von Verantwortung?

Diese selbständige, auf einem über lange Jahre hinweg erworbenen Berufsethos beruhende zielgetreue Erfüllung einer Fachaufgabe erfüllt zweifellos das Kriterium einer verantwortlich handelnden Verwaltung im Sinne Carl J. Friedrichs (siehe Einleitung). Sie wirft allerdings auch eine andere Frage auf, über die es wiederum zwischen Friedrich und seinem britischen Kollegen Herman Finer Anfang der 1940er Jahre eine Auseinandersetzung gab, die ihrerseits in die Ideengeschichte der Verwaltungswissenschaft eingehen sollte.[7] Friedrich nämlich hatte darauf verwiesen, dass auch in einem parlamentarischen demokratischen System, in dem die Verwaltung über Gesetze gesteuert wird, die Verwaltungsangehörigen einen erheblichen Entscheidungsspielraum behalten und es die Frage bleibe, wie dieser Spielraum ausgefüllt werde. Man könne sich, so Friedrich,

7 Herman Finer, »Administrative Responsibility in Democratic Government«, in: *Public Administration Review* 1 (1941), S. 335-350; Friedrich, »Public Policy and the Nature of Administrative Responsibility«.

auf die institutionalisierten Kontrollmechanismen in Gestalt von Rechts- und Fachaufsicht in der Behördenhierarchie, parlamentarische Kontrolle und gerichtliche Kontrolle allein nicht stützen, wenn es um die Sicherung einer gegenüber dem öffentlichen Auftrag verantwortlichen Verwaltungspraxis gehe. Die Verwaltungsangehörigen müssten vielmehr ein Ethos persönlicher Verantwortung in sich tragen. Dies gewissermaßen als komplementäre Ergänzung der Sicherung einer gegenüber sachfremden Einflüssen autonomen Verwaltung, wie sie später von Kaufman beschrieben wurde.

Die ausdrückliche Gegenposition zu Friedrichs Auffassung vertrat Herman Finer mit dem Hinweis, dass in der Institutionalisierung von Rechenschaftspflichten und Sanktionen gerade der wesentliche Gewinn des modernen Verfassungsstaates gegenüber der vorkonstitutionellen Ära und ihrer Verwaltung liege. Die Kontrolle der Verwaltung in der Demokratie werde am besten durch Institutionen gesichert, die die Kompetenz zur Aufsicht, Korrektur und Sanktionierung haben. Finer verband sein Plädoyer für den Vorrang der Institutionalisierung von Rechenschaftspflichten und Sanktionen gegenüber dem Ethos persönlicher Verantwortung mit dem Hinweis auf das Risiko des Missbrauchs der Macht, das mit dem von Friedrich favorisierten Handlungsspielraum der Verwaltungsangehörigen in Verbindung mit der Monopolstellung der öffentlichen Verwaltung im Bereich öffentlicher Dienstleistungen verbunden sei. Es bleibe das Risiko des Nichtstuns (*nonfeasance*), des Falschtuns (*malfeasance*) oder auch des Des-Guten-zu-viel-Tuns (*overfeasance*) durch Verwaltungsangehörige. Dies aber sei offensichtlich sehr vom persönlichen Naturell der jeweiligen Verwaltungsmenschen abhängig, so dass Selbstkontrolle der Verwaltungsangehörigen eine viel zu unsichere Grundlage für verantwortliches Verwaltungshandeln sei.

Verwaltung im demokratischen Verfassungsstaat handelt verantwortungsvoll, wenn sie sowohl Friedrichs als auch Finers Plädoyer folgt. Ohne sanktionsbewehrte, institutionalisierte Rechenschaftspflichten gegenüber dem Parlament, den Gerichten, Rechnungshöfen und gegenüber der Öffentlichkeit, auch in Form von Auskunftspflichten, kann es eine demokratisch kontrollierte Verwaltung nicht geben. Ohne Verwaltungsangehörige, die »über den Tellerrand gucken« und Sinn für die persönliche Verantwortung zur Erfüllung ihrer Pflichten nach den Anforderungen der

Verfassung, insbesondere der Grundrechte, und gegenüber der Öffentlichkeit haben, aber auch nicht. Sollte weder das eine noch das andere gewährleistet sein, müsste man von organisierter Verantwortungslosigkeit sprechen. Solche Zustände können auch unter demokratischen Verhältnissen eintreten, sie sind allerdings das Gegenteil dessen, was man als gute Verwaltung bezeichnen darf.

Die US-amerikanische Verwaltungswissenschaft hat sich seit Woodrow Wilson nachhaltig mit dem Verhältnis von strukturellen und persönlichkeitsabhängigen Mechanismen der Sicherung verantwortlichen Regierungs- und Verwaltungshandelns auseinandergesetzt. Ein wichtiger Meilenstein in dieser Hinsicht war Dwight Waldos Studie über den »administrativen Staat« von 1948, der einen Abriss der Ideengeschichte zum Verhältnis von Politik und Verwaltung gab und im Endeffekt eher im Sinne Friedrichs argumentierte: Ein demokratischer Staat müsse sich sowohl über den Pluralismus der gesellschaftlichen Werte vergewissern als auch über politisch wache, aber verantwortungsbewusste Beamte verfügen, die eine eigenständige Integrationsaufgabe wahrzunehmen hätten.[8]

In Deutschland hat sich dagegen ein Austausch zwischen den verwaltungswissenschaftlichen Diskursgemeinschaften über das Verantwortungsproblem nicht entwickelt. Die Verwaltungsrechtswissenschaft hat sich mit der Frage zwar weitaus intensiver befasst als die politikwissenschaftliche Verwaltungsforschung,[9] aber insgesamt standen in Deutschland eher abstrakte normative Appelle einer Folgenorientierung politischen Handelns in eng ausgewählten Themenfeldern – insbesondere Technologie- und Sicherheitspolitik – im Vordergrund,[10] nicht deren konkrete Voraussetzungen in den Niederungen von Verwaltungsorganisation und Verwaltungsführung. Das leitet über zu den Fragen, die im nächsten Kapitel behandelt werden.

8 Dwight Waldo, *The Administrative State. A Study of the Political Theory of American Public Administration*, New York, London ²1984, insbes. S. 119-122.

9 Vgl. den Überblick bei Gunnar Folke Schuppert, *Verwaltungswissenschaft. Verwaltung, Verwaltungsrecht, Verwaltungslehre*, Baden-Baden 2000, S. 400-419.

10 Exemplarisch: Hans Jonas, *Das Prinzip Verantwortung. Versuch einer Ethik für die technologische Zivilisation*, Frankfurt/M. 1979; Ulrich K. Preuß, *Politische Verantwortung und Bürgerloyalität. Von den Grenzen der Verfassung und des Gehorsams in der Demokratie*, Frankfurt/M. 1984.

5. Verwaltung und Ethik

Es gibt, zumal in Deutschland, gute historische Gründe, sich mit dem Thema Verwaltung und Ethik näher auseinanderzusetzen. Verwaltungsangehörige können in Situationen geraten, in denen ihre persönlichen ethischen Maßstäbe und deren Befolgung oder Nicht-Befolgung unmittelbare Auswirkungen auf Dritte haben. Es machte einen Unterschied, ob man als Finanzbeamter während der Nazi-Diktatur die gesetzlich angeordnete Ausplünderung der Juden wie jedes andere Gesetz – und womöglich noch mit besonderem Eifer – vollzog oder ob man sich der Vernichtung der bürgerlichen Existenz derjenigen, die gestern noch die eigenen Nachbarn gewesen sein mochten, widersetzte, wo es eben ging. Es war für die Betroffenen von großer Bedeutung, ob ein Mitarbeiter der zuständigen Kreisbehörde der DDR den Zumutungen der Staatssicherheit Folge leistete und eine Mutter durch die Drohung des Sorgerechtsentzugs für ihr Kind politisch willfährig machte oder ob man im Rahmen seiner Möglichkeiten versuchte, Mutter und Kind vor den Willkürakten des Staates zu schützen. Doch wenn die Problematik von Verwaltung und Ethik auf Diktaturen beschränkt wäre, läge die Sache einfach. Auch unter den glücklichen Umständen von Demokratie und rechtsstaatlicher Verwaltung sind kritische Fragen der Ethik von Verwaltungsangehörigen regelmäßig zu beantworten.

Was macht der Amtsarzt, der die Dienstfähigkeit einer krebskranken Zollinspektorin zu beurteilen hat, die bereits ein Dreivierteljahr bei vollen Dienstbezügen als »vorübergehend dienstunfähig« beurlaubt ist und nach ärztlichem Urteil nur noch wenige Monate zu leben hat? Soll er die bindende Vorschrift der einschlägigen Verordnung des Dienstherrn befolgen, die dauerhafte Dienstunfähigkeit aussprechen, damit der todkranken Beamtin den letzten Nackenschlag versetzen und die Hinterbliebenenversorgung ihrer Familie kürzen?

Was macht der Leiter einer Berufsfeuerwehr in einer deutschen Großstadt, der gravierende Sicherheitsbedenken gegen eine politisch gewollte Großveranstaltung hat, an der Planung des Sicherheitskonzepts aber nach skeptischen Äußerungen nicht mehr beteiligt wird, weil die Spitzen der Stadtverwaltung sich ihr Konzept nicht verderben lassen wollen, obwohl dies Leib und Leben der Veranstaltungsbesucher aufs Spiel setzt?

Was macht der Vizepräsident einer höheren Polizeibehörde, der von den Schwächen eines Fahndungsansatzes und einer Fahndungsorganisation bei der Aufklärung einer Mordserie überzeugt ist, bei seinem Streben nach Abhilfe jedoch auf den Widerstand der übergeordneten Ministerialbürokratie stößt, weil diese keinen Konflikt mit Länderbehörden eingehen will, die bei einer effektiveren Fahndungsorganisation Kompetenzen abgeben müssten?

Was, schließlich, soll man der Prüfingenieurin einer Stadtverwaltung empfehlen, die die Stabilität der 40 Jahre alten kommunalen Eissporthalle kontrollieren lassen will, hierfür vom Kommunalparlament aber lediglich einen niedrigen vierstelligen Euro-Betrag bewilligt bekommt, mit der Folge, dass unter dem Deckmantel eines zwangsläufig unzureichenden Statik-Gutachtens täglich Dutzende Menschen schweren Gefahren für Leib und Leben ausgesetzt sind?

Diese Beispiele sind nicht aus der Luft gegriffen;[1] sie machen deutlich, wie recht Carl J. Friedrich mit seinem Hinweis darauf hatte, dass die bloße Beachtung formaler Rechenschaftspflichten als Grundlage verantwortungsbewussten Verwaltungshandelns nicht ausreicht (s. Kapitel 4). Wir wünschen uns Verwaltungsangehörige, die in einer der oben geschilderten Situationen mehr tun, als nur ihre Vorschriften zu befolgen – Verwaltungsangehörige, die sich darüber Gedanken machen, wie ihr Tun oder Unterlassen unter moralischen Gesichtspunkten zu bewerten ist.

Was die Sache so schwierig macht, ist nicht nur der Umstand, dass angesichts komplexer Sachverhalte die ethische Dimension von Verwaltungsentscheidungen keineswegs immer offensichtlich ist, sondern dass andere Eigenschaften der Verwaltung, die für deren Effektivität und Willkürfreiheit unverzichtbar sind, ethischen Erwägungen und ihrer Befolgung entgegenwirken können. Dies ist also wieder ein theoretisches Problem, und mit ihm haben sich direkt oder indirekt Theoretiker der Verwaltung auch auseinandergesetzt.

Beginnen wir zunächst mit einem historischen Beispiel, das zu-

1 Näheres siehe unten, Kapitel 12 (»Grenzen des Pragmatismus oder: Aus Verwaltungsdesastern lernen«).

mindest in der Fachwelt gut bekannt ist. Als vor einigen Jahren eine Historikerkommission ihre Untersuchung über die Geschichte des Auswärtigen Amts in der Zeit des Nationalsozialismus vorlegte,[2] meinte einer der Herausgeber, der Heidelberger Historiker Eckart Conze, nun sei erwiesen, dass sich das Auswärtige Amt während des Dritten Reichs zu einer »verbrecherischen Organisation« entwickelt habe.[3] Dies löste heftige Reaktionen aus, nicht zuletzt unter ehemaligen Angehörigen des Auswärtigen Amts. Ein weiterer Mitherausgeber des Dokumentationsbandes mit dem bezeichnenden Titel »Das Amt«, der an der Universität Jena lehrende Historiker Norbert Frei, meinte in verhaltener Kritik an Conze, die Einstufung des Auswärtigen Amts als »verbrecherische Organisation« helfe »analytisch nicht weiter«.[4] Damit traf Frei auch aus verwaltungswissenschaftlicher Sicht den Nagel auf den Kopf. Denn die Tatsache, dass eine Verwaltung, in deren Namen verbrecherische Handlungen begangen werden, das Verbrechen selbst nicht zum Zweck haben muss, sollte auf der Hand liegen. Und selbst wenn es so wäre, wäre dies nicht der eigentlich aufschlussreiche Fall. Wesentlich mehr über den Zusammenhang von Verwaltung und Ethik – oder eben über den Zusammenhang von Verwaltung und unethischem Verhalten – erfahren wir durch die nähere Betrachtung derjenigen Eigenschaften von Verwaltung, die unethisches Verhalten begünstigen können. Hiermit haben sich Guy Adams und Danny Balfour befasst in einem Buch mit dem sprechenden Titel *Unmasking Administrative Evil* von 1998.

Adams und Balfour betonen, man könne »deutlich sehen, wie individuelle Moralität durch soziale Rollen und Strukturen aufge-

2 Eckart Conze u. a., *Das Amt und die Vergangenheit. Deutsche Diplomaten im Dritten Reich und in der Bundesrepublik*, München [2]2010.

3 Spiegel-online, »Deutsche Diplomaten waren am Holocaust beteiligt«, ⟨http://www.spiegel.de/politik/deutschland/studie-zum-auswaertigen-amt-deutsche-diplomaten-waren-am-holocaust-beteiligt-a-724949.html⟩, letzter Zugriff am 29. März 2016.

4 Volker Ulrich, »Das Ende der Weizsäcker-Legende. Ein Gespräch mit dem Mitglied der Historikerkommission Norbert Frei über das Selbstverständnis des Amtes, die Beteiligung von Diplomaten am Judenmord und den falschen Eifer der ZEIT bei der Verteidigung der alten Mythen«, in: *DIE ZEIT* vom 28. 10. 2010. Ernst von Weizsäcker war hoher Beamter des Auswärtigen Amts und von 1938 bis 1943 dessen Staatssekretär.

sogen und effektiv beseitigt werde«.[5] Verwaltung könne Strukturen und Mechanismen hervorbringen, die das Unmoralische nicht nur erzeugen, sondern auch verschleiern. Verschleierungsfaktoren seien zum Beispiel Expertenrollen und Expertenkompetenz, die Sachlichkeit der Verwaltung und die darin angelegte Distanz zu potenziellen Opfern, die Verwaltungssprache, der Institutionalisierungseffekt und das damit einhergehende Selbstverständlichwerden des Nicht-Selbstverständlichen (oder gar Ungeheuerlichen) oder die Erwartung und Erzeugung von Loyalität und Hingabe an die zu erfüllende Fachaufgabe. Dies bringt uns zu einem aufschlussreichen Paradox, das besonders deutlich hervortritt, wenn wir wiederum an die Untersuchung von Herbert Kaufman über die Herausbildung des besonderen Berufsethos der US-Forstbeamten denken. Die Erwartung und Erzeugung eines besonderen Einsatzes für die Ziele der Behörde und ihr professionelles Ethos ist genau das, was Kaufman als eine besondere Leistung der Forstverwaltung zur Sicherung der Autonomie einer Verwaltung im Interesse ihrer jeweiligen Fachaufgabe beschrieben hat.

Adams und Balfour machen nun deutlich, dass darin kein Selbstzweck zu sehen ist. Dieselbe Hingabe an das Berufsethos, die Kaufman als eine besondere Leistung einer Fachbehörde wie der Forstverwaltung charakterisiert hat, kann offensichtlich in die besonders intensive Mitwirkung an Verwaltungsverbrechen münden, sobald diese Verwaltung für verbrecherische Ziele in den Dienst genommen wird. Kaum anders lässt sich der besondere Diensteifer von Angehörigen der Finanzverwaltung bei der Vernichtung der bürgerlichen Existenz der Juden unter der Nazi-Diktatur erklären[6] oder die besonders intensive Mitwirkung deutscher Diplomaten an der Deportation der jüdischen Bevölkerung in den von Deutschland während des Zweiten Weltkriegs besetzten Ländern und Territorien.[7] Nicht wenige dieser Beamten mögen überzeugte

5 Adams/Balfour, *Unmasking Administrative Evil*, S. 24 f.

6 Axel Drecoll, *Der Fiskus als Verfolger. Die steuerliche Diskriminierung der Juden in Bayern 1933-1941/42*, München 2009; Reimer Voß, *Steuern im Dritten Reich. Vom Recht zum Unrecht unter der Herrschaft des Nationalsozialismus*, München 1995; Christiane Kuller, *Finanzverwaltung und Judenverfolgung. Die Entziehung jüdischen Vermögens in Bayern während der NS-Zeit*, München 2008; Susanne Meinl, Jutta Zwilling, *Legalisierter Raub. Die Ausplünderung der Juden im Nationalsozialismus durch die Reichsfinanzverwaltung in Hessen*, Frankfurt/M. 2004.

7 Conze u. a., *Das Amt und die Vergangenheit*, S. 221-294.

Nationalsozialisten und Antisemiten gewesen sein. Das Erschreckende ist aber, dass sie dies nicht hätten sein müssen, um an den Verfolgungsmaßnahmen mitzuwirken. Es reichte die Abwesenheit von moralischem Verantwortungsbewusstsein, um fähige Beamte zu effektiven Mittätern des Völkermords zu machen.

Es ist also nicht, wie Adams und Balfour suggerieren, die Verschleierungswirkung der Verwaltungsstrukturen und der ihnen anhaftenden Rollenmuster allein, die unethisches Verwaltungshandeln begünstigt. Diese Rollenmuster sind prekär, weil sie nicht eindeutig sind. So weisen Davis u. a. (1997) mit einiger Berechtigung darauf hin, dass das tatsächliche Rollenverhalten von Verwaltungsangehörigen ein interaktives Geschehen ist und dass dabei Kreuzungen zweier Grundtypen von Einstellungsmustern zustande kommen können. Diese Grundmuster nennen sie *agency relationship* und *stewardship relationship*. Organisationsmitglieder können sich entweder, entsprechend dem mikroökonomischen *Principal-agent*-Theorem, egoistisch und opportunistisch verhalten, sie können sich aber auch, ganz im Sinne von Herbert Kaufman, mit den Zielen der Organisation identifizieren und sich als deren Sachwalter (*stewards*) verstehen. Folgen sowohl Vorgesetzte als auch Mitarbeiter dem egoistischen und opportunistischen Verhaltensmuster, entstehen »kalte« Organisationen, in denen die Vorgesetzten ihre Mitarbeiter so gut wie möglich zu kontrollieren suchen. Folgen beide Gruppen hingegen dem *stewardship*-Muster, entstehen »warme« Organisationen, in denen beide Gruppen, Vorgesetzte wie Mitarbeiter, einem Gemeinschaftsgeist im Sinne bestmöglicher Zielerreichung verpflichtet sind. Organisationen, in denen die Vorgesetzten idealistisch, die Mitarbeiter aber egoistisch orientiert sind (all dies sind natürlich grobe Vereinfachungen), sind kontrollschwache Organisationen, die Gefahr laufen, von den eigenen Mitarbeitern ausgebeutet zu werden. Organisationen schließlich, in denen die Mitarbeiter idealistisch, die Vorgesetzten hingegen egoistisch orientiert sind, erzeugen ein Umfeld, in dem die Mitarbeiter durch ihre Chefs leicht zu instrumentalisieren sind.

Dies macht deutlich, dass Standards von »guter« und »schlechter« Interaktion in Organisationen als Standards von Verwaltungsethik nicht taugen. Kalte Organisationen, in denen sich Mitarbeiter und Vorgesetzte gegenseitig beargwöhnen, oder solche, in denen idealistische Chefs widerwillige Mitarbeiter intensiv kontrollieren müssen, damit »überhaupt etwas passiert«, können segensreiche Wirkungen entfalten, wenn die Ziele einer Behörde selbst verbrecherisch werden. Dann nämlich sind Reibungsverluste und Sand im Getriebe indirekt Garanten einer zumindest minimalen Ethik. Warme Organisationen hingegen, in denen zwischen Vorgesetzten und Mitarbeitern Übereinstimmung im Hinblick auf Werte und Ziele besteht und gewissermaßen alle an einem Strang ziehen, werden unethische Organisationsziele umso wirksamer umsetzen. Das kann man sich einfach vor Augen führen, wenn man sich vorstellt, Herbert Kaufmans *Forest Rangers* wären nicht Forstbeamte, sondern KZ-Wachmannschaften gewesen. Tatsächlich spielte die Erzeugung eines Wir-Gefühls und die visionäre Gemeinschaft in Verbindung mit den flachen Hierarchien der Kameraderie zwischen Mannschaften und Vorgesetzten eine wesentliche Rolle bei der Außerkraftsetzung elementarer ethischer Maßstäbe in den Reihen der SS.[8]

Letzten Endes bleibt die ethische Qualität des Verwaltungshandelns daher abhängig von der individuellen moralischen Urteilskraft der Verwaltungsangehörigen. Verwaltungen als solche sind nicht unmoralisch. Es gibt auch nicht wirklich kriminelle Organisationen, sondern nur kriminelles Personal. Es bleibt daher auch eine individuelle Herausforderung, sich ein Urteil über die ethische Qualität dessen zu bilden, was die Verwaltung ihren Angehörigen abverlangt, und sich erforderlichenfalls den Institutionalisierungseffekten zu widersetzen, die das Nicht-Selbstverständliche oder gar Ungeheuerliche als selbstverständlich erscheinen lassen.

8 Michael Wildt, *Generation des Unbedingten. Das Führungskorps des Reichssicherheitshauptamtes*, Hamburg 2002.

6. Verwaltung als Arena

Verwaltungen sind nicht bloß Werkzeuge oder Integrationsinstanzen, die gegenüber Dritten responsiv und verantwortlich handeln müssen. Verwaltungen entwickeln ein Eigenleben, sie beschäftigen sich in ausgeprägter Weise mit sich selbst. Dieses Mit-sich-selbst-Beschäftigen kann nur als bedingt legitim gelten, bestenfalls so lange, wie dadurch die Aufgabenerledigung im Interesse der Bürgerinnen und Bürger, die mit der Verwaltung in Kontakt stehen, und der Steuerzahler im weiteren Sinne nicht beeinträchtigt wird. Das ist jedoch öfter der Fall, als es uns lieb sein kann, und die verwaltungswissenschaftliche Theorie bietet auch für diesen Fall Erklärungen, inwiefern und warum dies so ist.

Zunächst sind zwei Varianten des Mit-sich-selbst-Beschäftigens der Verwaltung denkbar, eine als Ausdruck strategischen Handelns und eine als Ausdruck von Emergenzprozessen, die ungeplant sind. Eine klassische Verallgemeinerung der strategischen Handlungslogik in Verwaltungen, die zu Ineffizienzen führt, weil die Interessen der Behörde selbst Oberhand über die Interessen der Bürger und Steuerzahler gewinnen, ist William Niskanens Theorie der Budgetmaximierung durch Bürokraten.[1] Eine klassische Verallgemeinerung der emergenten Handlungslogik in formalen Organisationen, insbesondere Verwaltungen, mit der Folge quasi-anarchischer Entscheidungsprozesse ist das *Garbage Can Model* (Mülleimer-Modell) von Michael Cohen, James G. March und Johann P. Olsen.[2]

Budgetmaximierung

Niskanen hat den leitenden Bürokraten – also die Chefin einer Behörde – als notorische »Budgetmaximiererin« in dem Sinn beschrieben, dass sie aus nachvollziehbaren Gründen darum bemüht ist, die für die Behörde zur Verfügung stehenden Finanzmittel

1 William A. Niskanen, *Bureaucracy and Representative Government*, Chicago 1971.

2 Michael D. Cohen u. a., »A Garbage Can Model of Organizational Choice«, in: *Administrative Science Quarterly* 17 (1972), S. 1-25.

stetig zu erhöhen, unabhängig davon, ob das Geld überhaupt gebraucht wird. Die besondere Pointe von Niskanens Erläuterung liegt darin, dass leitende Verwaltungsangehörige hierzu selbst keineswegs aus finanziellen Motiven handeln müssen. Vielmehr sei es die Struktur der bürokratischen Organisation und die Eigenheit des öffentlichen Interesses, das in der Regel schwer zu fassen sei, wodurch sich leitende Verwaltungsangehörige zu einem solchen Maximierungsverhalten geradezu gezwungen sähen. Das ändert natürlich nichts daran, dass durch das Ausgeben von immer mehr Geld für ein und dieselbe Aufgabe die Interessen der Steuerzahler leicht auf der Strecke bleiben. In jedem Fall handelt es sich um einen Vorgang, der systematisch Ineffizienz erzeugt. Niskanen erklärt den zugrundeliegenden Mechanismus so: Es gibt »Variablen der Nutzenfunktion eines Bürokraten«, die mit steigendem Budget, das er zu verantworten hat, ihrerseits verlässlich steigende Werte verzeichnen. Dies gilt für das individuelle Gehalt, für die mit dem leitenden Amt eines Behördenchefs verbundenen Annehmlichkeiten, für die Reputation der Behördenleitung, deren Macht und Ämterpatronage-Möglichkeiten und tatsächlich auch für den Arbeitsausstoß der Behörde. Lediglich die Möglichkeiten, Veränderungen herbeizuführen und die Steuerbarkeit der Organisation zu verbessern, würden, so Niskanen, mit zunehmender Höhe des zu verantwortenden Gesamtbudgets eher abnehmen.

Zwar hat somit jede Behördenleiterin einen Anreiz, den Haushaltsansatz ihrer Organisationseinheit schon aus egoistischen Gründen zu erhöhen. Dieser Anreiz wäre aber wahrscheinlich nicht genug, weil nun einmal nicht alle Behördenleiter Egoisten sind. Es mag ihnen zum Beispiel ab einer bestimmten Höhe des Gehalts auf weitere Gehaltssteigerungen gar nicht mehr ankommen, oder sie empfinden bestimmte vermeintliche Privilegien und Annehmlichkeiten ihrer Leitungsfunktion – zum Beispiel das Recht auf Personenschutz – eher als lästig. Tatsächlich, so Niskanen, habe die Tendenz zur Budgetmaximierung und damit zu unnötigen Ausgaben auf Kosten des Steuerzahlers mit dem individuellen Egoismus von Behördenleitern wenig, mit dem System der Bürokratie selbst aber umso mehr zu tun.

Ein Grund sei die Komplexität des »öffentlichen Interesses«, dessen Operationalisierung für die Erfordernisse der Entscheidungspraxis leitender Behördenangehöriger schwierig sei. Daher fehle von Anfang an ein Kriterium für Verwaltungseffizienz, das schließlich eine hinreichend verlässliche Bestimmung des Leistungsniveaus einer Verwaltung zum Maßstab haben müsse. Wenn es jedoch an einem solchen Maßstab fehle, sei auch ungewiss, ob die jeweiligen finanziellen Aufwendungen mehr oder weniger angemessen sind. Und wenn es nicht möglich sei, Verwaltungseffizienz zu messen, könne sich ein tatsächlich höherer Effizienzgrad, der durch geringere Ausgaben bei gleich bleibendem Leistungsniveau erzielt werde, auch nicht in sichtbarer Weise für die Behördenleitung auszahlen.

Ein weiterer Faktor, der die Budgetmaximierung durch leitende Verwaltungsangehörige begünstige, sei, so Niskanen, psychologischer Art. Gerade weil die Qualität des »öffentlichen Interesses« schwer zu fassen und jedenfalls kaum zu messen sei, neige der »Bürokrat« dazu, die eigene Spezialtätigkeit mit diesem öffentlichen Interesse zu identifizieren. Immerhin sprechen gute Gründe dafür – denken wir wieder an Herbert Kaufmans Lobgesang auf den US-amerikanischen Forstbeamten –, die Spezialistentätigkeit im Rahmen einer komplexen öffentlichen Verwaltung für den jeweils besten Beitrag zum öffentlichen Interesse zu halten, jedenfalls für den besten, den der jeweilige Verwaltungsangehörige selbst leisten kann. Dies führt aber auch zu der psychologischen Versuchung, die stetige Erhöhung des jeweils zu verantwortenden Budgets vor sich selbst und gegenüber anderen moralisch zu rechtfertigen, denn wer sollte für diese wichtige, ja unerlässliche Verwaltungsaufgabe und ihre ausreichende Finanzierung eintreten, wenn nicht die jeweilige Leitungsperson?

Letzten Endes, so Niskanen, bildet sich über alle Hierarchie- und Verantwortungsebenen hinweg, einschließlich der zuständigen parlamentarischen Gremien, eine implizite Koalition der Budgetmaximierer. Schließlich profitieren von einem höheren Haushaltsansatz nicht allein die leitenden Verwaltungsangehörigen, sondern auch deren Mitarbeiterinnen und Mitarbeiter. Außerdem ist es auch für Abgeordnete in den jeweiligen Fachausschüssen des Parlaments gänzlich unattraktiv, sich für eingedämmte oder gar gekürzte Haushaltsansätze für ein bestimmtes Ressort einzusetzen. Budgetkürzungen hinzunehmen, geschweige denn sich für solche einzusetzen, ist für Parlamentarier sogar noch wesentlich schädlicher als für leitende Behördenangehörige. Abgeordnete gelten dann als erfolgreich, wenn sie das Gegenteil erreichen, also den Ansatz für den jeweiligen Einzelplan des Haushalts, für den sie als Fachleute zuständig sind, in die Höhe zu treiben. Die parlamentarische Kontrolle der Verwaltung läuft dabei, jedenfalls auf diesem Gebiet, ins Leere.

Sowenig das budgetmaximierende Verhalten leitender Verwaltungsangehöriger tatsächlich auf persönlichem Egoismus beruhen muss, so sehr bildet es doch den einfachsten gemeinsamen Nenner für ein ganzes Spektrum an nutzenmaximierenden und ressortegoistischen Handlungsstrategien individueller Bürokraten und ganzer Verwaltungseinheiten. Zuwachs an Macht, Zuwachs an Prestige und Zuwachs an Legitimität – all dies sind relativ amorphe, schwer zu operationalisierende und daher auch nicht einfach zu verfolgende Ziele. Ein Zuwachs an Finanzmitteln jedoch ist ein einfaches und unmissverständliches Signal, dem schon in symbolischer Hinsicht viele dieser Teilziele zugeordnet werden können. Gerade weil sich die Motivation zu budgetmaxierendem Verhalten leitender Verwaltungsangehöriger aus vielen Quellen speisen kann, ist diese Tendenz– und damit die schleichende Ausbeutung der Steuerzahler – Niskanen zufolge so robust.

Deutlich wird jedoch auch, dass Budgetmaximierung zu Lasten der Steuerzahler nur eine Seite dieser Erscheinung ist. Eine andere Seite ist der daraus resultierende Entscheidungsstil. Er ist einerseits ineffizient, andererseits berechenbar. Die Ineffizienz wird durch das ressortegoistische Verhalten der Behördenleitungen erzeugt, die die öffentliche Verwaltung gewissermaßen in Schach halten, Anpassungen oder gar durchgreifende Kurswechsel mit entsprechenden Umverteilungen finanzieller Mittel erschweren und somit als Hemmschuhe jeder Reform gelten müssen.[3] Man könnte es auch wohlwollend formulieren: Die Verwaltung meint es gut mit sich. Budgetmaximierendes Verhalten ist den Status quo sicherndes Verhalten und damit ein Garant stabiler Verwaltungsverhältnisse, die wiederum die Grundlage einer soliden Staatlichkeit bilden, also das Gegenteil von Anarchie.

3 DeWitt C. Dearborn, Herbert A. Simon, »Selective Perception. A Note on the Departmental Identifications of Executives«, in: *Sociometry* 21 (1958), S. 140-144; Mayntz/Scharpf, *Planungsorganisation*; Fritz W. Scharpf, *Planung als politischer Prozess. Aufsätze zur Theorie der planenden Demokratie*, Frankfurt/M. 1973.

Organisierte Anarchie

Dies ist das Stichwort für eine noch weitaus sarkastischere Beschreibung des tatsächlichen Entscheidungsverhaltens von Organisationsangehörigen, wie sie von Michael D. Cohen, James G. March und Johann P. Olsen in ihrem außerordentlich einflussreichen Aufsatz »A Gargabe Can Model of Organization Choice« (1972) vorgelegt wurde. Cohen, March und Olsen charakterisierten formale Organisationen, also auch Verwaltungen, vielmehr als das Gegenteil dessen, was man mit diesem Begriff normalerweise verbindet: Organisationen, so diese Autoren, seien nichts anderes als organisierte Anarchien.[4]

Dass disziplinierte Teilnehmer an organisationsinternen Entscheidungsprozessen auf der Grundlage klarer Zielvorstellungen danach trachten, den Apparat der Organisation so gut wie möglich in den Griff zu bekommen, um anstehende Probleme unter möglichst geringem Mitteleinsatz zu lösen, wird von den drei Autoren ins Reich der Legende verwiesen. Die Präferenzbildung in Organisationen sei willkürlich oder sogar inexistent, vom tatsächlichen Funktionieren der Organisation habe niemand eine rechte Vorstellung, und die Beteiligung an vermeintlich problemlösenden Entscheidungsprozessen sei dementsprechend instabil und unberechenbar. Ein erster Hinweis auf den Realitätsgehalt dieser Theorie ist die Einladung an alle Leserinnen und Leser mit hinreichender Erfahrung in größeren Organisationen, Entscheidungsprozesse, an denen man selbst beteiligt war, einmal Revue passieren zu lassen. Man kann sich dann durchaus ein Urteil darüber bilden, ob sie eher dem Muster von Planung und Berechenbarkeit, etwa im Sinne Henri Fayols oder Luther Gulicks, entsprachen oder nicht doch eher der »organisierten Anarchie« im Sinne von Cohen, March und Olsen.

Die Autoren präzisieren ihre Thesen. Sie schreiben:

> Eine Organisation arbeitet auf der Basis einer ganzen Reihe von inkonsistenten und unzureichend definierten Präferenzen. Sie kann eher als eine lose Ansammlung von Ideen denn als kohärente Struktur beschrieben werden; sie entdeckt eher Präferenzen durch Handlungen, als dass sie auf der Basis von Präferenzen handelt. [...] Obwohl eine Organisation es schafft,

4 Cohen u. a., »Garbage Can«.

> zu überleben und sogar produktiv zu sein, bleiben die Prozesse der Organisation durch ihre eigenen Mitglieder unverstanden. Die Teilnehmer unterscheiden sich dadurch, wie viel Zeit sie sich für die Organisation nehmen und welchen Aufwand sie für deren verschiedene Arbeitsbereiche betreiben; ihr Engagement variiert von einem Zeitpunkt zum anderen. Im Ergebnis sind die Organisationsgrenzen unsicher und wechselhaft, während das Publikum und die Entscheidungsträger für die einzelnen Entscheidungssegmente ebenfalls auf unberechenbare Weise wechseln. [...] Unter diesem Gesichtspunkt ist eine Organisation eine Ansammlung von Wahlmöglichkeiten, die nach Problemen Ausschau halten, Problemen und Gefühlslagen, die nach Entscheidungssituationen suchen, in denen sie zum Tragen kommen könnten, Lösungen, die nach Problemen suchen, auf die sie eine Antwort geben könnten, und Entscheidungsträgern auf der Suche nach Betätigung.[5]

Daher die Metapher der *garbage can*, also des Mülleimers: Das letztlich verlässlich strukturierende Element im Handlungsablauf einer Organisation sei die Entscheidungsgelegenheit (*choice opportunity*), und diese werde genutzt, um dort alle möglichen Probleme und Lösungen auf weitgehend unkoordinierte Weise abzuladen, so wie man Abfall in einen Abfalleimer wirft. Dies kann man als perfekten theoretischen Gegenpol zu einem instrumentellen Verständnis formaler Organisationen betrachten.

Cohen, March und Olsen legen Wert auf den jenseits der Entscheidungsgelegenheiten weitgehend unstrukturierten Charakter der Zuordnung von Problemen, Lösungen und Teilnehmern an Entscheidungsprozessen. Alles Mögliche könne in einer Organisation zum »Problem« werden. Der Lebensstil von Organisationsangehörigen, Familienangelegenheiten, Frustrationen am Arbeitsplatz, Karrierefragen, Gruppenbildungen und Gruppenbeziehungen, Statusfragen, Geldangelegenheiten, Ideologien oder akute Krisen der Menschheit, wie sie in den Medien oder zu Hause vom eigenen Nachbarn dargestellt werden. Wichtig sei nur, dass all diese »Probleme« Aufmerksamkeit erfordern, die nur begrenzt zur Verfügung stehe.

Niemand, so kann man hieraus schlussfolgern, vermag zu garantieren, dass lediglich das zum »Problem« der Organisation wird, was im Sinne der Organisationsziele relevant ist.

5 Cohen u. a., »Garbage Can«, S. 1 [Übersetzung W. S.].

Ähnlich verhält es sich mit den »Lösungen«. Eine »Lösung«, so die Autoren nüchtern, sei zunächst nichts anderes als »*somebody's product*«, also etwas, was sich irgendjemand aus irgendeinem Grund ausgedacht hat. Selbst ein Computer, vermeintlich der Inbegriff einer »Lösung« für ein spezifisches Problem – seinerzeit (1972) hieß das Problem ausschließlich: Rechnen –, sei alles andere als nur dies. Computer – heute würden wir sagen: die IT-Technik ganz allgemein – sind, wie die Autoren schreiben, »Antworten, die aktiv nach Fragen suchen«. Vollkommen ungeachtet der standardmäßigen Annahme, dass man eine Antwort erst finden könne, sobald man die Frage formuliert habe, sei die Realität des Problemlösens in Organisationen dadurch gekennzeichnet, dass die Frage durch die verfügbare Antwort diktiert werde.

Schließlich die Teilnehmer: Sie kommen und gehen. Dies könne man ganz wörtlich nehmen, so die Autoren, denn der vom Teilnehmer genutzte Zugang zu einer Entscheidungsgelegenheit sei gleichzeitig der Ausgang, durch den man eine andere Entscheidungsgelegenheit verlasse, und die tatsächliche Präsenz von Entscheidern in Entscheidungssituationen hänge von der diesen zur Verfügung stehenden Zeit ab, nicht aber von den Eigenschaften und der Dringlichkeit einer tatsächlich anstehenden Entscheidung.

Über all dem schwebe gewissermaßen die Entscheidungsgelegenheit (*choice opportunity*) also solche. Diese sei aber nicht mehr als ein Anlass, der die Organisation der Erwartung aussetzt, ein Verhalten zu zeigen, das man als Entscheidung *bezeichnen* könne. Solche Gelegenheiten seien an der Tagesordnung und die Organisation habe vielfältige Möglichkeiten, sie zum Anlass einer »Entscheidung« zu erklären. So müssten zum Beispiel Verträge unterzeichnet, Mitarbeiter eingestellt oder befördert oder entlassen werden, Geld müsse ausgegeben, Verantwortlichkeiten festgelegt werden etc.

Unter solchen Umständen, so Cohen, March und Olsen, sei die tatsächliche Lösung von Problemen eher ein Zufallsprodukt. Viel typischer seien Entscheidungen, die auf dem »Übersehen« der eigentlich wichtigen Probleme beruhen oder darauf, dass ein vergleichsweise wichtiges Problem zu einer Entscheidungsgelegenheit »flieht«, die eine zureichende Problemlösungskapazität gar nicht zur Verfügung stellen kann. So könnten Entscheidungen bei bestimmten Gelegenheiten durchaus schnell und zügig erfolgen, wenn sich entsprechende Gelegenheiten bieten und der erforderliche Aufwand gering ist. Dies, so die Autoren, geschehe dann aber unabhängig von wichtigeren Problemen, die sich ihrerseits an andere Entscheidungsgelegenheiten »anheften«, dort aber »übersehen« werden und erst gar nicht auf die Tagesordnung kommen. Beispiele hierfür wird jeder erfahrene Organisationsangehörige kennen. Nicht selten löst es Glücksgefühle aus, wenn überhaupt Entscheidungen getroffen werden, unabhängig davon, ob die dadurch »gelösten« Probleme wichtig oder völlig nebensächlich sind. Hinter dem Schleier entscheidungsfreudiger Geschäftigkeit lassen sich dann gravierende, aber aufwendige und konfliktträchtige Entscheidungen umso leichter verbergen, zum Beispiel dadurch, dass man sie einem angeblich zuständigen Forum zuschiebt in der sicheren Erwartung, dass der aufgestaute Problemdruck dort im Wege einer Scheinlösung abgebaut wird.

So bizarr und unterhaltsam sich diese – durchaus realistischen – Schilderungen des tatsächlichen Entscheidungsverhaltens und der Entscheidungsstrukturen in Verwaltungsorganisationen ausnehmen, so offensichtlich ist es, dass eine solche Praxis schwerwiegende Folgen haben kann, insbesondere dann, wenn ihre Erscheinungsformen und Allgegenwart entweder gar nicht wahrgenommen oder lediglich zum Gegenstand von Spott und Sarkasmus gemacht werden. Zum verantwortlichen Umgang mit Verwaltungsorganisationen – siehe Kapitel 4 – gehört auch das professionelle und nach Möglichkeit unaufgeregte Gegensteuern, sobald Entscheidungen nach dem Mülleimermodell definitiv kontraproduktiv oder gar gefährlich werden. Viele, vielleicht sogar die meisten Fälle von Verwaltungsdesastern sind darauf zurückzuführen, dass ebendies nicht geschehen ist. Wenn sich zum Beispiel in den Köpfen der Fahnder, die die Serienmorde an türkischstämmigen Immigranten mit ein und derselben Tatwaffe aufzuklären hatten, als »Lösung« das Bild einer milieubedingten Straftat im Umfeld der organisierten Kriminalität festsetzt und ein Abgleich der Fahndungsergebnisse aus mehreren Bundesländern ebenso wie die Bündelung der Ermittlungsführung bei Generalbundesanwalt und Bundeskriminalamt durch ein Kooperationschaos in den Beziehungen zwischen Länder- und Bundespolizeibehörden unterbleibt, so liegt hier wohl ein Fall »organisierter Anarchie« vor. Diese hätte aber nachweislich unter Kontrolle gebracht werden können,[6] und die Unterlassung bezahlten Menschen mit ihrem Leben.

Daraus folgt: Entscheidungspraktiken nach dem Mülleimer-Modell muss man sich leisten können. Das gilt in einem doppelten Sinne. Zum einen so wie oben beschrieben: Es gibt Probleme, die muss Verwaltung *wirklich* lösen, die kann sie nicht auf anarchische Weise abhandeln oder durch Scheinlösungen neutralisieren, weil sie sich gerade wieder einmal intensiv mit sich selbst beschäftigt. Cohen, Mach und Olsen wollten auch nicht unterstellen, dass dies immer und unter allen Umständen das Entscheidungsverhalten von formalen Organisationen, also auch öffentlichen Verwaltungen, prägt (ihr Anwendungsbeispiel waren übrigens Universitäten). Ihr Anliegen war es, den Blick zu schärfen für die relative Normalität organisierter Anarchie. Einerseits war das im Interesse einer realistischeren Betrachtung der Organisationswirklichkeit von Verwaltungen, doch andererseits kann man ihre Beschreibungen auch als Mahnung zu kompetenterem Führungsverhalten verstehen. Teil dieser Kompetenz ist das Wissen um genau jene anarchischen Tendenzen der Organisation, die allgegenwärtig sein mögen, aber doch durch äußere Eingriffe neutralisiert werden können.

Cohen und Kollegen machen noch auf eine weitere Variante des Es-sich-leisten-Könnens eines quasi-anarchischen Entscheidungsstils nach dem Mülleimermodell aufmerksam, die im Verwaltungsalltag ebenfalls geläufiger ist, als es dem Steuerzahler lieb sein kann. Das Stichwort lautet *organizational slack*, was so viel bedeutet wie überschüssige Ressourcen. Je größer dieser *slack*, so die Autoren, umso toleranter die Organisation gegenüber der Heterogenität von Problemlagen und Konflikten. Andererseits bedeutet dies: Je toleranter die Organisation gegenüber Heterogenität und Konflikten, umso mehr Probleme häuft sie an. Relativ gesehen nehmen die überschüssigen Ressourcen dadurch wieder ab, wodurch die Organisation in eine ungünstige Abwärtsspirale geraten kann: Abnehmender *slack* zwingt zu intensiverer Steuerung und Prioritätensetzung, dies wiederum erzeugt Konflikte, also mehr »Probleme«, die sich die Organisation nun umso weniger leisten kann.

Damit sind einige der subtileren Dialektiken des Verwaltungs-

6 Wolfgang Seibel, »Kausale Mechanismen des Behördenversagens. Eine Prozessanalyse des Fahndungsfehlschlags bei der Aufklärung der NSU-Morde«, in: *der moderne staat* 7 (2014), S. 375-414.

alltags angesprochen. Mehr Geld zu haben, bedeutet regelmäßig, wenigstens vorübergehend, auch weniger Konflikte und sonstige Probleme verkraften zu müssen. Die Probleme werden gewissermaßen mit Geld zugedeckt. Da dies jedoch bedeutet, dass sie weiterschwelen, tritt eine kritische Phase ein, wenn die Geldmittel relativ oder absolut wieder knapp werden. Dieser Mechanismus lässt sich auch in der Politik beobachten. Insbesondere Koalitionsregierungen sind in Zeiten kräftig sprudelnder Steuerquellen geneigt, politische Konflikte unter den Koalitionsparteien dadurch zu dämpfen, dass eine ungefähre Gleichverteilung bei der Erfüllung teurer Wahlversprechen stattfindet. »Bekomme ich mein Betreuungsgeld, bekommst du deine Rente mit 63« war zum Beispiel das implizite Motto der Verhandlungen zur Bildung der Großen Koalition aus Unionsparteien und SPD bei Bildung der Bundesregierung im Herbst 2013. Gerade Verhältniswahlsysteme, die keine Einparteienmehrheit im Parlament erzeugen, sondern regelmäßig zu Koalitionsregierungen führen, sind anfällig für diese Art der Kompromissbildung zu Lasten der Steuerzahler.[7] Auch hier geht es dann gar nicht mehr um tatsächliche Problemlösungen im Sinne einer irgendwie gearteten Sachgesetzlichkeit, sondern um vorgefertigte »Lösungen«, die von Entscheidungsträgern bei sich bietender Gelegenheit in den Entscheidungsprozess wie in einen Mülleimer hineingeworfen werden. Das aber kann man sich eher leisten, wenn die Kassen gut gefüllt sind, also wenn es *slack* in der Organisation gibt.

7 Vgl. Torsten Persson, Guido Tabellini, *The Economic Effects of Constitutions*, Cambridge (Mass.) 2005.

7. Verwaltung als lernende und verlernende Organisation

Als formale Organisationen und lebendige soziale Systeme müssen öffentliche Verwaltungen lernfähig sein. Zum einen ändern sich beständig die Umstände, unter denen sie ihren gesetzlichen Auftrag erfüllen. Zum anderen bildet die öffentliche Verwaltung gewissermaßen das Kapillarsystem des Staates, über das auch die für die Anpassung staatlicher Politiken notwendigen Rückmeldungen aus der Gesellschaft an den Staat erfolgen. Zwar laufen öffentliche Einrichtungen, anders als private Unternehmen, nicht Gefahr, bei erfolglosem Lernen oder gar Lernverweigerung gänzlich zu scheitern und vom Markt zu verschwinden (obwohl es in drastischen Fällen des Versagens durchaus zur Auflösung von Behörden kommen kann). Trotzdem gehören die Bereitschaft und die Fähigkeit zu Reformen und anderen Anpassungsleistungen zu den Kernmerkmalen guter Verwaltung in demokratischen politischen Systemen. Die Bürgerinnen eines demokratischen Rechtsstaats dürfen von ihrer Verwaltung mehr erwarten als die Ausführung von Gesetzen nach einmal entwickelten Standardverfahren. Sie dürfen erwarten, dass die Verwaltung »mitdenkt« und erkennbare Fehlentwicklungen auch ohne äußere Anstöße oder hierarchische Weisung korrigiert und neue Möglichkeiten zur Verbesserung der Erledigung einer Fachaufgabe selbständig erkennt und wahrnimmt.

Gleichwohl bleibt der Begriff des organisatorischen Lernens eine Metapher. Organisationen selbst können nicht wirklich lernen, denn das Lernen ist ein kognitiver Vorgang, der sich in den Köpfen von Menschen abspielt. Es handelt sich bei dem Begriff des organisatorischen Lernens also eher um eine bildhafte Umschreibung von Anpassungsprozessen, die der Stabilität von Organisationen und der Verbesserung ihrer Zweckerfüllung zuträglich sind.

Single-Loop-Learning versus Double-Loop-Learning und Verteidigungsroutinen

Irgendeine Art von Anpassung findet in jeder Organisation zu jeder Zeit statt. Eine von der einschlägigen Forschung bearbeitete Frage lautet daher, wie sich die Anpassungsprozesse von Organisationen, die man als »Lernen« bezeichnen kann, näher qualifizieren lassen. Eine bekannte und gerade wegen ihrer relativen Einfachheit gut nachvollziehbare und auch aus diesem Grund einflussreiche Unterscheidung stammt von Chris Argyris und Donald A. Schoen.[1] Organisationen, so Argyris und Schoen, können die Art und Weise, mit der eine vorgegebene Aufgabe erledigt oder ein vorgegebenes Ziel angestrebt wird, verändern, also nach Möglichkeit verbessern. Sie können aber auch die Aufgaben und Ziele selbst in Frage stellen und gegebenenfalls verändern. Die erste Variante wird als einzyklisches Lernen (*single-loop-learning*), die zweite als zweizyklisches Lernen (*double-loop-learning*) bezeichnet.

Argyris hat dies in einem eigenen Buch über organisatorisches Lernen anhand eines simplen Beispiels veranschaulicht. Ein Thermostat kann auf eine Temperatur von 20 Grad Celsius eingestellt sein. Es reagiert dann auf ein Absinken oder Ansteigen der Raumtemperatur, so dass die Leistung der Heizung gesteigert oder verringert wird. Dies, so Argyris, sei eine einfache Anpassungsleistung nach dem Muster einzyklischen Lernens. Zu mehr ist ein Heizungsthermostat nicht in der Lage. Es kann sich zum Beispiel nicht fragen: »Warum soll ich durch meine Regulierungstätigkeit eine Raumtemperatur von 20 Grad einhalten, wäre eine Temperatur von 18 Grad nicht ökologisch sinnvoller?«

Single-Loop-Learning, so die hier vermittelte These, ist eine angemessene Anpassungsform für Routineaufgaben oder immer wieder in ähnlicher Form zu lösende Probleme. Double-Loop-Learning dagegen ist strategischer Art und berührt Grundsatzfragen der langfristigen Entwicklung der Organisation. Diese einfache Klassifizierung ermöglicht bereits eine erste Definition von Lernbeschränkungen. Neben der Frage, ob organisatorisches Lernen über-

1 Chris Argyris, Donald A. Schön, *Organizational Learning. A Theory of Action Perspective*, Reading, MA u. a. 1978; Chris Argyris, *On Organizational Learning*, Oxford, Malden (Mass.) [2]1999.

haupt stattfindet, ist es denkbar, dass das Lernniveau unzureichend bleibt – dass lediglich *single-loop-learning* erfolgt, wo *double-loop-learning* erforderlich wäre. Es nützt ja offensichtlich nichts, Organisationsabläufe zu optimieren, wenn gewissermaßen »die ganze Richtung nicht stimmt«.

Komplexe Anpassungsleistungen von Organisationen im Sinne des *double-loop-learning* setzen notwendigerweise Entscheidungen des Führungspersonals voraus. Argyris hat sich daher auch mit der Frage befasst, warum ausgerechnet Führungspersonen den Herausforderungen komplexerer Anpassungsleistungen in Organisationen oft nicht gerecht werden. Seine These ist, dass dies mit der fachlichen Qualifikation des Führungspersonals wenig zu tun hat. Vielmehr müsse man im Regelfall mit qualifizierter Inkompetenz (*skilled incompetence*) rechnen: Hohe fachspezifische Qualifikation schließe das sprichwörtliche Scheuklappenverhalten – und damit den Verzicht auf *double-loop-learning* – nicht nur nicht aus, sondern mache dieses sogar wahrscheinlicher. Zudem aber, so Argyris, seien hoch qualifizierte Führungspersonen besonders geschickt im intuitiven Erfinden von »Verteidigungsroutinen«, die der Aufrechterhaltung des Status quo dienten.[2]

Verteidigungsroutinen, so Argyris, haben gar nichts mit der fachlichen Logik und folglich auch nichts mit der fachlichen Qualifikation des Führungspersonals zu tun, sondern mit dessen Bestreben, negativen Überraschungen, persönlichen Verlegenheiten oder Bedrohungen der eigenen Person oder Position nach Möglichkeit auszuweichen, wobei die Ironie darin liege, dass ein solches Verhalten die Ursachen negativer Überraschungen, Ärgernisse oder bedrohlicher Situationen nicht nur nicht beseitigt, sondern unter Umständen erst schafft. Verteidigungsroutinen seien Ausdruck des Nicht-Lernens und übertriebener Schutzbedürfnisse.[3]

Argyris macht also im Wesentlichen das Konfliktvermeidungsverhalten von Führungskräften für die Verhinderung von Lernen in Organisationen verantwortlich – gewissermaßen deren Neigung, »um den heißen Brei herumzureden«. Dies steht durchaus im Gegensatz zu verbreiteten Klischees über »durchsetzungsstarke«, robuste und aggressive Führungspersonen in der öffentlichen

2 Argyris, *On Organizational Learning*, S. 100.

3 Ebd., S. 141.

Verwaltung oder in privaten Wirtschaftsunternehmen. Aber es ist vermutlich realistischer, männlichem wie weiblichem Führungspersonal die Neigung zu unterstellen, den emotionalen Kosten eines Konflikts sowohl mit gleichrangigen Kolleginnen und Kollegen als auch mit Untergebenen auszuweichen und die mit Konflikten einhergehenden Belastungen für die Organisation zu vermeiden. Und je umfassender die Abweichung von eingespielten Routinen, umso höher das Konfliktpotenzial des Lernens. Dies ist Argyris zufolge also der wesentliche Grund für das häufige Ausbleiben von *double loop learning*, auch wenn dieses im Interesse der Organisation eigentlich geboten wäre.

Zu wissen, dass Veränderungen nötig sind, ist nicht dasselbe, wie diese Veränderungen auch anzugehen.

Typisch sei vielmehr, so Argyris, dass Führungspersonen Zuflucht zu ambivalenten Kommunikationstaktiken (*mixed messages*) suchen, für die sich sogar Regeln angeben lassen, zum Beispiel: »Sorge dafür, dass deine Mitteilung inkonsistent ist. Handele so, als sei deine Mitteilung nicht inkonsistent. Mache die Inkonsistenz deiner Mitteilung und dein Handeln, das die Inkonsistenz ignoriert, undiskutierbar. Mache die Undiskutierbarkeit des Undiskutierbaren undiskutierbar.«[4]

Führungspersonen, so Argyris, befolgen solche Regeln mehr oder weniger unbewusst und erwerben gerade dadurch großes Geschick in ihrer Anwendung. Dadurch entstehe aber in einer Organisation auf Dauer ein Klima der Ambivalenz und des Misstrauens. Niemand traue sich, schwelende Probleme offen anzusprechen, weil kaum jemand bereit sei, den Makel des Störenfrieds auf sich zu nehmen. Man könnte spekulieren, dass ein solcherart lernfeindliches Verhalten in der öffentlichen Verwaltung noch weniger Korrekturen erfährt als in der Privatwirtschaft, weil es sowohl an existenziellen »Bestrafungen« für Nicht-Lernen – wie etwa einen Firmen-Bankrott – als auch an nennenswerten »Belohnungen« für konfliktbereite Lernwilligkeit fehlt. Die spektakulärsten Fälle hartnäckigen Beschweigens gravierender Missstände in Großorganisationen haben sich allerdings in jüngerer Vergangenheit bei Privatunternehmen, Banken und im Nonprofit-Sektor ereignet.[5]

4 Ebd., S. 141 [Übersetzung W. S.].

5 Beispiele waren in den 2000er und 2010er Jahren Manipulationen von Messprogrammen für Abgaswerte im Volkswagen-Konzern, Beihilfe zur Geldwäsche bei

Während Argyris hervorhebt, dass selbst klare Erkenntnisse über Anpassungsbedarf und Lernerfordernisse in Organisationen noch keine Gewähr für tatsächliche Veränderungen bieten, legen zwei andere einflussreiche Autoren, nämlich James G. March und Johan P. Olsen, den Akzent auf die Schwierigkeiten, mit denen bereits die bloßen Erkenntnisse über Veränderungsbedarf in Organisationen verbunden sind. Auch sie arbeiten mit einem Paradox, das sie mit der ironischen Bezeichnung »Unsicherheit der Vergangenheit« umschreiben:[6] Normalerweise darf man annehmen, dass die Zukunft unsicher, aber wenigstens die Vergangenheit zuverlässiger Erkenntnis zugänglich ist. Das jedoch, so March und Olsen, muss keineswegs so sein, wenn es um die Frage geht, welche Schlussfolgerungen aus Erfahrungen in der Vergangenheit zu ziehen sind.

Erfahrungen existieren nicht »einfach so«, sie unterliegen der persönlichen Interpretation, so dass mehrere Personen durchaus verschiedener Ansicht darüber sein können, was tatsächlich passiert ist, in welchem Zusammenhang bestimmte Ereignisse mit bestimmten Ursachen standen und welche Schlüsse daraus für angestrebte künftige Zustände und die dazu anzuwendenden Mittel und Wege zu ziehen sind. Es mögen sich, so die Autoren, bestimmte Annahmen oder sogar Glaubenssätze darüber herausbilden, was passiert ist und warum. Aber diese Annahmen können sehr unterschiedlich ausfallen und müssen daher durchaus nicht den Tatsachen entsprechen. Dadurch werde Lernen auf der Grundlage von Erfahrungswissen eine ausgesprochen unsichere, vielleicht sogar risikobehaftete Angelegenheit.

Die Lernfähigkeit von Organisationen auf der Basis persönlicher Lernleistungen von Menschen beurteilen March und Olsen also ähnlich skeptisch wie Argyris. Im Unterschied zu diesem konzentrieren sie sich jedoch nicht auf einen einzelnen lernbehindernden Faktor (die »Verteidigungsroutinen«, die aus Konfliktvermeidungsverhalten des Führungspersonals resultieren), sondern auf eine Rei-

Commerzbank und Deutscher Bank oder die Korruption im Weltfußballverband FIFA.

6 James G. March, Johan P. Olsen, »The Uncertainty of the Past: Organizational Learning Under Ambiguity«, in: *European Journal of Political Research* 3 (1975), S. 147-171.

he von Schlüsselsegmenten des Zusammenhangs von individuellem Lernen und Organisationsverhalten. Sie identifizieren mehrere Schwachstellen, an denen der Lernzyklus einer Organisation unterbrochen werden kann. Auch dies geschieht mit Hilfe einiger weniger Modellüberlegungen, die gleichwohl zu einem differenzierten Bild möglicher Fehlleistungen organisatorischen Lernens führen.

Organisatorisches Lernen, so betonen auch March und Olsen, habe individuelles Lernen von Menschen zur Grundlage, das wiederum auf individuellen Wahrnehmungen beruhe. Diese hätten in der Regel einen Auslöser in der Umwelt der Organisation. Damit überhaupt organisationsrelevantes Verhalten von Menschen daraus werde, müssten diese Erkenntnisse (oder auch Fehlwahrnehmungen) zunächst in individuelles Handeln überführt werden. Das individuelle Handeln müsse zu organisatorischem Handeln werden, und dieses habe letzten Endes wiederum Auswirkungen auf die Umwelt der Organisation, aus der Individuen Eindrücke und mögliche Lernimpulse empfangen. Ein idealer Lernzyklus hat nach diesen Grundannahmen also vier »Stationen«:

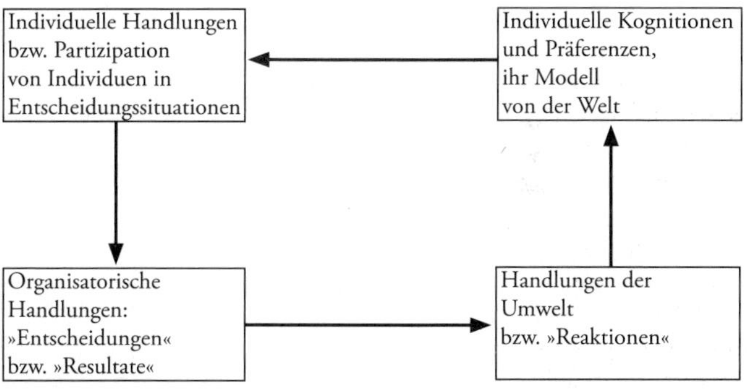

Abb. 2: Idealtypischer Lernzyklus in Organisationen (nach March/Olsen, »The Uncertainty of the Past«, S. 150). Graphik: Simon Fechti.

Wie voraussetzungsvoll erfolgreiches Organisationslernen ist, wird deutlich, wenn man unterstellt, dass dieser ideale Lernzyklus an jeder der Vermittlungsstellen unterbrochen werden oder fehlerhaft sein kann. Denkbar ist, dass Individuen in Organisationen lernrelevante Erkenntnisse gewinnen, daraus jedoch keine Konsequenzen für das eigene Handeln ziehen; dass Individuen in der Organisation Konsequenzen aus lernrelevantem Wissen für das eigene Handeln ziehen, das individuelle Handeln jedoch nicht in Organisationshandeln überführt werden kann; dass lernrelevantes Organisationshandeln durchaus stattfindet, eine Auswirkung auf die Umwelt der Organisation jedoch unterbleibt; und dass sich das Verhalten der Organisation schließlich tatsächlich ändert, jedoch keinen Effekt in der Organisationsumwelt auslöst und somit auch keine Rückkopplung zum erkennenden und lernenden Individuum in der Organisation hergestellt wird.

March und Olsen geben noch einen weiteren wichtigen Hinweis: Die grundlegende Unsicherheit des Lernens aus Erfahrungswissen hindere die Teilnehmer am Organisationsgeschehen nicht daran, dem Geschehen in der Organisation und ihrem eigenen Verhalten in diesem Geschehen einen Sinn zu verleihen. *Irgendeinen* Sinn, könnte man hinzufügen, ungeachtet seiner Realitätsnähe. In ein und derselben Organisation können also ohne weiteres unterschiedliche Lesarten – buchstäblich: Legenden – der zurückliegenden Ereignisse und Etappen der Organisationsentwicklung existieren. Daraus können sich Deutungskämpfe unter einflussreichen Individuen oder Gruppen in der Organisation entwickeln, über deren Ausgang keineswegs nur die besseren Argumente und der höhere Grad an Realitätsnähe der betreffenden Legenden entscheidet, sondern auch das mobilisierbare Machtpotenzial und die gegebenenfalls entstehenden Bündnisse von Schlüsselakteuren. Wirkliches oder vermeintliches »Lernen« wird daher auch in öffentlichen Verwaltungen schnell zu einem politisierten Geschehen (vgl. hierzu Kapitel 8).

Erfolgreiches Scheitern

Dies verweist auf die jedem halbwegs erfahrenen Verwaltungspraktiker geläufige Tatsache, dass Lernen in Organisationen nicht nur aus Mangel an objektiven Erkenntnissen, sondern auch aus Opportunismus und Machtkalkül unterbleiben kann. Wie im individuellen Leben kann es auch im Leben einer Organisation dazu kommen, dass unlösbare Probleme auftreten, die Organisation also eigentlich permanent scheitert.[7] Und selbst, wenn die Probleme lösbar sind, sollen manche Verwaltungseinheiten nicht gut funktionieren. Ihr Scheitern wird billigend in Kauf genommen oder sogar provoziert, weil dies für einige Entscheidungsträger nützlich ist.

So gibt es auch in Verwaltungen die sprichwörtliche *mission impossible*, also ein Projekt oder eine Aufgabe, die aus dem einen oder anderen Grund undurchführbar ist. Es kann zum zynischen Machtspiel gehören, sie ungeliebten Mitarbeitern anzuvertrauen oder Abteilungen, die man immer schon loswerden wollte, jedoch nicht ohne weiteres auflösen kann. Ferner gibt es ungeliebte Aufgaben, für die Behördenleiter ungern ihre fähigsten Mitarbeiter einsetzen. Das Dahindämmern solcher Aufgabenfelder wird dann in Kauf genommen in der Hoffnung, dass das dauerhafte Versagen der damit betrauten Personen oder Organisationseinheiten nicht auffällt.

Auch sind Fälle indirekter Sabotage denkbar (und wohl auch vorgekommen), bei denen der Vollzug einer ungeliebten Vorschrift vorzugsweise solchen Mitarbeitern anvertraut wird, von deren mangelnder Leistungsfähigkeit man sich schon vorher überzeugen konnte. Man denke an den Macho-Bürgermeister, der nach der gesetzlich vorgeschriebenen Gleichstellungsbeauftragten sucht. Die Varianten erfolgreichen Scheiterns sind vielfältig,[8] sie haben jedoch eines gemeinsam: Lernen und Leistungsverbesserung sind gleichermaßen unerwünscht.

7 Marshall W. Meyer, Lynne G. Zucker, *Permanently Failing Organizations*, Newbury Park 1989.

8 Wolfgang Seibel, »Successful Failure. An Alternative View on Organizational Coping«, in: *American Behavioral Scientist* 39 (1996), S. 1011-1024.

8. Politik und Verwaltung

Das Verhältnis von Politik und Verwaltung ist ein Dauerthema sowohl der Politik- als auch der Verwaltungswissenschaft, obwohl die Grundfragen dieses Verhältnisses doch eigentlich geklärt sein sollten, denn die Verwaltung in einem demokratischen Rechtsstaat hat unpolitisch zu sein: Wir möchten nicht, dass die Entscheidung über unseren Kindergeldantrag oder unseren Steuerbescheid von irgendwelchen politischen Überlegungen geleitet wird. Ebenso wenig würde es uns passen, wenn unsere eigene politische Einstellung irgendeinen Einfluss auf das Verhalten von Verwaltungsangehörigen hätte, mit denen wir es als Antragsteller, Gebührenzahler oder Nutzer einer öffentlichen Einrichtung zu tun haben. Die Trennung von Politik und Verwaltung gehört zu den wesentlichen Errungenschaften einer rechtsstaatlichen Verwaltung und damit von moderner Verfassungsstaatlichkeit überhaupt.

Ganz so einfach ist die Sache aber doch wieder nicht. Erstens könnten wir den Gedanken schwer akzeptieren, dass Politikerinnen und Politiker sich für die Art und Weise des Vollzugs der von ihnen im Parlament beschlossenen Gesetze nicht weiter interessieren. Es gibt also eine gewisse Spannung zwischen dem grundsätzlich unpolitischen Charakter der Verwaltung einerseits und dem unter demokratischen Verhältnissen eigentlich selbstverständlichen Grundsatz einer politischen Verwaltungskontrolle. Außerdem soll Verwaltung, wie in Kapitel 4 erläutert wurde, responsiv sein, also reaktionsfähig gegenüber Bedürfnissen und Willensbekundungen der Bürgerinnen und Bürger, und jene können ihrerseits politischen Charakter annehmen. Ein Beispiel sind Bürgerinitiativen anlässlich öffentlicher Planungen oder Infrastrukturmaßnahmen. Das Prinzip einer unpolitischen Verwaltung steht also auch in einem latenten Spannungsverhältnis zum Erfordernis einer responsiven Verwaltung. Ferner können alle möglichen Verwaltungsangelegenheiten politisiert werden in dem Sinne, dass sie Gegenstand öffentlicher Erörterungen und einer entsprechenden Medienberichterstattung werden. Und schließlich kommt es vor, dass die Verwaltung sich selbst politisiert, wenn etwa Verwaltungsangehörige ohne äußeren Druck (aber in Antizipation der Reaktion ihrer politischen Leitungen oder der Bürger) handeln, um das Verwaltungsgeschäft reibungslos und möglichst konfliktfrei zu betreiben.

Trennung oder Harmonisierung von Politik und Verwaltung?

Sieht man von Woodrow Wilson ab, mit dessen These einer strikten Trennung von (Partei-)Politik und Verwaltung wir uns in Kapitel 2 befasst haben, so ist der amerikanische Jurist und Politikwissenschaftler Frank J. Goodnow der Erste, der sich mit dem Verhältnis von Politik und Verwaltung systematisch und differenzierter auseinandergesetzt hat.[1] Alle Regierungssysteme, so Goodnow, müssten zwei Probleme lösen, nämlich zugleich den Ausdruck und die Ausführung des politischen Willens des Staates sicherzustellen.[2] Es gehe allerdings nicht um eine strikte Trennung von Politik und Verwaltung in dem Sinne, dass die Organisierung des Ausdrucks und der Ausführung des staatlichen Willens tatsächlich unabhängig voneinander seien. Erforderlich sei vielmehr, diese beiden Kernfunktionen des politischen Systems zu »harmonisieren«.

Damit nahm Goodnow also eine realistischere Haltung zum Verhältnis von Politik und Verwaltung ein als sein gedanklicher Vorgänger Wilson, der sich insbesondere gegen die Instrumentalisierung der Verwaltung durch die politischen Parteien als »Beute« nach erfolgreichen Wahlen wandte. Goodnow dagegen nannte das Parteiensystem ausdrücklich als wichtigsten Mechanismus der Harmonisierung der Organisierung des politischen Willens des Staates und dessen Ausführung durch die Verwaltung. Er kam damit der politischen und administrativen Wirklichkeit auch in demokratischen Verfassungsstaaten näher, als man dies von Wilson und im Übrigen auch von Max Weber sagen kann. Allerdings muss bei dieser Wertung der besondere innenpolitische Kontext der frühen Thesen Wilsons in Rechnung gestellt werden. Ihm ging

1 Vgl. zu einem umfassenden Überblick Patrick Overeem, *The Politics-Administration Dichotomy. Toward a Constitutional Perspective*, Boca Raton (Fla.) ²2012.

2 Frank J. Goodnow, *Politics and Administration. A Study in Government* [1900], New Brunswick, London 2009, S. 26f. Einen Überblick über die einschlägigen Diskussionen in den USA seit Wilson gab seinerzeit Waldo, *The Administrative State*.

es vor allem um die Stärkung der eigenständigen Funktion der Verwaltung nach Gesichtspunkten der Professionalität im Sinne eines *merit system*, um die Vergabe von Dienstposten und Beförderungspositionen ausschließlich nach beruflichen Verdiensten statt nach (partei)politischen Gesichtspunkten.

Ungeachtet seiner Kürze und Einfachheit enthält Goodnows Konzept drei wesentliche Elemente, die für das tatsächliche Verhältnis von Politik und Verwaltung von Bedeutung sind. Das ist zum einen die Notwendigkeit einer funktionalen Differenzierung zwischen der politischen Organisierung und der administrativen Ausführung des, wie er sich ausdrückte, staatlichen Willens. Zweitens umschrieb seine Forderung nach einer »Harmonisierung« der politischen und der administrativen Sphäre ein Erfordernis, dem mit dem bloßen Verweis auf die unpolitische Vollzugsfunktion der Verwaltung offensichtlich nicht Genüge getan wird. Drittens schließlich ist sein Hinweis auf die Notwendigkeit eines konkreten Mechanismus, der diese Harmonisierung herstellt, auch dann von grundsätzlicher Bedeutung, wenn man das für diese Funktion von Goodnow vorgesehene Parteiensystem für nicht ausreichend oder sogar für kontraproduktiv hält.

Was gleich zu einer weiteren wichtigen Frage führt: Welche *anderen* Mechanismen als diejenigen des Parteiensystems existieren? Und: Leisten diese Mechanismen, was sie zu versprechen scheinen oder was wir selbst uns von ihnen versprechen, nämlich eine legitime Rückbindung der Verwaltung an den demokratischen politischen Prozess?

Legitime Grenzüberschreitungen oder Harmonisierungen zwischen Politik und Verwaltung können indirekte und direkte Formen annehmen. Luc Rouban hat in einem Schlüsselbeitrag zum *Handbook of Public Administration* von 2003[3] indirekte und direkte Formen der Politisierung von Verwaltung angeführt.

Indirekt und nahezu unbemerkt erfolgt eine Harmonisierung von Politik und Verwaltung Tag für Tag durch die Spitzenbeamten öffentlicher Behörden und insbesondere der Ministerialverwaltung. Sie haben übrigens in Deutschland den Status so genannter »politischer Beamter«, womit jedoch nichts anderes gemeint ist als

3 Luc Rouban, »Politicization of the Civil Service«, in: Brainard Guy Peters, Jon Pierre (Hg.), *Handbook of Public Administration*, London 2003, S. 310-321.

die Möglichkeit des Dienstherrn, diese Schlüsselpersonen im Beamtenapparat jederzeit ohne Begründung in den einstweiligen Ruhestand versetzen zu können. Dadurch soll in der Tat die »Harmonie« zwischen politischer Leitung und Verwaltung gestärkt werden, weil es sich nach dem Gesetz bei Positionen für »politische Beamte« um solche Stellungen in der öffentlichen Verwaltung handeln muss, bei denen es auf fortdauernde Übereinstimmung mit der Grundausrichtung der politischen Leitung des jeweiligen Ressorts ankommt. Die Funktion dieser Beamtinnen und die Erwartung der politischen Leitungen sind verbunden mit der Beteiligung am politischen Entscheidungsprozess in dem Sinne, dass diese Verwaltungsmitarbeiter einerseits das politische Umfeld beobachten und einen Blick für das politisch Machbare bewahren und andererseits die politische Leitung des Ressorts in den jeweiligen Fachfragen beraten und den dafür in der Behörde verfügbaren Sachverstand mobilisieren. Das ist zum Beispiel die Aufgabe der Führungsebene in einem Bundes- oder Landesministerium, also Sache der Staatssekretäre und Abteilungsleiter.

Die empirische Verwaltungsforschung hat feststellen können, dass der Grad relativer Politisierung des bürokratischen Spitzenpersonals in diesem Sinne international durchaus unterschiedlich ausgeprägt ist und dass die deutsche Ministerialverwaltung – genauer gesagt: die der früheren westdeutschen Bundesrepublik, die jedoch die politische Verwaltungskultur auch der gesamtdeutschen Ministerialverwaltung prägen sollte – in dieser Hinsicht eine mittlere Position einnimmt: Leitende Ministerialbeamte verfügen über politisches Urteilsvermögen (oder beanspruchen dies wenigstens), sie verfolgen aber in der Regel keine eigene politische Agenda.[4]

Direkte Formen der Verwaltungspolitisierung

Im Unterschied zu dieser indirekten Form einer Politisierung der Verwaltung zählt zu den direkten Varianten einerseits die politische Ämterpatronage durch die Parteien sowie die themenabhängige

4 Joel D. Aberbach u. a., *Bureaucrats and Politicians in Western Democracies*, Cambridge (Mass.) 1981; Renate Mayntz, Hans-Ulrich Derlien, »Party Patronage and Politicization of the West German Administrative Elite 1970-1987 – Toward Hybridization?«, in: *Governance* 2 (1989), S. 384-404.

Einwirkung politischer Akteure, etwa von Bürgerinitiativen, auf Verwaltungsentscheidungen, andererseits die politische Betätigung von Beamtinnen und Beamten außerhalb ihres beruflichen Aufgabenbereichs.

Der direkte Einfluss von Parteien auf die Besetzung insbesondere von Führungspositionen in der öffentlichen Verwaltung ist so offensichtlich wie grundsätzlich bedenklich. Immerhin steht eine solche Praxis, soweit es sich nicht um die Besetzung von Stellen so genannter »politischer Beamter« handelt, in Konflikt mit der eindeutigen Rechtslage (Artikel 33 Absatz 2 des Grundgesetzes), wonach sich die Vergabe öffentlicher Ämter allein nach den Kriterien der Eignung, Leistung und fachlichen Befähigung richtet. Das Spektrum der parteipolitischen Ämterpatronage ist breit, es erstreckt sich grundsätzlich über alle gebietskörperschaftlichen Ebenen von der Bundesverwaltung bis zur Kommunalverwaltung und umfasst auch das Trabantenfeld der öffentlichen Verwaltung in Gestalt staatlicher oder kommunaler Betriebe.[5] Es werden nämlich durch Entscheidung der Wählerinnen und Wähler oder auch der eigenen Partei abgelöste Politikerinnen und Politiker mitunter durch Leitungspositionen in staatlichen oder staatlich kontrollierten Wirtschaftsbetrieben versorgt (oder auch, wie es dann unschön heißt, »entsorgt«). Diese Praxis widerspricht natürlich ebenfalls den Grundsätzen der Personalauswahl nach Eignung, Leistung und fachlicher Befähigung.

Mit höherem Legitimationswert als die parteipolitische Ämterpatronage versehen, aber bei genauerer Betrachtung ebenfalls nicht unkritisch zu beurteilen ist der themenbezogene Einfluss von Parteien und Verbänden oder anderen Gruppierungen auf die öffentliche Verwaltung. Auf der einen Seite sind namentlich Bürgerinitiativen Ausdruck einer lebendigen demokratischen politischen Kultur. Sie steigern nicht selten die »Intelligenz« der Verwaltung durch die Artikulation von Sichtweisen, Risiken und Interessenlagen, welche Behörden aus eigenem Antrieb oder aus eigenem

5 Werner Schmidt-Hieber, »Ämterpatronage in Verwaltung und Justiz«, in: Hans Herbert von Arnim, Britta Bannenberg (Hg.), *Korruption. Netzwerke in Politik, Ämtern und Wirtschaft*, München 2003, S. 84-95; Philip Manow, Philip Wettengel, »Ämterpatronage in der leitenden Ministerialbürokratie der Länder. Eine empirische Untersuchung der Stellenveränderungen vor und nach Landtagswahlen, 1957-2004.«, in: *Die Verwaltung* 39 (2006), S. 553-570.

Wahrnehmungsvermögen nicht berücksichtigt hätten. Auf der anderen Seite sind Bürgerinitiativen, wie empirische Untersuchungen immer wieder belegt haben,[6] strukturell selektiv in ihrer sozialen Zusammensetzung. Im Unterschied zum allgemeinen Wahlrecht begünstigt der politische Einfluss von Bürgerinitiativen eher die soziale Mittelschicht und führt somit zur Verzerrung der Repräsentativität politischer Einflussnahme auf die Verwaltung, also auch zu einer latenten Verletzung des Gleichheitsprinzips.

Das direkte politische Engagement des Verwaltungsangehörigen außerhalb seines beruflichen Aufgabenfeldes ist durch das Grundrecht auf freie Entfaltung der Persönlichkeit und die sonstigen politischen Grundrechte wie das Recht auf freie Meinungsäußerung, die Versammlungs- und Vereinigungsfreiheit und das Demonstrationsrecht gedeckt. Grenzfälle sowohl im Hinblick auf die Toleranz einer demokratischen Öffentlichkeit als auch im Hinblick auf die Urteilsfähigkeit der jeweiligen Beamtin können aber da entstehen, wo der Wissensvorsprung oder andere Ressourcen, welche das öffentliche Amt mit sich bringt, für die persönliche politische Betätigung benutzt oder missbraucht werden. Ein einfaches Beispiel wäre der Gebrauch des dienstlichen Briefkopfes, um die Autorität einer politischen Stellungnahme zu stützen. Hier verhält es sich grundsätzlich nicht anders als bei der ungenehmigten Verwendung eines Dienstwagens für private Zwecke. Anders gelagert ist die Inanspruchnahme des Sachverstands eines Verwaltungsangehörigen für bestimmte politische Anliegen einer Partei, eines Verbandes oder einer sonstigen politischen Initiative, ohne dass dienstliche Belange oder Interessen des Dienstherrn beeinträchtigt werden. Gegen die Mitarbeit eines Amtsarztes, der im Hauptberuf für Gewässerschutz zuständig ist, in einer Bürgerinitiative zum Erhalt eines städtischen Feuchtbiotops ist nichts einzuwenden, solange dieser nur seinen medizinischen Sachverstand und nicht die Autorität oder die Ressourcen seiner Behörde einbringt.

6 Vgl. etwa Oscar W. Gabriel, »Repräsentationsschwächen und die zweite Transformation der Demokratie. Wer will in Deutschland direkte Demokratie?«, in: *Zeitschrift für Parlamentsfragen* 44 (2013), S. 592-612; Klaus Selle, »Zur sozialen Selektivität planungsbezogener Kommunikation. Angebote, Probleme und Folgerungen«, Annette Harth, Gitta Scheller u. a. (Hg.), *Stadt und soziale Ungleichheit*, Opladen 2000, S. 293-309.

Ein Sonderfall, der dennoch – wie wir in Kapitel 5 über »Ethik und Verwaltung« sehen konnten – grundsätzliche Bedeutung für die persönliche Urteilskraft und die demokratische Qualität des Verwaltungshandelns annehmen kann, betrifft Interventionen von Verwaltungsangehörigen in politischen Angelegenheiten aus Gewissensgründen. Was politisch skandalös ist, sollte durch Verwaltungsangehörige zumindest nicht unter den Teppich gekehrt werden. Freilich sind einem *whistle blower* enge Grenzen gesetzt, weil zunächst davon ausgegangen werden muss, dass eine demokratisch legitimierte und durch Parlamente, Rechtsprechung und Rechnungshöfe kontrollierte Verwaltung keinen Anlass bietet für den Loyalitätsbruch einer offenen politischen Stellungnahme gegen die eigene Verwaltung. Aber auch eine demokratische, legitimierte Verwaltungsleitung sollte sich nicht darauf verlassen können, dass der Bruch von geltendem Recht oder der Verstoß gegen grundlegende Prinzipien der Moral und der Menschlichkeit durch die eigenen Mitarbeiter aus wirklicher oder vermeintlicher Loyalität gedeckt wird, hinter der sich nichts anderes verbergen mag als schlichter Opportunismus. Eine demokratische Verwaltung braucht selbstbewusste Mitarbeiter, die Loyalität mit moralischem Ethos verbinden und dadurch einen Beitrag zur politischen Selbstkontrolle der Verwaltung leisten.

Im Idealfall wird dieses Verantwortungsgefühl der Verwaltungsangehörigen durch die Politikerinnen und Politiker erwidert. Verwaltungsaufgaben lassen sich nicht ohne weiteres politisieren, allein schon weil sie einer Eigengesetzlichkeit folgen, die sich politischer Rationalität – der Rationalität eines Kampfs um Machtanteile und des politischen Wettbewerbs auf der Grundlage politischer Werte und Gesinnungen – entzieht. Ob und wo die Forstverwaltung einen Holzeinschlag plant und durchführt, wie Universitäten den Stand der Forschung in die Lehre einfließen lassen, auf welche Weise in kommunalen Krankenhäusern Knieoperationen durchgeführt werden oder wie Brückenkonstruktionen gegen Korrosion zu schützen sind – dies sind Fragen, die das politische Interesse der Öffentlichkeit, der Parlamentarier oder der Verbandsfunktionäre auf sich ziehen mögen, deren Behandlung und Beantwortung jedoch gegenüber politischen Einflüssen zu schützen sind.

Es liegt allerdings eine gewisse Ironie darin, dass gerade die Trennung von Politik und Verwaltung die Politisierung solcher Sachfragen begünstigen kann. Mit diesem Problem hat sich wiederum Max Weber auseinandergesetzt, und zwar in seiner berühmt gewordenen Schrift »Politik als Beruf«. Die moderne parlamentarische Demokratie, so Weber 1919 in einer Rede, bedeute das Ende des »Gelegenheitspolitikers« und die Entstehung des »Berufspolitikers«. Hier gebe es zwei Typen, nämlich solche, die ein Leben *für* die Politik, und solche, die ein Leben *von* der Politik führten. Wer als Berufspolitiker *für* die Politik lebe, betreibe Machterwerb wie alle anderen auch, dies jedoch um politischer Ziele willen. Wer als Berufspolitiker jedoch *von* der Politik lebe, entwickle die Neigung zum Machterwerb um der Macht selbst willen. Denn, so kann man ergänzen, wer von der Politik lebt, betreibt Machtakkumulation als Versicherung gegen Jobverlust. Diese Neigung zum Machterwerb um seiner selbst willen müsse daher, so Weber, durch kontrollierte Leidenschaft, Verantwortungsgefühl und Augenmaß eingedämmt werden.[7] Dabei gehe es nicht um »sterile Aufgeregtheit«, wie Weber es in Anlehnung an seinen »verstorbenen Freund Georg Simmel« ausdrückt, sondern um leidenschaftliche Hingabe an eine Sache – nicht um Gesinnungsethik, sondern um Verantwortungsethik. Verantwortungsethik beinhalte die Bereitschaft, sich die Folgen des eigenen Tuns zurechnen zu lassen.

Damit ist indirekt ein eigentümliches Dilemma der Politikerin im Verhältnis zur Verwaltung angesprochen. Diese muss nämlich keineswegs spezielle fachliche Qualifikationen besitzen, um eine Verwaltung – etwa als Ministerin oder Minister – zu leiten oder diese als Parlamentarierin oder Parlamentarier zu kontrollieren. Aber ein Grundverständnis vom Funktionieren des betreffenden Verwaltungszweiges nach der Sachlogik der jeweiligen Verwaltungsaufgabe ist die Voraussetzung für einen verantwortungsvollen Umgang mit einer Organisation, die unter demokratischen Verhältnissen nicht nur abstrakt im Namen der Wähler und Steuerzahler tätig ist, sondern auch in deren Namen delegierte Herrschaftskompetenz ausübt und übertragene Ressourcen in monetärer und sächlicher Form nutzt. Andererseits wird das dafür erforderliche Wissen und damit auch die Möglichkeit, eine auf Fachwissen gegründete poli-

7 Max Weber: »Politik als Beruf« [1919], in: ders.: *Gesammelte Politische Schriften*, hg. v. Johannes Winckelmann, Tübingen [5]1988, S. 505-560.

tische Kontrolle der Verwaltung tatsächlich auszuüben, immer beschränkt bleiben. Aber das ändert nichts daran, dass eine Ministerin oder ein Minister sich das Tun oder Unterlassen der Verwaltung im eigenen Zuständigkeitsbereich zurechnen lassen und für Fehler, wie es dann zutreffend heißt, die »politische Verantwortung« bis hin zum Rücktritt übernehmen muss.

Eine verantwortungsethische Steuerung und Kontrolle der Verwaltung durch Politiker ist also nicht nur erwünscht, sondern unabdingbar, Erwerb und Ausübung von Macht zu diesem Zweck legitim. Erwerb und Ausübung von Macht als Selbstzweck sind dagegen unerwünscht und illegitim, wenn dadurch die Gleichheit vor dem Gesetz, die Grundsätze der Transparenz, also der Kontrollierbarkeit, und damit das Prinzip der politischen Verantwortlichkeit selbst beeinträchtigt werden.

Legitime und illegitime Politisierung

Man kann den Blick auf die legitime und die illegitime Politisierung von Verwaltung noch erweitern, indem man ihn nicht allein, wie seinerzeit Max Weber, auf die Berufspolitiker richtet, sondern auch auf weitere Akteure, die einen tatsächlichen Einfluss auf die Tätigkeit der öffentlichen Verwaltung ausüben können. In den Kapiteln 3 und 4 war von einem entsprechenden Beispiel die Rede, nämlich der »Inbesitznahme« einer amerikanischen Bundesbehörde, der Tennessee Valley Authority (TVA), durch mächtige Interessengruppen in ihrem Umfeld über den Mechanismus der Kooptation von Vertretern dieser Gruppen in die Leitungsgremien der Behörde. Hier handelte es sich nicht um Berufspolitiker, von denen eine faktische Politisierung der Behörde ausging, sondern um Gruppen, die ihre Interessen durch den gesetzlichen Auftrag der Behörde gefährdet sahen. Eine solche Einflussnahme ist illegitim, eben weil sie mit der Gleichheit vor dem Gesetz, den Grundsätzen der Transparenz und Kontrollierbarkeit und der Verantwortlichkeit einer Behörde gegenüber der Allgemeinheit statt gegenüber einer einflussreichen Gruppe unvereinbar ist.

Aber was steckt im Einzelnen dahinter? Henry Mintzberg[8]

8 Henry Mintzberg, *Power In and Around Organizations*, Englewood Cliffs (NJ) ²1983.

hat hilfreiche Hinweise zur Beantwortung dieser Frage gegeben. Mintzberg befasst sich mit dem generellen Phänomen der Mobilisierung von Macht durch Gruppen zur Beeinflussung der Tätigkeit formaler Organisationen. Er unterscheidet Machtquellen und diese Machtquellen nutzende »Koalitionen«. Zu den Machtquellen zählt er die Kontrolle einer wichtigen Ressource, die Verfügung über wichtige Qualifikationen und bestimmte Wissensbestände sowie formelle Vorrechte und den Zugang zu Personen, die über wenigstens eine der vorgenannten Machtquellen verfügen. Die Akteure interner und externer Koalitionen, die derart vorgehen, nennt Mintzberg *influencers*, also Beeinflusser.[9] Wir können uns an dieser Stelle auf die externen *influencers* beschränken, die laut Mintzberg folgenden Kategorien zugeordnet werden können: »Besitzer« (hier können wir im öffentlichen Sektor an das zuständige Ministerium denken), »Lieferanten« (etwa das budgetbewilligende Parlament), »Kunden« (Adressaten staatlicher Maßnahmen), Gewerkschaften und Berufsverbände, sonstige externe Gruppen (zum Beispiel Parteien oder Bürgerinitiativen) und Mitglieder von Aufsichtsgremien.

Innerhalb der verschiedenen Kategorien sind durchaus Abstufungen der Legitimität der von ihnen ausgehenden externen Politisierung der Verwaltung festzustellen. *Influencers* aus dem zuständigen Ministerium oder dem Parlament können am ehesten als legitime Einflussnehmer gelten, unter den sonstigen externen Gruppen wiederum können Parteien als legitimere Einflussnehmer gelten als Interessengruppen. Aber warum? Was soll der Maßstab der Legitimität sein?

Es macht eben einen Unterschied, ob die politische Einflussnahme auf die Verwaltung von Verfassungsorganen – von Regierung und Parlament – oder von Nicht-Verfassungsorganen – also zum Beispiel von Parteien – ausgeübt wird. Es macht ferner einen Unterschied, ob der Einfluss von Nicht-Verfassungsorganen auf die Verwaltung mit Rechenschaftspflichten gegenüber Wählerschaft und Öffentlichkeit verbunden ist, wie das bei Parteien der Fall ist, oder nicht, wie im Fall von Verbänden. In dieser Reihung haben wir es mit einer abnehmenden Verantwortungsdichte und insofern mit abnehmender Legitimität einer Einflussnahme auf die Verwaltung zu politischen Zwecken zu tun. Regierung und Parlament

9 Ebd., S. 22-30 (»The Power Game and the Players«).

dürfen die Verwaltung nicht nur politisch lenken und kontrollieren, sie müssen es. Parteien und Verbände dagegen können politischen Einfluss auf die Verwaltung ausüben, müssen dabei aber ihrerseits nach Maßgabe des Transparenzgebots und der Gleichheit vor dem Gesetz kontrolliert werden.

Transparenz und Gleichheit vor dem Gesetz bei der politischen Einflussnahme auf die Verwaltung sind wiederum bei solchen *influencers* leichter zu sichern, die über einen rechtlich geregelten politischen Status verfügen, wie dies bei Parteien auf der Grundlage von Artikel 21 des Grundgesetzes und des Parteiengesetzes der Fall ist. Parteien sind durch Grundgesetz und Parteiengesetz auch in ihrer inneren Ordnung demokratischen Grundsätzen unterworfen, Verbände hingegen nicht. Und was die Gleichheit vor dem Gesetz betrifft, so gibt es einen Unterschied zwischen Individuen oder Gruppen, die Zugang zu Personen haben, die über eigene Machtquellen verfügen, und denjenigen, bei denen dies nicht der Fall ist. Für die Verwaltungsangehörigen darf es keine Rolle spielen, ob Einflussnehmer Zugang zur politischen Leitung der Verwaltung haben oder nicht.[10] Darin liegt einer der wesentlichen Unterschiede zwischen der Verwaltung eines demokratischen Verfassungsstaates und den sonstigen Formen von Bürokratie, wie sie sowohl in Wirtschaftsunternehmen als auch unter nicht-demokratischen politischen Regimen existieren.

10 Im Dezember 2012 ging die Meldung durch die Medien, dass einer der beiden Vorstandssprecher der Deutschen Bank, Jürgen Fitschen, sich an einem Wochenende beim hessischen Ministerpräsidenten Volker Bouffier über eine steuerpolizeiliche Razzia mit massivem Polizeieinsatz in der Zentrale der Bank in Frankfurt am Main telefonisch beschwert hatte. Der damalige hessische Regierungssprecher Michael Bußer kommentierte dies mit den Worten: »Herr Fitschen hat den Ministerpräsidenten angerufen. Der Ministerpräsident hat klargemacht, dass es staatsanwaltliche Ermittlungen sind, in die er sich nicht einmischen könne« (»Steuerrazzia: Deutsche-Bank-Chef beschwert sich telefonisch«, *ZEIT ONLINE*, 18.12.2012 ⟨http://www.zeit.de/wirtschaft/unternehmen/2012-12/deutsche-bank-fitschen-bouffier-hessen-anruf⟩, letzter Zugriff am 29. März 2016). Nicht jede und jeder dürfte die Telefonnummer eines Ministerpräsidenten oder einer Ministerpräsidentin zur Hand haben, um sich am Wochenende über das Verhalten einer Landesbehörde zu beschweren.

Indirekt verweist jeder Vorgang der Einflussnahme von außen auf die Verwaltung aber auch auf deren Politisierungspotenzial von innen. Irgendeinen Hebel innerhalb der Verwaltung muss die externe Einflussnahme schließlich in Bewegung setzen. Das Verhältnis von externer und interner Politisierung verdient also nähere Betrachtung, und auch hier sind zunächst wieder einmal die Überlegungen und Thesen Max Webers und diejenigen des Managementtheoretikers Henry Mintzberg hilfreich.

Ein Politisierungspotenzial innerhalb der Verwaltung kann es, so paradox es zunächst klingen mag, nur geben, wenn deren Charakter als Alltag gewordene Herrschaft teilweise wieder aufgehoben wird. Jedenfalls dann, wenn man Herrschaft so definiert wie Weber, bei dem es heißt: »Herrschaft soll heißen die Chance, für einen Befehl bestimmten Inhalts bei angebbaren Personen Gehorsam zu finden.« Dagegen bedeute Macht, so Weber, »*jede* Chance, innerhalb einer sozialen Beziehung den eigenen Willen auch gegen Widerstreben durchzusetzen, gleichviel worauf diese Chance beruht«.[11] Denn, so fährt Weber fort, »der Begriff ›Macht‹ ist soziologisch amorph. Alle denkbaren Qualitäten eines Menschen und alle denkbaren Konstellationen können jemand in die Lage versetzen, seinen Willen in einer gegebenen Situation durchzusetzen. Der soziologische Begriff der ›Herrschaft‹ muss daher ein präziserer sein und kann nur die Chance bedeuten: für einen *Befehl* Fügsamkeit zu finden.«[12] Dies ist die Sichtweise, in der die im historischen Prozess sich vollziehende schrittweise Rationalisierung von Herrschaft als Zivilisierung der Macht begriffen wird. Macht als solche gilt dann als der bürokratischen Organisationsform der Verwaltung wesensfremd. Als Politisierung kann dann jeder Mechanismus der Machtmobilisierung verstanden werden, der geeignet ist, die Tätigkeit einer Verwaltung zu beeinflussen.

Die Mobilisierung von Macht als ein Mechanismus, der »soziologisch amorph« und daher kaum vorhersagbar ist, steht in einem Spannungsverhältnis zur Berechenbarkeit und damit Willkürfreiheit des Verwaltungshandelns in einem demokratischen Rechtsstaat. Trotzdem ist Macht in der Verwaltung wie in jeder anderen

11 Weber, *Wirtschaft und Gesellschaft*, S. 28.

12 Ebd., S. 28 f.; Hervorh. jeweils im Orig.

formalen Organisation allgegenwärtig. »Den eigenen Willen auch gegen Widerstreben durchzusetzen«, und das unter Einsatz aller denkbaren Qualitäten eines Menschen und unter allen denkbaren Konstellationen, versuchen sowohl Individuen als auch Gruppen oder Organisationseinheiten innerhalb der Verwaltung.

Ferner ist es gerade für das Verständnis von Verwaltung als Herrschaftsordnung wichtig oder zumindest nützlich zu wissen, welche Formen der Mobilisierung von Macht der Errichtung einer solchen Herrschaftsordnung vorgelagert waren, denn daraus können sich wichtige Rückschlüsse auf die bestimmten Verwaltungsstrukturen zugrundeliegenden Machtkompromisse und damit auf die Stabilität oder Instabilität dieser Strukturen ergeben. Ein Beispiel hierfür ist die Kompromissbildung zwischen der Krone und dem Landadel in den deutschen Staaten des aufgeklärten Absolutismus im 17. und 18. Jahrhundert als Grundlage der bis heute fortdauernden Trennung von unmittelbarer und mittelbarer Staatsverwaltung. Und schließlich bleiben die formalen Verwaltungsstrukturen auf eine latente Abstützung durch die realen Machtverhältnisse angewiesen.

Weil Macht und deren Mobilisierung in der Verwaltung einerseits in ihrer konkreten Gestalt schwer vorhersagbar, andererseits jedoch in irgendeiner Form allgegenwärtig ist, bleibt sie im Verwaltungsalltag schwer identifizierbar und auch schwer thematisierbar. Während die »Befehls«-Verhältnisse – also die Frage, wer wem was zu sagen hat – formell geregelt sind, bleibt die Frage, wer die Macht hat und wie sie ausgeübt wird, ungeregelt. Die Machtfrage umgibt daher in der Verwaltung ein nahezu mystischer Schleier. Mitunter wird das Problem tabuisiert. Allein die Frage, wer die Macht hat und wie sie ausgeübt wird, kann als Regelverstoß gelten und gegebenenfalls geahndet werden, insbesondere dann, wenn die Frage nach der tatsächlichen Macht geeignet ist, illegitime Machtbeziehungen aufzudecken. Weil Machtbeziehungen innerhalb der Verwaltung informell sind, unterliegen sie auch nicht den formellen Regeln der Sicherung von Transparenz und Kontrolle. Der Mobilisierung von Macht in der Verwaltung haftet daher etwas Anarchisches an. Die Kontrolle der davon ausgehenden Risiken für die Stabilität, Berechenbarkeit und Willkürfreiheit des Verwaltungshandelns setzt ein elementares Verständnis möglicher Grundmuster der Mobilisierung von Macht voraus, und hierfür wiederum bieten einige klassische Beiträge aus Politik- und Verwaltungswissenschaft hilfreiche Hinweise.

Einflusskoalitionen und bürokratische Sabotage

Manche Autoren, so auch Henry Mintzberg, gehen von einem berechenbaren Muster bestimmter Schlüsselakteure aus und unterstellen diesen Akteuren Machtambitionen und Koalitionsabsichten. Andere Autoren, etwa Arnold Brecht (*Bureaucratic Sabotage*, 1937) oder Michel Crozier (*Le phénomène bureaucratique*, 1963), wählen abstraktere Definitionen (etwa »Gruppen«) und konzentrieren sich vor allem auf den tatsächlichen Gebrauch der Macht.

Die Einflussnehmer (*influencers*), die Mintzberg außerhalb und innerhalb der Organisation identifiziert, besitzen Macht nicht allein aufgrund ihrer spezifischen Position innerhalb oder außerhalb der Organisation, sondern auch durch ihr Koalitionsbildungspotenzial. Jede Behördenchefin weiß, dass sie allein ziemlich machtlos ist. Die formelle Position an der Spitze einer Organisation verleiht Kompetenzen, darunter auch die Kompetenz, Weisungen zu erteilen. Erfahrene Führungspersonen entwickeln jedoch ein quasi-instinktives Verständnis für die Notwendigkeit informeller Bündnisse; sie wissen, dass sie ohne die Unterstützung der Mitarbeiter und deren Vertretungen wenig ausrichten können (das Gleiche gilt für die Unterstützung durch die Aufsichtsgremien und damit durch Akteure außerhalb der eigentlichen Organisationsgrenzen).

Jede Leitungsperson in einer Behörde ist daher gut beraten, offensive und defensive Koalitionstaktiken zu entwickeln. Offensive Koalitionstaktiken sind solche, die hilfreich sind für das Erreichen der eigenen Ziele, defensive Taktiken sind nützlich für die Abwehr von Bestrebungen, die diese Ziele gefährden könnten. Die in Frage kommenden Koalitionen können sowohl mit der Zeit als auch mit dem Gegenstand eines Entscheidungsproblems wechseln. Wichtig bleibt jedoch unter allen Umständen ein angemessenes Verständnis der Logik von Koalitionsbildungen unter den für eine Verwaltungseinheit maßgeblichen Akteuren. Sie sind ein wesentlicher Bestandteil der Mikropolitik in Verwaltungen, deren Mechanismen jede und jeder, der für sich und andere Projekte durchsetzen will, kennen und dem Grundsatz nach beherrschen sollte.

Wie diese Mikropolitik innerhalb der Verwaltung mit der großen Politik zusammenhängen kann, hat Arnold Brecht in einer klassischen Abhandlung über »bürokratische Sabotage« im Jahr 1937 deutlich gemacht. Brecht, geboren 1884, war zu diesem Zeitpunkt Professor an der von deutschen Emigranten maßgeblich geprägten *New School of Social Research* in New York City, wo er Politische Wissenschaft lehrte. Bis 1933 war er hoher Ministerialbeamter der preußischen Staatsregierung gewesen, und er hatte als solcher zu der kleinen Minderheit von Spitzenbeamten der Weimarer Republik gezählt, die loyal zur Reichsverfassung und zur parlamentarischen Demokratie standen, im Unterschied zur Mehrheit der konservativ-monarchistischen Beamtenelite in der Reichsverwaltung und in den Gliedstaaten.

Auf diese bezog sich indirekt seine Abhandlung »bürokratische Sabotage«, die Brecht im amerikanischen Exil veröffentlichte. Es ging ihm um ein systematisches Verständnis des Obstruktionspotenzials, das Verwaltungen gegen die eigene legitime politische Leitung mobilisieren können. Zu diesem Zweck unterschied Brecht zwischen Machtquellen und Machtträgern. Macht in der Verwaltung könne aus den bei der Handhabung von Regeln verbleibenden Entscheidungsspielräumen resultieren, aus Expertenwissen, aus der Kontrolle über andere Schlüsselressourcen oder aus der Kontrolle über soziale Beziehungen innerhalb der Verwaltung. Als informelle Machtträger nannte Brecht Gruppen innerhalb der Organisation und Gruppen außerhalb der Organisation. Erstere können zum Beispiel die eben angesprochenen Angehörigen alter, illoyaler Eliten sein, aber auch Angehörige bestimmter Berufsgruppen innerhalb der Verwaltung, die die Gruppeninteressen über die Interessen der Verwaltung selbst und die Belange der jeweiligen Verwaltungsaufgabe stellen. Gruppen außerhalb der Organisation mögen Verbände, Parteien oder Gewerkschaften sein. Auch hier kann es vorkommen, dass die Gruppeninteressen dem gesetzlichen und politischen Auftrag der Verwaltung zuwiderlaufen.

Das »bürokratische Phänomen« und die Kontrolle von Unsicherheitszonen

Brecht beschrieb den Gebrauch von Macht in der Verwaltung als eine pathologische Erscheinung, als eine Art Sabotageakt. Darin kommt die Überzeugung von der grundsätzlich »guten Natur« der Bürokratie zum Ausdruck, die in Brechts Erfahrungen als demokratisch-loyaler Ministerialbeamter ihre Grundlage gehabt haben dürfte. Hiervon unterscheidet sich grundlegend die Perspektive, die Michel Crozier in seiner einflussreichen Studie über das »bürokratische Phänomen« einnahm (*Le phénomène bureaucratique*, 1963). Für Crozier ist der Gebrauch von Macht in bürokratischen Organisationen nicht eine nach Möglichkeit zu unterdrückende Pathologie, sondern die notwendige Konsequenz der bürokratischen Organisation selbst, die für sich genommen unfähig zum Wandel sei. Sie verstärke nur ihre eigenen Pathologien nach dem Muster eines *circulus vitiosus*. Wandel in einer bürokratischen Organisation ereigne sich daher nur im Zuge einer Krise und durch das Handeln aktiver, autoritärer Reformer.

Die Begründung dieser provokanten These fällt dann wesentlich subtiler aus, als es die pauschale Kennzeichnung der Bürokratie als eine gewissermaßen selbstsklerotisierende Organisation vermuten lassen könnte. Crozier geht von einem Zusammenwirken verschiedener Grundelemente der bürokratischen Organisation aus, die den Merkmalen der Bürokratie ähneln, wie sie Max Weber beschrieben hat: unpersönliche Regeln, die Tendenz zur Zentralisierung, die Isolierung der Untereinheiten der bürokratischen Organisation untereinander, der in diesen Einheiten existierende Gruppendruck und schließlich informelle Machtbeziehungen, die sich im Kampf um die Kontrolle der verbleibenden Zonen der Unsicherheit bilden.

Das System unpersönlicher Regeln, auf das jede bürokratische Organisation aufbaue, führe für die Verwaltungsangehörigen zwar einerseits zur Eingrenzung von Handlungsspielräumen, andererseits aber zu persönlicher Unabhängigkeit. Bürokraten können sich immer auf die für sie geltenden Regeln berufen, sowohl gegenüber den Vorgesetzten als auch gegenüber den Untergebenen und dem »Kunden«. Gleichzeitig führe, so Crozier, die strikte Geltung derselben unpersönlichen Regeln dazu, dass Entscheidungen über Abweichungen oder Ausnahmen nur an höherer Stelle möglich sind, so dass die Regelbindung zugleich eine Tendenz zur Zentralisierung bewirke. Bereits dies ist also eine differenziertere Betrachtung des Verhältnisses von Individuum und bürokratischer Organisation als die Vorstellung, strikte Regelbindung schränke die Autonomie des Individuums ein und bedeute für sich genommen bereits eine Hierarchisierung innerhalb der Organisation in Gestalt von Vorschriften. Tatsächlich entspricht es der Alltagserfahrung mit dem Innenleben der Verwaltung, dass Gesetze und sonstige unpersönliche Regeln für die Stärkung der Autonomie von Verwaltungsangehörigen missbraucht werden können, wenn diese sich, wie es bezeichnenderweise heißt, hinter den für sie geltenden Vorschriften »verschanzen« und sich in ihren durch Gesetze und Verwaltungsvorschriften eingegrenzten Zuständigkeitsbereich »nicht hineinreden lassen«.

Außerdem machen die Überlegungen Croziers deutlich, dass auch das Phänomen der Zentralisierung in der Verwaltung dynamischer Natur ist. Zentralisierung erfolgt durchaus nicht ausschließlich durch die Zuordnung abgestufter Kompetenzen entlang der vertikalen Hierarchieachse. Vielmehr, so die Überlegung Croziers, wird das tatsächliche Ausmaß von Zentralisierung durch die Handhabung der von den gesetzlichen Regeln und den Verwaltungsvorschriften belassenen Handlungsspielräume zumindest mitbestimmt. Regelbindung und Hierarchie erzeugen nicht aus sich heraus Zentralisierung. Oft bleibt es den Verwaltungsangehörigen niederer Hierarchiestufen überlassen, ob sie eine Angelegenheit als ausnahmebedürftig definieren oder nicht. Das wiederum kann davon abhängen, ob man eine Entscheidung gerne selbst trifft oder »nach oben« weiterreicht, was seinerseits dadurch beeinflusst sein mag, wie aufwendig oder risikobehaftet ein zu bearbeitender Fall ist. Freilich schwingt bei Crozier die implizite Unterstellung mit, dass die Tendenz zur Entlastung von Verantwortung und damit zur Zentralisierung von Entscheidungskompetenzen bei den Angehörigen unterer Hierarchiestufen dominiert.

Insgesamt führe die strikte Geltung unpersönlicher Regeln in Verbindung mit der Zentralisierungstendenz zu hoher Konformität des Gruppenverhaltens in bürokratischen Organisationen. Die Regeln selbst und die Zentralisierung aller wichtigen Entscheidungen auf höheren Hierarchieebenen haben nach Crozier eine Isolierung der Untereinheiten und diese wiederum einen erhöhten sozialen Gruppendruck zur Folge. Nicht nur, dass in der idealen bürokratischen Organisation Untereinheiten nur über den hierarchischen Dienstweg miteinander kommunizieren, also voneinander isoliert sind, sie bilden dadurch auch umso eher selektive Wahrnehmungen ihres jeweiligen Gegenstandsbereichs und eine auf Abgrenzung gegründete Gruppenidentität aus.

In diesem System erlangen die wenigen verbleibenden Zonen der Unsicherheit eine besondere Bedeutung, sie sind besonders umkämpft; ihre Kontrolle wird zum wichtigsten Merkmal der Macht. Die schrittweise Lähmung der bürokratischen Organisation durch ihre eigene Überformalisierung und die Bildung informeller Machtstrukturen gehen Hand in Hand.

Die Privilegierung einiger weniger, die über die Kontrolle verbleibender Zonen von Unsicherheit und damit über Macht verfügen, trägt jedoch, so das Argument Croziers, zunächst nur zu einer neuerlichen Drehung des bürokratischen *circulus vitiosus* bei. Wenn die Organisation nur durch die Abweichungen von den Regeln funktionsfähig bleibt, die das Privileg einiger weniger sind, entsteht unter den übrigen Organisationsangehörigen Frustration und damit der sprichwörtliche »Sand im Getriebe« in Gestalt latenter Obstruktion, für die in der deutschen Sprache die Formulierung »Dienst nach Vorschrift« steht, während es im Französischen *grève du zèle* heißt, »Streik aus Zorn«. Daran kann der Höhergestellte nichts ändern – die Vorschriften gelten ja auch für ihn oder sie – außer durch erneuten Rückgriff auf informelle Machtbeziehungen. Gegen die aber wehrt sich die Organisation durch weitere Zentralisierung und Unpersönlichkeit *und* durch intensivierte Positionskämpfe innerhalb der informellen Machtbeziehungen. Beides steigert wiederum die Frustration der Organisationsangehörigen, so dass das Spiel von neuem beginnt. Im Endeffekt, so Crozier, sei die Bürokratie ein System, »das unfähig ist, seine eigenen Fehler zu korrigieren«.[13]

Wandel in bürokratischen Organisationen entstehe daher nur im Fall »gravierender Dysfunktionen«,[14] die unvermeidlich zu einer Krise der Organisation führten und die einzige realistische Chan-

13 Michel Crozier, »Der bürokratische Circulus Vitiosus«, in: Renate Mayntz (Hg.), *Bürokratische Organisation*, Köln 1968, S. 277-288, hier S. 284.

14 Ebd., S. 285.

ce zu Veränderungen seien. Kennzeichnend für den Lebenszyklus bürokratischer Organisationen seien daher lange Perioden der Stabilität und kurze Perioden von Krise und Wandel. »Die Krise«, so schreibt Crozier, »ist ein entscheidendes und notwendiges Element im bürokratischen System. Sie bietet die einzige Möglichkeit, notwendige Anpassungen vorzunehmen.«[15] Die Krise der bürokratischen Organisation ist die große Stunde der Reformer, welche die Umgestaltung der Organisation zu ihrem politischen Projekt machen. Crozier räumt selbst ein, dass dieses Bild dem französischen Modell einer dünnen Schicht besonders streng ausgewählter Verwaltungseliten entspricht, die »durch ihre Rekrutierung, Ausbildung und Karriereerwartungen vom Fußvolk des Staatsdienstes völlig isoliert [...] [und] deshalb gegen mögliche Repressionen von innen gefeit« sind.[16]

Bürokratische Politik

Wie Crozier beschreiben auch Graham T. Allison und Morton Halperin in ihrer ebenfalls schulbildenden Studie über bürokratische Politik (*Bureaucratic Politics*, 1972) die Selbstpolitisierung von Verwaltungen als Dauerphänomen.[17] Allerdings konzipieren beide Autoren bereits in gegenständlicher Hinsicht »Verwaltung« oder, um mit Crozier zu sprechen, das bürokratische Phänomen ganz anders als die meisten ihrer theoretischen Vorgänger von Wilson über Weber bis zu Selznick, Kaufman oder eben Crozier. Allison und Halperin geht es nicht um die einzelne bürokratische Organisation und deren Binnenstruktur, sondern um die Ausdifferenzierung des bürokratischen »Unterbaus« einer demokratischen Regierung.

Der innovative Charakter des Beitrags von Allison und Halperin lag daher auch weniger auf dem Gebiet der Verwaltungswissenschaft, wo man sich, wie wir gesehen haben, mit dem Verhältnis von Politik und Verwaltung bereits seit dem Ende des 19. Jahrhunderts auseinandergesetzt hatte, sondern in einer verwaltungswissenschaftlichen Erweiterung politikwissenschaftlicher Erklärungen,

15 Ebd.

16 Ebd., S. 287.

17 Graham T. Allison, Morton H. Halperin, »Bureaucratic Politics. A Paradigm and Some Policy Implications«, in: *World Politics* 24 (1972), S. 40-79.

und dies auf einem Gebiet, das man bis dahin mit der öffentlichen Verwaltung am wenigsten in Verbindung gebracht hatte, nämlich der Außen- und Sicherheitspolitik.[18] Sie wandten sich gegen die seinerzeit in der Politikwissenschaft dominierende Konzeption von Außenpolitik als Ausdruck rationalen Regierungshandelns, dass an den nationalen Interessen und hier insbesondere an den Sicherheitsinteressen eines Landes orientiert sei. Stattdessen müsse man die fragmentierte, in verschiedene Teil-Bürokratien ausdifferenzierte Struktur eines Regierungsapparates berücksichtigen, wenn man das Zustandekommen außen- und sicherheitspolitischer Entscheidungen angemessen erklären und gegebenenfalls beeinflussen wolle. Regierungspolitik, so schrieben Allison und Halperin, sei nicht das Werk einer einzelnen Entscheidungsinstanz, eben der Regierung, sondern eines Konglomerats großer Organisationen, die als politische Akteure in Erscheinung treten – und dies mit unterschiedlichen Wahrnehmungen und Definitionen dessen, was die Regierung tun solle und könne, und die untereinander um Einfluss auf Regierungsentscheidungen und Regierungshandeln konkurrieren.[19]

Diese verschiedenen bürokratischen Instanzen könne man als »Spieler« verstehen, die sich weniger um den übergeordneten Sinn des »Spiels« – der Regierungspolitik und des Regierungshandelns – kümmerten als um ihre jeweiligen Perspektiven und Interessen. Sie kümmerten sich dementsprechend auch nicht um die nationalen strategischen Interessen und Ziele, ihr Handeln sei auf dem Gebiet der Außen- und Sicherheitspolitik vielmehr durch spezifische Definitionen nationaler Sicherheit, durch Organisationsegoismus, innenpolitische Erwägungen und persönliche Interessen geprägt. Der Einfluss dieser »Spieler« auf die außenpolitischen Entscheidungen einer Regierung erfolge auch nicht im Rahmen einer einzelnen rationalen Entscheidung, sondern im Hauen und Stechen des an Reibungen und Konflikten reichen politischen Alltags.

Auf den politischen Gegenstand kommt es hier aus naheliegenden Gründen weniger an als auf das von Allison und Halperin entwickelte analytische Konzept. Ihre These ist, dass »bürokratische Politik« nicht etwa, wie der Begriff vermuten lassen könnte, aus

18 Basierend auf dem Standardwerk von Graham T. Allison, *Essence of Decision. Explaining the Cuban Missile Crisis*, Boston 1971.

19 Allison, Halperin, »Bureaucratic Politics«, S. 43.

formalistischer Prinzipienreiterei oder lähmender Phantasielosigkeit besteht, sondern aus bestimmten, in gewissen Grenzen vorhersagbaren Handlungsmustern großer Verwaltungsapparate. Für deren Positionsbestimmung sei zunächst die Frage entscheidend, unter welchem »Gesichtspunkt« ein politisches Thema überhaupt betrachtet wird. Tatsächlich hat jede Behörde und jede Unterabteilung bei entscheidungsbedürftigen Problemen, die mehrere Behörden oder mehrere Unterabteilungen betreffen, ihre jeweils eigene Wahrnehmung, und erst diese Wahrnehmung, so das Argument von Allison und Halperin, ermöglicht die Definition der jeweiligen Behörden- oder Abteilungsinteressen. Denn jede Behörde oder jede Abteilung versucht zu antizipieren, in welcher Weise welche Problemlösung die eigenen Interessen unter den jeweiligen behördenspezifischen oder abteilungsspezifischen Gesichtspunkten fördert oder schädigt. Daraus wiederum ergibt sich, so Allison und Halperin, die Intensität, mit der Behörden oder Abteilungen in einem politischen Entscheidungsprozess eingreifen, je nachdem, wie viel für sie »auf dem Spiel steht« (die Autoren sprechen hier von einer »definition of player's stake in the issue«[20]). Erst aus der Summe all dieser Faktoren ergebe sich dann, was man gemeinhin den »Standpunkt« einer Behörde oder Abteilung im politischen Entscheidungsprozess nenne.

Neben den grundsätzlich zu erwartenden Verhaltensmustern großer Verwaltungsapparate im Prozess der Politikformulierung nennen Allison und Halperin noch einige situationsabhängige Faktoren, welche die Tendenz zu »bürokratischer Politik« im Sinne einer selbständigen Politik von Behörden oder Verwaltungsabteilungen begünstigen. Dies sei zum Beispiel dann der Fall, wenn individuelle Akteure die Chance sehen, in der betreffenden Behörde oder Verwaltungseinheit noch Karriere zu machen – weil aktives Eintreten für die jeweiligen Behördeninteressen zumindest in der Behörde selbst positiv bewertet wird und daher die Karriereaussichten verbessert; wenn Akteure nicht zu den Schlüsselakteuren oder durch lange Organisationszugehörigkeit etablierten »Spielern« gehören – weil in diesem Fall Profilierungsbedarf besteht, der durch aktives Eintreten für die Behördeninteressen gedeckt werden kann; wenn es an Transparenz und demokratischer Kontrolle fehlt, die

20 Ebd., S. 49.

den institutionellen Egoismus von Behörden oder Verwaltungseinheiten eindämmen; wenn Behörden oder Verwaltungseinheiten ihre Autonomie gefährdet sehen und daher das Leitungspersonal besonders mobilisiert ist; wenn Behörden oder Verwaltungseinheiten untereinander rivalisieren; oder wenn Kooperation oder Kompromissbildungen mit anderen Behörden oder Verwaltungseinheiten zwar möglich, jedoch nur unter erheblichem Aufwand zu erreichen sind. Auch hier haben wir es also mit einer Verknüpfung von handlungstheoretischen und stukturanalytischen Perspektiven zu tun.

9. Bürokratie, Bürokratisierung und Bürokraten

Im Alltag tritt uns die Verwaltung nicht in Form von Paragraphen und Aktenordnern entgegen, sondern in Gestalt von Personen. Der niederländische Fotograf Jan Banning hat dies in einer Fotoserie mit dem Titel »Bureaucratics« buchstäblich vor Augen geführt.[1] Zu sehen sind auf diesen Fotos Verwaltungsmenschen aus vieler Herren Länder, aus Frankreich, den USA und aus Deutschland, aber auch aus Liberia, China, Russland und dem Jemen. Das Faszinierende an Bannings Fotografien liegt in der Abbildung der Ähnlichkeiten im Unterschiedlichen. Alle abgebildeten Büromenschen sitzen, wenig überraschend, an Schreibtischen. Die Schreibtische stehen in Büros. Die meisten Büros sind mit den Insignien der öffentlichen Gewalt, des Staates, ausgestattet: zumeist eine Flagge oder wenigstens ein kleines Fähnchen in den Nationalfarben, mitunter auch ein Bild des Staatsoberhauptes. Die meisten Büros sind auch ordentlich aufgeräumt, aber das mag etwas mit der Aufnahmesituation zu tun haben. Auf der anderen Seite sieht man auf diesen Bildern aber auch bemerkenswerte Unterschiede. Nicht nur, dass manche Büros mehr und manche weniger Akten beherbergen – die dort tätigen Verwaltungsmenschen haben ihnen auch eine mehr oder wenige persönliche Note verliehen. Manche Räume sind amtlich-steril, andere chaotisch, wiederum andere sehen aus wie kleine Museen, die Wände gepflastert mit Urkunden, Erinnerungsfotos, der Schreibtisch vollgestellt mit Blumenväschen oder Plaketten. Die Fotoserie zeigt uns mehr über die Verwaltung, als ihr Urheber vermutlich im Sinn hatte. Natürlich: Da ist das Allgegenwärtige der Verwaltung in dem Sinne, dass sie tatsächlich in nahezu jedem Winkel der Erde anzutreffen ist. Das mag einen beunruhigen oder auch beruhigen. Aber die Fotoserie zeigt uns buchstäblich auch die menschliche Seite der Verwaltung, und auch die hat ihre positiven und weniger positiven Wirkungen. Manche »Bürokraten« wirken nett, manche sogar ausgesprochen freundlich, andere aber auch wieder weniger freundlich, sachlich-bestimmt oder gar griesgrämig.

1 Jan Banning, *Bureaucratics*, ⟨http://www.janbanning.com/gallery/bureaucratics/⟩, letzter Zugriff am 29. März 2016.

Wir merken: Verwaltung ist nicht nur allgegenwärtig, sie ist nicht nur unerlässlich, es kommt auch sehr darauf an, mit wem in der Verwaltung wir es zu tun haben. Und wir merken, dass dies umso wichtiger ist, als wir es mit der *öffentlichen* Verwaltung zu tun haben, also mit dem Staat. Menschen in staatlichen Büros verfügen über Dinge, über die andere nicht verfügen, und sie sind zu Handlungen berechtigt, die anderen verwehrt sind. Ebendas wird signalisiert durch die Insignien des Staates wie Fahnen oder Fähnchen, an den Wänden hängende Bilder von Staatsoberhäuptern oder – auch das gibt es bei Büromenschen – die getragene Uniform. »Bürokratie« bedeutet eben nicht allein Regelbindung, Hierarchie und gegebenenfalls Umständlichkeit, es bedeutet auch im buchstäblichen Sinne Macht. Alle Menschen, die Banning abgebildet hat, widmen sich der Erledigung einer bestimmten Aufgabe, insofern handelt es sich bei ihrer Tätigkeit um Verwalten. Aber alle verfügen auch über Ressourcen und über Entscheidungsgewalt, die nur sie haben, und zwar im Namen des Staates. Insofern handelt es sich im Wortsinne um Bürokratie.

Wir haben es also, sobald wir mit der Verwaltung in Kontakt treten, zwar mit Personen zu tun, aber diese Personen handeln nicht als Individuen. Sie haben die Räumlichkeiten, also die Büros, in denen sie sitzen und ihrer Tätigkeit nachgehen, nicht selbst gebaut, und vermutlich arbeiten sie auch nicht allein, sondern in irgendeiner Form mit anderen Personen zusammen. Diese Personen sind also zugleich Teil einer außerpersönlichen Struktur und eines arbeitsteiligen Zusammenhangs. Sie sind Mitglieder einer Institution (s. Kapitel 1) – aber eben auch nicht irgendeiner Institution, sondern einer Institution namens Staat. Und es macht einen wesentlichen Unterschied, ob Menschen in Büros Aufgaben für irgendeine Organisation oder ob sie Aufgaben für und im Namen des Staates erledigen.

Menschen in staatlichen Büros erledigen nicht nur Aufgaben, sie üben auch Herrschaft aus. Und dem Staat als Herrschaftsordnung kann man nicht entfliehen, es sei denn man emigriert. Herrschaftsausübung durch Büromenschen erfolgt ganz konkret und individuell, etwa wenn sie unsere Anträge bearbeiten oder in anderer Hinsicht Aufgaben erledigen, die uns wichtig sind. Und auch wenn wir nicht unmittelbar persönlichen Kontakt mit ihnen haben, haben Menschen, die Aufgaben für den Staat erledigen,

Herrschaftsgewalt über unsere Lebensumstände. Ob eine Verwaltung funktioniert und wie gut sie funktioniert, kann darüber entscheiden, ob öffentliche Infrastruktur unser Leben erleichtert oder womöglich sogar gefährdet. Eine zusammenstürzende Brücke, die durch die zuständige Kommunalbehörde unsachgemäß gewartet wurde, bedroht unsere Sicherheit ebenso sehr wie eine dilettantisch arbeitende Polizei. Kurz: Wenn wir es mit den Personen zu tun haben, die für uns die Verwaltung verkörpern, möchten wir anständig, sachgerecht und willkürfrei behandelt werden. Und wenn wir es mit der Verwaltung als einem abstrakten, im Hintergrund arbeitenden Apparat zu tun haben, möchten wir, dass dieser Apparat gut organisiert ist und in effektiver Weise die ihm übertragenen Aufgaben erledigt. Das eine hat mit Bürokratie als Herrschaftsorgan zu tun, das andere mit Verwaltung als Nutzer von Ressourcen für einen bestimmten Zweck.

Bürokratische Strukturen

In der Regel ist mit dem Begriff »Bürokratie« aber gar kein personelles Phänomen gemeint, sondern ein strukturelles. Im Großen und Ganzen geht es um Überkomplexität und Inflexibilität von Regelungen und Verfahrensweisen. Wenn – etwa von Politikerinnen und Politikern in Notfallsituationen – »unbürokratische Hilfe« versprochen wird, ist damit in der Regel ein zügiges Verfahren und erforderlichenfalls die großzügige Auslegung von Rechtsnormen und Kompetenzregeln gemeint. Handwerker und Unternehmer meinen mit ihren Klagen über die Bürokratie oder eine zunehmende Bürokratisierung in der Regel ein als unangemessen empfundenes Ausmaß an gesetzlichen Vorschriften und Berichtspflichten. Wer sich an den klassischen Merkmalen der »rationalen Herrschaft mit bureaucratischem Verwaltungsstab« im Sinne Max Webers orientiert, kann als Merkmale einer Bürokratisierung die negativen Auswirkungen strenger Regelbindung, von Arbeitsteilung und Betriebsblindheit und starren Hierarchien anführen.[2]

Die klassische Bürokratiekritik hat sich mit den negativen Fol-

2 Vgl. Wolfgang Seibel, »Entbürokratisierung in der Bundesrepublik Deutschland«, in: *Die Verwaltung* 19 (1986), S. 137-162.

gen einer regelgebundenen, arbeitsteilig-hierarchischen und aus geschulten Fachbeamten bestehenden Organisation weniger assoziativ, aber durchaus selektiv befasst. So ist zum Beispiel das für das Gesetzgebungsmonopol des Staates typische Phänomen der Bürokratieüberwälzung in Form von Vorschriften und Berichtspflichten zu Lasten von Bürgern und Unternehmen kaum erforscht. Selbst die immer wieder in Gang gesetzten Entbürokratisierungskampagnen hatten ihren Schwerpunkt in Rechtsbereinigungen, von denen vor allem die öffentliche Verwaltung selbst profitierte.[3]

Diese introvertierte Binnenperspektive, die sich für die negativen Bürokratieeffekte zu Lasten der Gesellschaft wenig interessiert, kennzeichnet auch die Theoriegeschichte der Bürokratiekritik. Sie hat sich auf zwei Bereiche konzentriert, auf die Auswirkungen der Bürokratie auf den Menschen in der Organisation und auf die Organisationsstrukturen selbst. Was die theoretische von der alltäglichen Auseinandersetzung mit dem Bürokratiephänomen und seinen negativen Auswirkungen unterscheidet, ist der nüchterne Blick für Dilemmata und Gegenmittel. Die bürokratische Organisation kann durchaus einen deformierenden Einfluss auf das Verhalten ihrer Angehörigen ausüben, doch bringt dies nicht notwendigerweise nur den Typus des angepassten Regelbefolgers hervor. Und zwangsläufig bringt Bürokratie auch ein erhebliches Maß an struktureller Eigenkomplexität mit sich, doch bleibt auch dies nicht ohne Korrekturen, weil die gleichen Regeln, die das Leben in der Bürokratie kompliziert machen können, die in ihr und für sie arbeitenden Menschen auch von Entscheidungsdruck entlasten. Diese differenzierte Betrachtung des Bürokratiephänomens ist daher, paradoxerweise, für die Praxis der Bürokratie und des Umgangs mit ihr aufschlussreicher als pauschale Klagen über das Unwesen des Bürokratismus. Das lässt sich auch in diesem Fall anhand der klassischen Beiträge zur Theorie der Bürokratie und der Bürokratisierung recht gut erläutern.

Max Weber stellte unsentimental fest, die Bürokratie entwickle

> ihre spezifische [...] Eigenart [...] um so vollkommener, je mehr sie sich »entmenschlicht«, je vollkommener, heißt das hier, ihr die spezifische Eigenschaft, welche ihr als Tugend nachgerühmt wird, die Ausschaltung von Liebe, Hass und allen rein persönlichen, überhaupt aller irrationalen, dem

3 Ebd.

Kalkül sich entziehenden, Empfindungselementen aus der Erledigung der Amtsgeschäfte gelingt.[4]

Dies geht zurück auf Webers berühmte Formel vom »stahlharten Gehäuse der Hörigkeit«, die er in seiner einflussreichsten Schrift, *Die protestantische Ethik und der Geist des Kapitalismus*, auf die Lebensführung im Zeichen kapitalistischen Wirtschaftens im Allgemeinen und das Berufsleben im Besonderen bezog.[5] Denn natürlich arbeiten in einer solcherart »entmenschlichten« bürokratischen Verwaltung Menschen. Aber Weber verweist auf den zentralen Widerspruch zwischen der »Unpersönlichkeit« der bürokratischen Verwaltung und der Tatsache, dass ohne die Tätigkeit realer Personen, welche diese »Bürokratie« unterhalten, Verwaltung nicht möglich und ohne Menschen, denen diese Tätigkeit zugutekommen soll, Verwaltung auch sinnlos wäre. An diesem Widerspruch haben sich klassische Beschreibungen der Pathologien der bürokratisch organisierten Verwaltung geknüpft.

In einem der meistzitierten Aufsätze zur Bürokratiekritik, »Bureaucratic Structure and Personality« von 1940, sprach Robert Merton von den »Dysfunktionen der Bürokratie«, die in negativen Auswirkungen auf die Persönlichkeit der Bürokratieangehörigen zum Ausdruck kommen. Er nannte drei Beispiele. Antrainierte Unfähigkeit (*trained incapacity)*: Handeln, das auf Ausbildung und beruflichen Fähigkeiten beruht und in der Vergangenheit erfolgreich angewendet wurde, jedoch zu veränderten Umständen nicht passt und daher zu Fehlentscheidungen führt. Ferner professionelle Deformation (*occupational psychosis/professional deformation*): Scheuklappenverhalten aufgrund täglicher Arbeitsroutinen mit der Folge eingefahrener Präferenzen, Antipathien oder Vorlieben. Schließlich Verdrängung von Zielen durch Mittel (*displacement of goals*): Die Befolgung von Regeln, ursprünglich gedacht als Mittel zum Zweck, als Selbstzweck.

Mertons Analyse ist also eine kritische Einschätzung der Spannungen zwischen bürokratischer Organisation und der Persönlichkeit, die den »deformierenden« Einfluss der Organisation auf die Verwaltungsangehörigen selbst hervorhebt. Er verweist ferner dar-

4 Weber, *Wirtschaft und Gesellschaft*, S. 562 f.

5 Max Weber, *Die protestantische Ethik und der Geist des Kapitalismus* [1904/1905]. Vollständige Ausgabe, herausgegeben und eingeleitet von Dirk Kaesler, München ²2006, S. 201.

auf, wie diese Seite der Unpersönlichkeit der Bürokratie angemessene, situationsspezifische Problemlösungen verhindert und damit gerade die von Weber so hervorgehobene Effektivität der bürokratischen Organisation in Frage stellen kann.

Nun mag man sich vorstellen, dass die Verwaltungsangehörigen ihrerseits klug und flexibel genug sind, mit der Spannungslage zwischen Organisation und Person umzugehen. Dies will auch Merton nicht ausschließen, er macht aber deutlich, dass die Bürokratie selbst wiederum Anreize hervorbringt, die solche Ausgleichsleistungen von Verwaltungsangehörigen eher erschweren. Er spricht in diesem Zusammenhang von »primären« und »sekundären« sozialen Beziehungen, und die Bürokratie, so Merton, repräsentiere eine »sekundäre« Beziehung, der, wenn die ganze Organisation überhaupt einen Sinn haben soll, die »primäre« soziale Beziehung unter den Menschen in der bürokratischen Organisation untergeordnet ist. Im Zweifelsfall – also etwa im Fall eines Konflikts zwischen bürokratischen Regeln und angemessener Lösung eines Einzelfalles – behalte also die Bürokratie immer Vorrang gegenüber jenen »primären« sozialen Beziehungen, die vielleicht eine von den Regeln abweichende Lösung erfordert hätten.

Merton verweist noch auf ein weiteres, im persönlichen Umgang mit Verwaltungen durchaus nicht unbekanntes Phänomen, das einer Abweichung von bürokratischem Schematismus durch die Verwaltungsangehörigen entgegenstehen kann. Es betrifft den psychologischen Gewinn, den gerade weniger einflussreiche Verwaltungsangehörige aus dem Pochen auf Regeln ziehen können. Das Phänomen bürokratischer Überkonformität könne in Form der Wichtigtuerei (*domineering attitude*) gegenüber den Klienten auftreten. Tatsächlich gibt es Verwaltungsangehörige, die so tun, als seien sie die Behörde selbst. Beschwerden, so Merton, würden in solchen Fällen oft nichts nutzen, weil Verwaltungsangehörige, auch Vorgesetzte und Untergebene, einen Korpsgeist entwickelten, der bei der Abwehr von Beschwerden zu falschverstandener Solidarität mit der eigenen Berufsgruppe beitrage. Mit anderen Worten: Die Bürokratie bringt nicht allein jene »Deformationen« hervor, die das Handeln ihrer Angehörigen unflexibel und nicht selten kontraproduktiv machen, sondern auch die psychologischen Abwehrmechanismen, die ein ausgleichendes Gegensteuern erschweren. Man sollte allerdings anfügen, dass Ausmaß und Wirkungsweise der von Merton beschriebenen Selbstimmunisierung der Bürokratie gegen solche Milderungen ihrer eigenen negativen Eigenschaften entscheidend vom Verhalten und vom Führungsstil des leitenden Verwaltungspersonals abhängen.

Dass ein ausgleichendes Führungsverhalten in der bürokratischen Organisation nicht auf günstige Voraussetzungen trifft, hat der deutsch-amerikanische Verwaltungswissenschaftler Fritz Morstein Marx beschrieben mit dem Hinweis, dass die bürokratische Organisationsform bei den Verwaltungsangehörigen nicht allein mangelnde mentale Flexibilität hervorbringt, sondern auch eine Schwächung des Sinns für individuelle Verantwortung.[6] In Kapitel 4 wurde das Problem der Verantwortung in der Verwaltungspraxis unter Hinweis auf die Diskussion zwischen Herman Finer und Carl J. Friedrich aus den frühen 1940er Jahren behandelt. Friedrich betonte, dass auch in einer rechtsstaatlichen Verwaltung, die als solche zwangsläufig eine regelgeleitete Verwaltung mit hoher Bindungswirkung für das individuelle Handeln ist, Handlungsspielräume verblieben, welche die Notwendigkeit einer besonderen Verantwortungsethik von Verwaltungsangehörigen sinnfällig machten. Finer dagegen kritisierte diese Auffassung als dem demokratischen Verfassungsstaat nicht angemessen und in gewisser Weise sogar elitär, weil die Stärke des Verfassungsstaates gerade in der personenunabhängigen Ausbildung institutioneller Formen der Verantwortungssicherung liege.

Anderthalb Jahrzehnte nach der Friedrich-Finer-Debatte, als Morstein Marx seine Abhandlung über die negativen Auswirkungen der Bürokratie auf das Verantwortungsbewusstsein ihrer Angehörigen verfasste, hatte die Nazi-Diktatur mit ihren zahllosen Verwaltungsverbrechen beiden recht gegeben, Friedrich ebenso wie Finer. Nur der demokratische Verfassungsstaat bringt jene institutionellen Verantwortungssicherungen hervor, auf die Finer sich bezogen hatte, aber selbst in der Diktatur gibt es Handlungsspielräume für Menschlichkeit, die, ganz im Sinne von Friedrich, von verantwortungsbewussten Verwaltungsangehörigen genutzt werden können und vereinzelt auch genutzt wurden. Dass die bürokratische Organisation solche Impulse des Verantwortungsbewusstseins und der

6 Fritz Morstein Marx, *The Administrative State. An Introduction to Bureaucracy*, Chicago 1957, S. 25-39.

Menschlichkeit neutralisiert oder sogar abtötet, ist immer wieder behauptet worden.[7] Darin liegt jedoch lediglich ein Risikoverweis und keineswegs eine Form von Verantwortungsentlastung.

Ähnlich wie Merton macht Morstein Marx noch auf einen weiteren psychologischen Mechanismus aufmerksam, der das Verantwortungsbewusstsein der Verwaltungsangehörigen in der bürokratischen Organisation schwächt. Dabei geht es nicht notwendigerweise um schwerwiegende Fälle wie die Abwendung von Rechtsverletzungen oder regelrechter Verwaltungsdesaster, sondern um das psychologische Generalklima, in dem solche Fehlleistungen möglich werden. Interessant ist auch hier, dass eine Organisation, die *per definitionem* dem Gemeinwohl dient, ebendiese Gemeinwohlorientierung unter ihren Angehörigen eher untergraben als stärken kann. Die bürokratische Verwaltungsorganisation – insbesondere die feste, lebenslange Anstellung und die Trennung des Verwaltungsangehörigen von den Betriebsmitteln, die er oder sie selbst nicht besitzt – kann, so Morstein Marx, Ignoranz gegenüber dem öffentlichen Interesse erzeugen. So könne das Prinzip der Neutralität und des Handelns »ohne Ansehen der Person« von den Verwaltungsangehörigen missverstanden werden als Gleichgültigkeit gegenüber dem eigentlichen Sinn ihrer öffentlichen Aufgabe.

Aber es gibt natürlich durchaus jene Verwaltungsangehörigen, die sich dem psychologischen Anpassungsdruck der bürokratischen Organisation entziehen, und zwar unabhängig davon, ob dies bewusst oder unbewusst geschieht oder ob es durch Charaktereigenschaften oder äußere Umstände begünstigt wird. Die Charakterisierung der Schattenseiten der Bürokratie durch Merton und Morstein Marx ist ohnehin als Risikobeschreibung zu verstehen, nicht als Tendenzaussage. Ob es tatsächlich den Typus des »Bürokraten« gibt, bleibt eine empirische Frage, und das Bestreben, nach Möglichkeit nicht zu einem solchen zu werden, für die Verwaltungsangehörigen eine praktische Herausforderung. In Kapitel 8 (über die Phänomene externer und interner Politisierung der Verwaltung) war ausgerechnet im Zusammenhang mit Michel Croziers Buch *Das bürokratische Phänomen* (1963) die Rede von alles andere als initiativlosen und unflexiblen Verwaltungsangehö-

7 Hans Günther Adler, *Der verwaltete Mensch. Studien zur Deportation der Juden aus Deutschland*, Tübingen 1974; Adams/Balfour, *Unmasking Administrative Evil*; Zygmunt Bauman, *Modernity and the Holocaust*, Ithaca (NY) 1989.

rigen. Crozier dachte an jene Verwaltungseliten, die als Manager des Wandels den bürokratischen Teufelskreis aus Regeln, gegenseitiger Abschottung von Fachabteilungen und Sklerotisierung der gesamten Organisation durchbrechen.[8] Auch wenn dieses Bild »autoritärer Reformgestalter« eher auf die französische Situation mit der gezielten Ausbildung von Verwaltungseliten an eigens dafür eingerichteten Hochschulen (insbesondere die *École nationale d'administration*, ENA) abstellt, so liegt doch generell zwischen den Extremen des initiativlosen Bürokraten und des aktiven Verwaltungsreformers ein Spektrum möglicher Verhaltensmuster, das als solches weder bei Crozier noch bei Merton oder Morstein Marx Berücksichtigung fand.

Diese Lücke füllte Anthony Downs mit seinem Buch über das Innenleben der Bürokratie *(Inside Bureaucracy*, 1967). Downs Verhaltenstypologie leitender Verwaltungsangehöriger unterscheidet sich sowohl von Max Webers Ideal des unpolitischen Fachmanns als auch von William Niskanens Rollenmodell eines unter allen Umständen budgetmaximierenden Bürokraten (s. Kapitel 6) oder Croziers Ideal des »autoritären Reformers«. Downs' Unterscheidungsmaßstab für unterschiedliche Verhaltensstile ist die Motivationsquelle leitender Verwaltungsangehöriger. Er präsentiert eine Skala, die mit zwei Grundvarianten arbeitet, nämlich *climbers*, also wörtlich »Kletterer«, und *conservers*, also »Bewahrer«. Außerdem gebe es *mixed motivated officals*: Beamte, deren Motivation sich sowohl aus egoistischen als auch aus altruistischen Komponenten zusammensetzt, die sowohl für die »Kletterer« als auch für die »Bewahrer« gelten, dies allerdings in unterschiedlicher Gewichtung. Als Typen von Beamten mit solch gemischten Motivlagen macht Downs *Advocats*, was man mit Sachwalter übersetzen kann, *Zealots*, also Eiferer, und *Statesmen* aus (womit nicht der Staatsmann im konventionellen Sinne, also in der Regel ein Berufspolitiker, gemeint ist, sondern der staatsmännische Typus unter den leitenden Bürokraten).

Der *Climber* ist ein Karrierist. Für ihn oder sie sind Macht, Einkommen und Prestige die stärksten Motivationsquellen bei der

8 Crozier, »Der bürokratische Circulus Vitiosus«. Das – einseitige – reform- und wandelbezogene Bild von »Leadership« in der Verwaltung kennzeichnet auch die jüngere einschlägige verwaltungswissenschaftliche Literatur, etwa Paul 't Hart, *Understanding Public Leadership*, London, New York 2014.

Ausübung der jeweiligen Tätigkeit. Der *Conserver* ist dagegen der Typ des risikoscheuen, auf Sicherheit des Jobs und die Gleichmäßigkeit der Beschäftigungssituation orientierten Verwaltungsangehörigen. Er oder sie ist, ähnlich wie der *Climber*, durchaus auch an Macht, Einkommen und Prestige interessiert, jedoch eher auf defensive Weise.

Der »Sachwalter« versteht unter dem öffentlichen Interesse die loyale Erfüllung seiner Fachaufgabe, deren energischer Verfechter er oder sie ist, erkennt aber konkurrierende Sichtweisen und das energische Verfechten anderer Fachaufgaben an. Das unterscheidet ihn vom »Eiferer«, der das öffentliche Interesse mit einem bestimmten Projekt oder einer bestimmten Auffassung seiner Fachaufgabe identifiziert und intolerant gegenüber alternativen Sichtweisen ist. Als »Staatsmann« schließlich bezeichnet Downs den öffentlichen Akteur, der ausschließlich am Gemeinwohl interessiert ist, darüber aber unter Umständen auch das energische Eintreten für die – zwangsläufig begrenzten – Interessen seiner Fachaufgabe oder seines Ressorts vernachlässigt. Wenn dieser Typus des staatsmännischen Beamten durch den Zwang der Umstände veranlasst wird, sein Verhalten anzupassen, wird er am ehesten zum Verhaltensstil des *Advocat* neigen. In Bezug auf *Statesmen* oder *Advocats* kommt Downs übrigens zu einem ähnlichen Schluss wie Niskanen: »Es ist unser ironischer Schluss, dass Bürokratien wenig Verwendung haben für Beamte, die tatsächlich dem Gemeinwohl verpflichtet sind.«[9]

9 Downs, *Inside Bureaucracy*, S. 111 [Übersetzung W. S.].

10. Komplexität und Pragmatismus in der Verwaltung

Wie jede formale Organisation hat auch die öffentliche Verwaltung ein weiteres Paradox zu bewältigen: Sie ist einerseits zweckrationales Werkzeug, das Menschen in die Lage versetzt, gemeinsam mit anderen auf koordinierte und stetige Weise Zwecke zu verfolgen und zu realisieren, die der Mensch allein oder in kleinen Gruppen wegen offensichtlicher Aussichtslosigkeit erst gar nicht anstreben würde. Andererseits handelt es sich um ein Werkzeug von einem Umfang und einer Komplexität, die für diejenigen, die es benutzen wollen, kaum zu kontrollieren sind. Verwaltungen institutionalisieren sich, sie entwickeln ein Eigenleben und werden, wie es in Kapitel 6 geschildert wurde, zur Arena für Handlungsoptionen und quasi-politische Strategien, die mit dem eigentlichen Zweck der jeweiligen Behörde oder Verwaltungseinheit nichts zu tun haben müssen. Und niemand kann behaupten, alle Untereinheiten und Verästelungen eines größeren Verwaltungsapparates so zu kennen, dass man »alles im Griff hat« und vor bösen Überraschungen sicher ist. Für das Führungspersonal der öffentlichen Verwaltung bleibt es eine ständige Herausforderung, rechtzeitig diejenigen Problemzonen zu erkennen, die eine nähere Befassung mit den komplexen Einzelheiten eines Sachverhalts und der dafür relevanten Strukturen und Prozesse der eigenen Verwaltung erfordern.[1]

Unbestreitbar ist aber nicht allein die Existenz des Organisationsparadoxons für die öffentliche Verwaltung, sondern auch deren erfolgreicher Umgang damit – schließlich scheitert die Verwaltung nicht täglich an ihrer eigenen Komplexität. Auch das ist erklärungsbedürftig, und um solche Erklärungen hat sich die Organisationsforschung mit einigem Erfolg bemüht. Es gibt Erklärungen, die sich eher auf die Struktureigenschaften komplexer Organisationen, und solche, die sich eher auf das tatsächliche Entscheidungsverhalten von Individuen in Organisationen beziehen. Gemeinsam ist ihnen, dass sie nicht nur das Komplexitätsproblem und dessen Bewältigung in der öffentlichen Verwaltung besser verständlich

1 Vgl. ’t Hart, *Understanding Public Leadership*, insbes. S. 29-32.

machen, sondern auch die mit solchen Bewältigungsmustern wiederum verbundenen Risiken verdeutlichen.

Feste und lose Kopplung

Charles Perrow ist derjenige Organisationstheoretiker, der die strukturelle Seite des Komplexitätsproblems besonders gründlich untersucht hat. In seinem 1968 erschienenen Buch *Complex Organizations* argumentierte er,[2] dass das Wesentliche an der strukturellen Komplexität von Organisationen nicht die Anzahl von Organisationsuntereinheiten und die Natur ihrer Beziehungen untereinander ist, sondern die relative Enge wechselseitiger Bindung, die »Kopplung«. Die Interaktion zwischen Organisationseinheiten könne linear oder komplex sein. Ein Beispiel für lineare Interaktion ist etwa die Abstimmung zwischen zwei Gleisstellwerken der Eisenbahn, die gewährleistet, dass nicht zwei Züge in entgegengesetzter Richtung auf demselben Gleis fahren, oder die Absprache von Terminen zwischen Behörden für eine Ortsbegehung in einem Planfeststellungsverfahren. Ein Beispiel für komplexe Interaktion ist dagegen die Verständigung zwischen einem kommunalen Ordnungsamt und dem zuständigen Gesundheitsamt über das Vorliegen oder Nicht-Vorliegen einer Selbst- oder Fremdgefährdung aufgrund psychischer Erkrankung eines Menschen und die daran gegebenenfalls zu knüpfende Rechtsfolge der zwangsweisen Unterbringung in einem psychiatrischen Krankenhaus. Ob eine komplexe Interaktion für die Organisation und deren Steuerung problematisch wird, hänge, so Perrow, entscheidend davon ab, wie viel Redundanz und Anpassungsspielräume für die Korrektur von Fehlkoordinationen bleiben. Sind diese Spielräume groß, könne man von loser Kopplung sprechen, sind sie gering oder gar nicht vorhanden, von fester Kopplung. Organisationen mit fest gekoppelten Untereinheiten und komplexer Interaktion zwischen diesen Einheiten seien, so Perrow, wesentlich störanfälliger als Organisationen mit komplexen Interaktionen bei loser Kopplung. Beim Zusammentreffen von fester Kopplung und komplexer Interaktion seien Fehler in einer Untereinheit nicht nur schwer zu erkennen und zu korrigieren, sie

2 Charles Perrow, *Complex Organizations. A Critical Essay*, New York ³1986, S. 146-154.

müssten aufgrund der festen Kopplung auch notwendigerweise auf andere Untereinheiten der Organisation »durchschlagen«.

Alle formalen Organisationen entwickeln Reaktionsmuster im Umgang mit den von Perrow auf exemplarische Weise charakterisierten Kombinationen von linearer und komplexer Interaktion beziehungsweise fester und loser Kopplung. Fest gekoppelte Organisationssysteme werden am besten hierarchisch gesteuert, Beispiel sind die Eisenbahn oder der Katastrophenschutz. Bei der Koordination von in alle Himmelsrichtungen fahrenden Zügen möchten wir uns ungern auf dezentrale Abstimmung oder Aushandlungsprozesse zwischen Lokführern verlassen. Umgekehrt kann die sorgfältige medizinische Prüfung einer schutzbedürftigen Person und die Abstimmung möglicher Unterbringungsmaßnahmen nur im Beratungsprozess zwischen Gesundheitsamt und Ordnungsbehörde erfolgen, nicht etwa durch hierarchische Weisung der Polizei oder des Innenministers. Hier muss Koordination also auf dezentraler Ebene erfolgen.

Kritische Fälle treten ein, wenn die Komplexität der Interaktion zwischen Untereinheiten einer Organisation Dezentralisierung, die feste Kopplung unter ihnen dagegen Zentralisierung erfordert; Organisationen mit diesen Merkmalen sind besonders störanfällig. Als Beispiel für Störanfälligkeit durch komplexe Interaktion und feste Kopplung in der deutschen Verwaltung ist in der Literatur die Verflechtungswirkung der föderativen Finanzverfassung und der hohe Abstimmungsbedarf der Bundesländer untereinander sowie zwischen diesen und dem Bund angeführt worden.[3] Hier sind die verteilungsbezogenen Interaktionen zwischen den Gebietskörperschaften offensichtlich komplex, ihre Steuerung – also etwa eine Veränderung von Verteilungsschlüsseln im Finanzausgleich – folglich von langwierigen Verhandlungen und Abstimmungsprozessen geprägt. Andererseits sind die Verflechtungen so eng – die Kopplung also derart fest –, dass Fehlentwicklungen, etwa Benachteiligungen von Gebietskörperschaften im Finanzausgleich, das gesamte System betreffen und auch nur im Gesamtsystem korrigiert werden können. Hier müsste also eigentlich ein hierarchischer Eingriff erfolgen, der im föderativen System der Bundesrepublik

3 Gerhard Lehmbruch, *Parteienwettbewerb im Bundesstaat. Regelsysteme und Spannungslagen im politischen System der Bundesrepublik Deutschland*, Wiesbaden [3]2000, S. 186-199.

im Normalfall aber nicht zur Verfügung steht. Bezeichnenderweise gibt es aber eine verfassungskonforme Lösung für den Notfall, die ein funktionales Äquivalent des eigentlich fehlenden hierarchischen Eingriffs bereitstellt: Dies ist die Rechtsprechung des Bundesverfassungsgerichts, die allein zu einer Durchbrechung der ansonsten unvermeidlichen Entscheidungsblockade eines gleichermaßen auf komplexer Interaktion wie fester Kopplung beruhenden Systems führen kann.

Im Prinzip können Verwaltungsorganisationen also gewissermaßen Reparaturmechanismen entwickeln, um die negativen Folgen ihrer Binnenkomplexität unter Kontrolle zu halten. Tatsächlich sind solche Reparaturmechanismen gar nicht so selten, gerade der föderative Verwaltungsaufbau in Deutschland hat sie immer wieder hervorgebracht. Organisation und Kooperation der Polizeien des Bundes und der Länder bieten ein weiteres Beispiel hierfür. Auch hier können Stresssituationen auftreten, welche die grundsätzlich dezentrale Organisationsstruktur der Polizei dysfunktional werden lassen, etwa bundesländerübergreifende schwere Kriminalität. Für diese Fälle ermöglicht es § 4 des Bundeskriminalamt-Gesetzes (BKAG), die Ermittlungskompetenz auf das Bundeskriminalamt, also die zentrale Ebene im föderativen Polizeiaufbau, zu übertragen. Der Nachteil solcher Reparaturmechanismen ist, dass sie systemfremd bleiben und daher ihre Nutzung mitunter nicht rechtzeitig oder nur halbherzig erfolgt.[4]

Begrenzt rationales Entscheiden

Eine wesentlich radikalere und zugleich optimistischere Betrachtung des Komplexitätsproblems in der Verwaltung ist mit der Organisationstheorie von Herbert A. Simon verbunden. Simon begann seine Arbeiten an einer grundlegenden Neuorientierung der

4 Ein Beispiel hierfür ist der Verzicht auf die Inanspruchnahme von § 4 Bundeskriminalamt-Gesetz im Zuge der Fahndung nach den später so bezeichneten NSU-Mördern aufgrund der Tatsache, dass man sich im Bundesinnenministerium scheute, vom »scharfen« Instrument einer Übertragung der Übermittlungsführung auf das Bundeskriminalamt auch gegen den Willen einiger Länderpolizeien Gebrauch zu machen. Vgl. dazu Seibel, »Kausale Mechanismen des Behördenversagens«.

Organisationstheorie unter dem Einfluss der in den 1930er Jahren aufkommenden Kritik an den allzu schematischen Konzepten einer rationalen Organisation, für die in der Verwaltungswissenschaft die Beiträge von Luther Gulick oder Henri Fayol standen (siehe Kapitel 2). Seine einfache Gegenthese lautete, dass es vollständige Rationalität in Organisationen weder in struktureller Hinsicht noch auf der Ebene des individuellen Entscheidens geben könne; ein solches Streben nach Rationalität gehe am eigentlichen Charakter und auch an der eigentlichen Leistung einer Organisation vorbei.[5] Nach Simons Auffassung ist also das Komplexitätsproblem in abstrakter Form eher ein Scheinproblem, während die eigentlich interessanten Fragen sich auf die tatsächlichen Mechanismen der Komplexitätsreduktion konzentrieren sollten.[6]

Wenn man nämlich das tatsächliche Entscheidungsverhalten von Menschen in Organisationen zum Ausgangspunkt nehme, so Simon, müsse man zur Kenntnis nehmen, dass jede Art menschlichen Verhaltens, also auch jede Art von Entscheidungsverhalten, auf der bewussten oder unbewussten Auswahl bestimmter Handlungen unter allen theoretisch denkbaren Handlungsoptionen beruhe. Ohne solche Mechanismen zur drastischen Reduktion der in Frage kommenden Entscheidungen sei menschliches Entscheiden gar nicht denkbar. In Kapitel 1 wurde bereits erläutert, dass sich ein ganz ähnlicher Gedanke in der anthropologischen Institutionentheorie findet, nämlich bei Arnold Gehlen, der den grundlegenden Mechanismus der »Entlastung« betonte, der mit Institutionenbildungen einhergehe. So auch Simon: Organisationen stünden der Komplexitätsentlastung nicht nur nicht entgegen, sie würden, ganz im Gegenteil, sogar den eigentlichen Beitrag zur Sicherstellung der Entscheidungsfähigkeit von Individuen durch Komplexitätsreduktion leisten.

Die Organisation selbst liefert nach Simon die Kernelemente eines komplexitätsreduzierenden Selektionsprozesses in Form eines sehr begrenzten Spektrums akzeptabler Sach- und Werturteile. Das gelte selbst für banale Verwaltungsaufgaben wie zum Beispiel den Bau einer Straße. Hier gehe es nicht nur um Sachurteile über die Eignung bestimmter Straßenbautechniken, Straßenbeläge etc., sondern auch um Werturteile, etwa über die Wichtigkeit von Ver-

5 Simon, *Administrative Behavior.*

6 Herbert A. Simon, »The Architecture of Complexity«, in: *Proceedings of the American Philosophical Society* 106 (1962), S. 467-482.

kehrssicherheit im Vergleich zur Schnelligkeit des Transports oder des Landschaftsschutzes (soll man zum Beispiel ganze Alleen abholzen, um Landstraßen verkehrssicher zu machen?).

In jedem Fall, so Simon, müssten Werturteile und Sachurteile aufeinander abgestimmt werden. Die Funktion einer Organisation bestehe darin, diese Koordinationsaufgabe gewissermaßen automatisch zu übernehmen, die Individuen in der Organisation also davon zu entlasten. Tatsächlich denkt der Tiefbauingenieur eines staatlichen Bauamts über den Zusammenhang von Werturteilen und Sachurteilen in der Regel nicht mehr nach. Nicht nur über das »Ob« und »Warum« eines Straßenbaus muss er nicht entscheiden, auch die üblicherweise verwendete Straßenbautechnik ist normalerweise durch verabredete oder gesetzlich vorgeschriebene Standards vorgegeben. Die Komplexitätsreduktion und damit die Entlastungswirkung zugunsten des individuellen Entscheiders erfolgt zwar durchaus auch durch Vorgaben, die der Entscheider aufgrund von Hierarchie und drohenden Sanktionen bei Zuwiderhandeln zu befolgen beziehungsweise zu befürchten hat. Im Wesentlichen aber erfolgt sie durch sachbezogene Vor-Entscheidungen, nämlich die Festlegung üblicher Verfahrensweisen für die Erledigung bestimmter Aufgaben.

Daraus folgt: Organisationen *be*lasten individuelle Entscheidungsträger nicht nur mit Entscheidungsdruck, sie *ent*lasten sie vor allem von Entscheidungskomplexität. »Eine Funktion, welche die Organisation erfüllt«, schreibt Simon, »ist es, die Organisationsmitglieder in eine psychologische Umwelt zu versetzen, die ihre Entscheidungen an die Ziele der Organisation anpasst und sie mit den Informationen versorgt, die erforderlich sind, damit die Entscheidung korrekt ist.«[7] Erstaunlicherweise finden wir einen ganz ähnlichen Gedanken bei Robert Merton (*Bureaucratic Stucture and Personality*, siehe Kapitel 9), denn auch dieser hebt den Anpassungsdruck der (bürokratischen) Organisation auf die Persönlichkeit hervor. Im Unterschied zu Merton, der die psychologisch deformierenden Wirkungen dieses Anpassungsdrucks betont, verweist Simon jedoch auf dessen positive Seiten: Die Organisation macht das Leben für das unter Entscheidungsdruck stehende Individuum leichter.

7 Simon, *Administrative Behavior*, S. 79 [Übersetzung W. S.].

Simon vermittelt damit auch einen nüchternen – oder ernüchternden – Blick auf die tatsächliche Entscheidungspraxis in formalen Organisationen. Er betont, dass die Vorstellung vollständig rationaler Entscheidungen nicht nur illusorisch, sondern der Versuch zur Verwirklichung solcher Vorstellungen im Alltag der Organisation sogar problematisch wäre, eine Erfahrung, die jeder erfahrene Verwaltungspraktiker bestätigen wird. Mit der Suche nach einer vollständig rationalen Entscheidung (der »Hundertprozentlösung«) ginge so viel Zeit verloren, dass aus Entscheidungssuche faktisch Entscheidungsunfähigkeit würde. Mut zu brauchbaren anstelle von perfekten Lösungen gehört ebenso zur guten Verwaltungspraxis wie ausreichende Fachkenntnisse, die genaue Erhebung entscheidungsrelevanter Sachverhalte und hinreichende Kenntnis der Rechtslage. Der Sinn *jeder* Organisation, so Simon, liegt darin, Menschen gerade unter den Bedingungen begrenzter Rationalität (*bounded rationality*) entscheidungsfähig zu halten.

Herbert Simon ist also, in Kapitel 1 war davon bereits die Rede, Vertreter eines ausgeprägten Pragmatismus, soweit es um normative Überlegungen zur Verwaltungspraxis geht. Ein direkter Verweis auf John Dewey, den Hauptvertreter des philosophischen Pragmatismus, der sich in Simons Erstlingswerk und Klassiker *Administrative Behavior* (1947) findet, unterstreicht dies.[8]

Der positive Bezug auf eine Logik der Angemessenheit – im Unterschied zu einer Logik der Konsequenz, die aus objektiven Rationalitätskriterien folgt – durchzieht auch die späteren Arbeiten nicht nur von Herbert Simon, sondern auch die seines langjährigen wissenschaftlichen Weggefährten James G. March und wiederum auch die von dessen Partner Johan P. Olsen.[9] Brauchbare anstelle perfekter Entscheidungen sind solche, die unter den Umständen, wie die Organisation sie vorgibt, als angemessen gelten. Dass darin auch das Risiko des Opportunismus und des ethischen Relativismus liegt, ist offensichtlich. Das, was Guy Adams und Danny Balfour oder Zygmunt Baumann als »Maskierung des Bösen« durch die Verwaltung beschrieben haben, findet in den Kategorien einer Logik der Angemessenheit keine Referenz. Simons Denken klammert nicht nur Fragen substanzieller – also zum Beispiel auch ethischer – Rationalität ausdrücklich aus, sondern auch die von

8 Simon, *Administrative Behavior*, S. 93.

9 Vgl. insbesondere March/Olsen, *Rediscovering Institutions*.

Carl J. Friedrich hervorgehobene Notwendigkeit eines Sinns für die persönliche Verantwortung, den jeder Verwaltungsangehörige entwickeln und bewahren sollte (siehe Kapitel 4).

Das ändert nichts daran, dass Simons Charakterisierungen der Komplexitätsreduktion und des pragmatischen Entscheidens in Organisationen in deskriptiv-analytischer Hinsicht wesentlich praxisnäher sind als alle normativen Konzepte, die ihre Grundlage in ebenjener substanziellen Rationalität suchen, die vom organisationstheoretischen Pragmatismus, für den Simon exemplarisch steht, verworfen wurde.

Unobtrusive Control und Durchwursteln

Insofern hat gerade die Theorie Simons die Grundlagen geschaffen für ein besseres Verständnis der tatsächlichen Abweichungen von substanziell-rationalen Normen. Dies hat wiederum Charles Perrow unterstrichen, der als bedeutendste »Entdeckung« von March und Simon deren Verweis auf die weitgehend unaufwendige und reibungslose Kontrolle individuellen Verhaltens durch Organisationsstrukturen wertet.[10] Es gebe schließlich, so Perrow, zwei Grundtypen der Verhaltenssteuerung in formalen Organisationen, nämlich erstens die direkt hierarchische und zweitens die »bürokratische Steuerung« über Spezialisierung, Standardisierung und Verfahrensregeln. March und Simon aber hätten auf eine dritte, am wenigsten sichtbare, dadurch aber wirksamste Form der Verhaltenssteuerung aufmerksam gemacht, die er *fully unobtrusive control* nennt: die Steuerung kognitiver Prämissen durch Organisationsstrukturen. Direkte Anordnungen oder auch bürokratische Regeln seien mehr oder weniger eingreifende Formen der Verhaltenssteuerung, die dadurch auch immer mit latenten oder manifesten Akzeptanzproblemen verbunden seien. Die strukturelle Vorprägung kognitiver Prämissen hingegen erfolge unbewusst und daher ohne Akzeptanzprobleme.

In einem ganz ähnlichen Sinne hat Charles B. Lindblom (*The Science of »Muddling Through«*, 1959) ausdrücklich auf die Tugenden des »Durchwurstelns« verwiesen, eines Entscheidungsstils,

10 Perrow, *Complex Organizations*, S. 128-131.

der, so Lindblom, der Logik demokratischer Kompromissbildung entspreche. Auch Lindblom plädierte also für eine Logik der Angemessenheit. Er kontrastierte seinerseits zwei grundlegende Entscheidungsstile, in diesem Fall bezogen auf die Politikentwicklung im engeren Sinne, an der freilich die Ministerialverwaltungen regelmäßig beteiligt sind. Den einen bezeichnete er als »rational umfassende Methode« (*rational comprehensive method*), den anderen als »wiederholende begrenzte Vergleichsmethode« (*successive limited comparison method*). Das entspricht in etwa Simons Unterscheidung zwischen vollständiger und begrenzter Rationalität des Entscheidens in Organisationen.[11]

Lindblom führt aus, dass die rational umfassende Methode der politischen Entscheidungsfindung auf der Klärung und Operationalisierung von Werten und Zielen sowie der klaren Unterscheidung von Zwecken und Mitteln beruhe und einem Gütetest unterliege, der die Eignung der gewählten Mittel für die Verfolgung des spezifischen politischen Zwecks überprüft. Die wiederholende begrenzte Vergleichsmethode dagegen beruhe auf einem beständigen gegenseitigen Abgleich von Werten und Zielen, einer kontinuierlichen Anpassung von Zielen und Mitteln an das tatsächlich Machbare. Der Gütetest der Entscheidung bestehe bei dieser Methode allein in der Konsensfindung unter den Beteiligten.[12]

So wie Simon das Kriterium von Brauchbarkeit und situativer Angemessenheit führte Lindblom also das Kriterium der politischen Machbarkeit gegen das Ideal substanzieller Rationalität der Entscheidungsfindung ins Feld. Die Ambivalenz dieses Pragmatismus als Technik der Komplexitätsreduktion ist auch hier offensichtlich. Sie betrifft nicht allein die ethische Dimension des Verwaltungshandelns, sondern überhaupt die Frage nach den Angemessenheitskriterien eines »brauchbaren« anstelle eines vollständig rationalen Entscheidens. Neben substanziellen ethischen Kriterien gibt es schließlich auch substanzielle fachliche Kriterien, denen Verwaltungsentscheidungen gerecht werden müssen. Wie sicher eine öffentliche Straße, wie ausgeprägt die Qualität wissenschaftlicher Forschung an öffentlichen Universitäten ist oder welche Ge-

11 Charles E. Lindblom, »The Science of ›Muddling Through‹« [1959], in: Jay M. Shafritz, Albert C. Hyde (Hg.), *Classics of Public Administration*, Pacific Grove (Cal.) ^{3}1992, S. 224-235.

12 Ebd., S. 226.

räteausstattung ein kommunales Krankenhaus nach dem Stand der medizinischen Forschung benötigt, ist von verantwortlichen Verwaltungsangehörigen nach Kriterien zu prüfen, die objektiver fachlicher Natur sind und daher einer Logik der Angemessenheit im Sinne unbewusster Prämissensteuerung nicht zugänglich gemacht werden dürfen. Es sollte zum Beispiel keinen parlamentarischen Mehrheitsentscheid darüber geben, was eine angemessene Operationsmethode in einem städtischen Krankenhaus oder was ein sicherer Straßenbelag ist und was nicht. Darin liegt die Begrenzung auch des deskriptiv-analytischen Realismus und Pragmatismus, wie er uns bei Herbert Simon oder Charles Lindblom begegnet. Die eigentliche Herausforderung für das Verwaltungspersonal liegt in der Unterscheidung zwischen Situationen und Sachverhalten, die pragmatisches Entscheiden nach Brauchbarkeitskriterien und »Durchwursteln« erlauben, und den besonderen Entscheidungsgegenständen und Sachverhalten, die höchstmögliche Genauigkeit der Tatsachenerhebung, strikte Beachtung von Verfahrensregeln und kompromisslose Professionalität erfordern.

11. Alternativen zur Bürokratie? Jüngere Diskussionen in der Verwaltungswissenschaft

Die Verwaltungswissenschaft, namentlich in Deutschland, hat sich in den zurückliegenden Jahrzehnten, von der Lehrbuchliteratur abgesehen,[1] eher mit den untypischen Erscheinungsformen der Verwaltung befasst. Die führenden Fachvertreter leisteten grundlegende Beiträge zum Verständnis der nicht-hierarchischen, kooperativen Handlungsformen der Verwaltung,[2] zur *Governance*-Forschung[3] und insbesondere zur Veränderung der Verwaltung im »Mehrebenensystem« der Europäischen Union.[4] Diese Schwerpunktsetzung und insbesondere die fehlende Verbindung mit den klassischen Problemfeldern der öffentlichen Verwaltung hat durchaus Skepsis hervorgerufen.[5] Immerhin haben wir es in jenem Alltag, von dem Max Weber in seiner Herrschaftstypenlehre sprach, mit der ganz normalen nationalen Verwaltung und ihren hierarchischen und rechtsförmigen Steuerungsformen zu tun.

Dennoch, das haben die vorangehenden Kapitel deutlich ge-

1 Insbesondere Jörg Bogumil, Werner Jann, *Verwaltung und Verwaltungswissenschaft in Deutschland. Einführung in die Verwaltungswissenschaft*, Wiesbaden 2008.

2 Benz, *Kooperative Verwaltung*; Nico Dose, »Kooperative Verwaltung – Ausdruck einer demokratisierten öffentlichen Verwaltung?«, in: Edwin Czerwick u. a. (Hg.), *Die öffentliche Verwaltung in der Demokratie der Bundesrepublik Deutschland*, Wiesbaden 2009, S. 177-199.

3 Arthur Benz, Nico Dose, *Governance. Regieren in komplexen Regelsystemen*, Stuttgart 2010; Jörg Bogumil, Werner Jann, Frank Nullmeier (Hg.), *Politik und Verwaltung* (= *Politische Vierteljahresschrift*, Sonderheft 37), Wiesbaden 2006; Gunnar Folke Schuppert (Hg.), *Governance-Forschung. Vergewisserung über Stand und Entwicklungslinien*, Baden-Baden 2005; Gunnar Folke Schuppert, Michael Zürn (Hg.), *Governance in einer sich wandelnden Welt* (= *Politische Vierteljahresschrift*, Sonderheft 41 [2008]).

4 Michael W. Bauer, Jarle Trondal (Hg.), *The Palgrave Handbook of the European Administrative System*, London u. a. 2015; Knill, *The Europeanisation of National Administrations;* Kuhlmann/Wollmann, *Verwaltung und Verwaltungsreformen in* Europa; Fritz Sager, Patrick Overeem, *European Public Servant. A Shared Identity?*, Colchester 2015.

5 Michael W. Bauer, »Die Verwaltungswissenschaft und die Herausforderung der Denationalisierung«, in: *Politische Vierteljahresschrift* 56 (2015), S. 648-671.

macht, wurde die öffentliche Verwaltung in der eigentlichen verwaltungswissenschaftlichen Literatur kaum jemals als bürokratische Organisation im Sinne eines Realtypus begriffen. Gerade Max Weber, dem Urheber der »reinen« Bürokratietheorie, ging es um die Logik der bürokratischen Organisation – nicht um ihre reale Gestalt, sondern um ihren abstrakten Idealtypus.[6] Die Merkmale der Regelbindung, des »geschulten Fachbeamtentums« – also eines professionellen Personalkörpers –, der Amtshierarchie, der Schriftlichkeit, der Spezialisierung und dergleichen mehr sind allgemeine Prinzipien einer solchen bürokratischen Organisation, bei deren Formulierung die realen Abweichungen bereits »mitgedacht« sind. Eine Verwaltung, die Vorschriften missachtet, Dilettanten anstelle von Fachleuten einsetzt, ihre Entscheidungen nicht dokumentiert und nachvollziehbar macht, überhaupt heute so und morgen so entscheidet und ansonsten nicht erkennen lässt, wer auf welchem Sachgebiet eigentlich wofür zuständig und verantwortlich ist, wäre ein Albtraum. Aber eine Verwaltung, die keine Ausnahme von der Regel kennt, die Informationen über die Wirklichkeitsfremdheit gesetzlicher Regelungen nicht »nach oben« weiterleitet, in der Betriebsblindheit und kleinteilige Wahrnehmungen größerer Zusammenhänge dominieren, eine solche Verwaltung kann ebenfalls niemand wollen.

Bürokratiekritik als Regelfall

Tatsächlich hat sich die Verwaltungswissenschaft mit den Abweichungen vom Idealtypus der bürokratischen Organisation schon immer mindestens so intensiv befasst wie mit der Ausformulierung der funktionalen Notwendigkeiten, denen die bürokratische Organisationsform nun einmal weitgehend entspricht. Das gilt für die »Fayolsche Brücke« ebenso wie für die von Philipp Selznick beschriebene flexible Anpassung einer Behörde an ihr politisch-gesellschaftliches Umfeld oder das Phänomen der »bürokratischen Politik«, wie es Graham Allison und Morton Halperin als Verhaltensmuster großer Verwaltungsapparate beschrieben haben.

6 Renate Mayntz, »Max Webers Idealtypus der Bürokratie und die Organisationssoziologie«, in: *Kölner Zeitschrift für Soziologie und Sozialpsychologie* 17 (1965), S. 493-502.

Insofern ist also auch in dieser Hinsicht »alles schon einmal da gewesen«, aber dennoch hat natürlich mal das eine, mal das andere Thema Konjunktur, was auch mit sich wandelnden gesellschaftlichen und politischen Anforderungen an die öffentliche Verwaltung zusammenhängt.

Die kritischen Auseinandersetzungen mit dem Bürokratie-Phänomen waren bis in die 1970er Jahre hinein genereller Natur, sie befassten sich namentlich mit den Kosten der Bürokratie sowohl für die Verwaltungsangehörigen als auch für die Allgemeinheit. Das gilt für Robert Mertons Hinweise auf die deformierenden Wirkungen der bürokratischen Organisation auf die individuellen Wahrnehmungs- und Handlungsmuster[7] ebenso wie für Donald Kingsleys Kritik an der Selektivität der sozialen Zusammensetzung des Personalkörpers,[8] Michel Croziers Kritik an der prinzipiellen Unreformierbarkeit der Bürokratie[9] oder William Niskanens Charakterisierung der staatlichen Bürokratie als einer Maschinerie der ständigen Ausgabensteigerung und damit der Verschwendung von Steuergeldern.[10] Diese Kritiken nahmen Bezug auf verkraftbare und in Grenzen auch korrigierbare Standardpathologien der bürokratischen Verwaltungsform. Demgegenüber haben radikale, kulturkritische Auseinandersetzungen mit der Bürokratie die Dualität der Domestizierung und Mobilisierung von Gewalt als deren typische Organisationsform hervorgehoben. In Michel Foucaults klassischer Studie über das Überwachen und Strafen und die Herausbildung des Gefängnisses als einer rationalen, in formaler Hinsicht geradezu aufgeklärten Organisation[11] kam dies ebenso zum Ausdruck wie in Zygmunt Baumans Studie über den modernen Staat als Voraussetzung des Massenmords an den Juden während des Zweiten Weltkriegs[12] oder Giorgio Agambens Analyse der inhärenten Gewaltsamkeit des Verwaltungsstaates.[13]

7 Merton, »Bureaucratic Structure and Personality«.

8 Kingsley, *Representative Bureaucracy.*

9 Crozier, »Der bürokratische Circulus Vitiosus«.

10 Niskanen, *Bureaucracy and Representative Government.*

11 Michel Foucault, *Überwachen und Strafen*, Frankfurt/M. 1976 [französ. Orig. 1975].

12 Bauman, *Modernity and the Holocaust.*

13 Giorgio Agamben, *Homo sacer. Die souveräne Macht und das nackte Leben*, Frankfurt/M. 2002 [ital. Orig. 1995].

In diesen Fundamentalkritiken konnte man hilfreiche Hinweise auf die Schattenseiten der bürokratischen Organisationsform der Verwaltung sehen, allerdings ist hier auch eine gewisse Realitätsferne und insbesondere ein weitgehender Verzicht auf die Auseinandersetzung mit der vielschichtigen Theoriegeschichte der Verwaltungswissenschaft zu konstatieren. Außerhalb der Gemeinschaft der Verwaltungswissenschaftler selbst und ohne hinreichende empirische Unterfütterung geht das Verständnis von Bürokratie selten über den von Max Weber gezeichneten Idealtypus hinaus. Weder war, um ein prominentes Missverständnis zu nennen, die nationalsozialistische Verwaltungspraxis im Weberschen Sinne bürokratisch,[14] noch kann man sinnvollerweise über die Bürokratie als Gewaltform reden (wie etwa Agamben es tut), ohne ihre institutionelle und politische Einbettung zu berücksichtigen.

Von der Planungsforschung zur Implementationsforschung

Pragmatische und realitätsnähere Auseinandersetzungen mit den unerwünschten Begleiterscheinungen der bürokratischen Organisation resultierten denn auch eher aus Veränderungen der gesellschaftlichen und politischen Rahmenbedingungen. Hierfür waren in den westlichen Demokratien besonders die Entwicklungen der 1960er und 1970er Jahre kennzeichnend. Schon die Bürokratie-Kritik Michel Croziers war Reflex eines Modernisierungsdrucks, der nach dem Abschluss des Wiederaufbaus nach dem Zweiten Weltkrieg gerade in den entwickelten westlichen Demokratien auf der Verwaltung lastete. Der Ausbau der öffentlichen Infrastruktur, ihre Anpassung an die Erfordernisse eines seine Aufgabenfelder und Aufgabentiefe ständig erweiternden Wohlfahrtsstaates (einschließlich eines modernisierten Bildungssystems sowohl im Inter-

14 Vgl. zu den vielfältigen und zum Teil geradezu postmodernen Verwaltungsformen des Nationalsozialismus und seiner Verfolgungsapparate Kühl, *Ganz normale Organisationen*; Sven Reichardt, Wolfgang Seibel, *Der prekäre Staat. Herrschen und Verwalten im Nationalsozialismus*, Frankfurt/M., New York 2011; Wolfgang Seibel, »A Market for Mass Crime? Inter-Institutional Competition and the Initiation of the Holocaust in France, 1940-1942«, in: *International Journal of Organization Theory and Behavior* 5 (2002), S. 219-257..

esse gesellschaftlicher Integration als auch einer stetigen Steigerung wirtschaftlicher Produktivität) erforderten staatliche Planungsanstrengungen, denen insbesondere die Ministerialbürokratie nur bedingt gewachsen schien. In den USA entwickelte sich daraus in der Ära Lyndon B. Johnsons und des innenpolitischen Reformprogramms der »Great Society« eine Diskussion über die jeweiligen Vorteile zentraler Planung (*comprehensive planning*) und dezentraler Anpassung (*piecemeal adjustment*).[15] In der westdeutschen Bundesrepublik führte diese Entwicklung nach dem Eintritt der Sozialdemokraten in die Regierung der Großen Koalition 1966 zur Einrichtung einer »Projektgruppe Regierungs- und Verwaltungsreform«, deren vorrangiges Anliegen die Reform der Ministerialverwaltung für die Zwecke politischer Planung im Sinne einer aktiven Reformpolitik war.[16] Erstmals kam es hier zu einer engen Verbindung von Reformpraxis und verwaltungswissenschaftlicher Politikberatung, für die gezielte Anleihen bei der bürokratiekritischen Organisationstheorie bedeutsam wurden. Die für innenpolitische Reformen erforderlichen Planungen, so die damalige Diagnose, stießen regelmäßig auf das Hindernis bürokratischer Arbeitsteilung und einer daraus resultierenden »selektiven Perzeption«, also einer kontraproduktiven Zerstückelung eigentlich zusammenhängender Problemlagen und einer dementsprechenden »negativen Koordination« unter den beteiligten Verwaltungseinheiten.[17]

Diese »Planungsforschung« entwickelte sich dann im Laufe der 1970er Jahre, neuerlich unter dem Einfluss einschlägiger Diskurse in der amerikanischen Politik- und Verwaltungswissenschaft, zur »Implementationsforschung«, die nun allerdings, insbesondere unter dem Einfluss von Renate Mayntz, ein erheblich differenzierteres, sozusagen organisches Verständnis der bürokratischen Verwaltungsorganisation vertrat. Geradezu in Umkehrung des für die Planungsforschung typischen Bildes der bürokratischen Organisation als einer Restriktion politischer Planung betonte die Implementationsforschung die Interaktion sowohl der planenden als auch der vollziehenden Verwaltung mit ihrem politischen

15 Vgl. den Überblick bei March/Olsen, *Rediscovering Institutions*, S. 74-78.

16 Benjamin Seifert, *Träume vom modernen Deutschland. Horst Ehmke, Reimut Jochimsen und die Planung des Politischen in der ersten Regierung Willy Brandts*, Stuttgart 2010.

17 Mayntz/Scharpf, *Planungsorganisation.*

und gesellschaftlichen Umfeld, in deren Verlauf Anpassungen ursprünglicher Zielvorstellungen normal und Ausweis staatlicher Lernfähigkeit seien.[18] Mayntz betonte die Bedeutung der Ministerialverwaltungen, die ein »integraler, ja zentraler Bestandteil des für die politische Meinungs- und Willensbildung in der Bundesrepublik bedeutsamen Kommunikationsnetzes« seien.[19]

Rückblickend kann man die pragmatische Wende der Implementationsforschung und die damit verbundene Abkehr vom Leitbild eines im Interesse innenpolitischer Reformen planenden und effektiv verwaltenden Staates als ersten Reflex grundlegend veränderter politischer Rahmenbedingungen begreifen. Insbesondere in den USA, in Frankreich und in Deutschland war mit dem Ölpreisschock vom Herbst 1973 und der dadurch ausgelösten Wachstumskrise mit negativen Folgen sowohl für den Arbeitsmarkt als auch für die öffentlichen Haushalte die Zeit einer »aktiven Politik« und der stetigen Ausweitung der Staatstätigkeit vorüber. Es folgte eine Phase kritischer Überprüfungen des Umfangs der Staatstätigkeit, bestärkt durch die Thesen des ersten Club-of-Rome-Berichts von 1972, der unter dem Titel *Die Grenzen des Wachstums* Furore machte, und eine seit Mitte der 1970er Jahre aufkommende politische und akademische Diskussion über die »Grenzen des Regierens«.[20]

Nunmehr richtete sich die Aufmerksamkeit auch der Verwaltungswissenschaft auf die Grenzen der Verwaltung und mögliche Alternativen zu ihr. Das betraf zum einen die Welle der Entbürokratisierungskommissionen, wie sie seit Beginn der 1980er Jahre in der westdeutschen Bundesrepublik in den meisten Bundesländern eingerichtet wurden,[21] und zum anderen ein ebenfalls in den 1980er Jahren einsetzendes Interesse an Non-Profit-Organisationen und

18 Renate Mayntz (Hg.), *Implementation politischer Programme. Empirische Forschungsberichte*, Königstein/Ts. 1980; Renate Mayntz, *Implementation politischer Programme II. Ansätze zur Theoriebildung*, Opladen 1983. Vgl. a. Wolfgang Seibel, *Regierbarkeit und Verwaltungswissenschaft. Ideengeschichtliche Untersuchung zur Stabilität des verwaltenden Rechtsstaates*, Frankfurt/M., New York 1983, S. 264-278.

19 Renate Mayntz, *Soziologie der öffentlichen Verwaltung*, Heidelberg 1978, S. 203.

20 Michel Crozier u. a., *The Crisis of Democracy. Report on the Governability of Democracies to the Trilateral Commission*, New York 1975; Claus Offe, »Unregierbarkeit. Zur Renaissance konservativer Krisentheorien«, Jürgen Habermas (Hg.), *Stichworte zur geistigen Situation der Zeit.* 2 Bde., Bd. 1, Frankfurt/M. 1979, S. 294-318; Seibel, *Regierbarkeit und Verwaltungswissenschaft.*

21 Seibel, »Entbürokratisierung in der Bundesrepublik Deutschland«.

dem »Dritten Sektor« sowie verselbständigter Verwaltungsträger in der Peripherie des Staates.[22] Die Nachhaltigkeit und intellektuelle Attraktivität dieses neuen Interesses für Alternativen zur staatlichen Bürokratie kam von der Konvergenz ganz unterschiedlicher politisch-normativer Staatskritiken. In Bezug auf den Abbau der Staatstätigkeit konvergierten liberale und konservative Positionen, im Hinblick auf die Stärkung zivilgesellschaftlicher Strukturen wiederum konservative und grün-alternative Anhänger des Subsidiaritätsprinzips und kleinräumiger partizipativer Strukturen. Auf der politischen Makro-Ebene entfesselte die Einheitliche Europäische Akte von 1985 und die Perspektive eines schließlich 1992 vorläufig vollendeten Europäischen Binnenmarktes eine Welle der Privatisierung öffentlicher Unternehmen, insbesondere der Verkehrsbetriebe und der Telekommunikation, und der Deregulierung, also der Lockerung oder Aufhebung von Wettbewerbsbeschränkungen und anderen Formen rechtlicher Wirtschaftssteuerung.[23] Diese Entwicklung, für die erst etliche Jahre später das mehr oder weniger schmückende Beiwort »neo-liberal« erfunden wurde, sollte eine besonders nachhaltige Wirkung auf konzeptionelle Prägungen der Verwaltungswissenschaft entfalten.

New Public Management und Governance-Forschung

Sichtbarster Ausdruck dieser Tatsache wurde die Reformphilosophie des *New Public Management*, die seit Beginn der 1990er Jahre Verbreitung fand und die internationale verwaltungswissenschaftliche Diskurslandschaft zeitweise maßgeblich prägte.[24] In Deutschland hat sich hierfür, insbesondere mit Bezug auf die Kommunalverwaltung, der Begriff des »Neuen Steuerungsmodells« etabliert.[25]

22 Helmut K. Anheier, Wolfgang Seibel (Hg.), *The Third Sector. Comparative Studies of Nonprofit Organizations*, Berlin, New York 1990; Estelle James (Hg.), *The Nonprofit Sector in International Perspective. Studies in Comparative Culture and Policy*, New Haven (Conn.) 1989.

23 Jens Hoj u.a., »Deregulation and Privatisation in the Service Sector«, in: *OECD Economic Studies* (1995), S. 37-74.

24 Christopher Pollitt, Geert Bouckaert, *Public Management Reform. A Comparative Analysis. New Public Management, Governance, and the Neo-Weberian State*, Oxford [3]2011, S. 22, 75-125.

25 Jörg Bogumil u.a., »Ergebnisse und Wirkungen kommunaler Verwaltungsmo-

Das *New Public Management* (NPM) kann einerseits begriffen werden als Reflex auf die Privatisierungstendenzen seit den 1980er Jahren, wobei der Schwerpunkt nun auf die interne Rationalisierung der öffentlichen Verwaltung gelegt wurde, und zwar namentlich mit Hilfe privatwirtschaftlicher Methoden. Andererseits riefen gerade solche Tendenzen zur Nivellierung der Unterschiede zwischen öffentlicher Verwaltung und privater Kundenorientierung Kritik hervor, bestand hier doch die Gefahr einer opportunistischen Relativierung des gesetzlichen Auftrags und der professionellen Orientierung öffentlicher Verwaltungen.[26]

Die mit der *New-Public-Management*-Bewegung verbundenen Konzepte und Praktiken beruhten auf wenigen zentralen Komponenten, die sich im internationalen Vergleich als bemerkenswert durchsetzungsstark erwiesen.[27] Dies gilt für Maßnahmen der Leistungsmessung mit dem Schwerpunkt auf Output-Messung statt bloßer ›Input‹-Messung in Form von Haushaltsansätzen, die Bevorzugung »schlanker« Organisationsformen und flacher Hierarchien in Verbindung mit kleineren Organisationseinheiten statt bürokratischer Großapparate, die verstärkte Nutzung vertraglicher statt hierarchischer Organisationsformen für die Aufgabenerledigung und, damit in Verbindung, die Begünstigung öffentlich-privater Partnerschaften (*public private partnerships,* PPP), die Einführung von Wettbewerbsmechanismen zum Vergleich von Leistungsniveaus öffentlicher Aufgabenträger (*benchmarking*), leistungsabhängige Bezahlung der Verwaltungsangehörigen und Maßnahmen eines umfassenden Qualitätsmanagements (*total quality management*, TQM).[28]

dernisierung in Deutschland – eine Evaluation nach zehn Jahren Praxiserfahrung«, in: *Politische Vierteljahresschrift*, Sonderheft 37 (2006), S. 151-184.

26 Lars Holtkamp, »Das Scheitern des Neuen Steuerungsmodells«, in: *der moderne staat* (2/2008), S. 423-446; Barry Bozeman, *Public Values and Public Interest. Counterbalancing Economic Individualism*, Washington, D.C. 2007; Kulachet Mongkol, »The Critical Review of New Public Management Model and its Criticisms«, in: *Research Journal of Business Management* 5 (2011), S. 35-43; Hal G. Rainey, *Understanding and Managing Public Organizations*, San Francisco [4]2009; Janet Vinzant Denhardt, Robert B. Denhardt, *The New Public Service. Serving not Steering*, Abingdon, New York [4]2015.

27 Kuhlmann/Wollmann, *Verwaltung und Verwaltungsreformen in Europa.*

28 Vgl. Pollitt/Bouckaert, *Public Management Reform*, S. 10, zu einem entsprechenden Überblick.

Im Hinblick auf die Sicherung von Effektivität und Verantwortung, den beiden Grundfunktionen einer rechtsstaatlichen Verwaltung im demokratischen Verfassungsstaat, erwies sich die NPM-Bewegung als ambivalent. Auf der einen Seite dienen verbesserte Leistungsmessung, ressourcensparende Organisationsformen, kundenorientierter Wettbewerb unter Behörden, leistungsorientierte Bezahlung der Verwaltungsangehörigen und ein umfassendes Qualitätsmanagement den Bürgerinnen und Bürgern unmittelbar als Klienten der Verwaltung sowie in ihrer Eigenschaft als Steuerzahlerinnen und Steuerzahler. *New Public Management* fördert also die Responsivität und Bürgerfreundlichkeit der Verwaltung. Auf der anderen Seite setzt sich eine Verwaltung, welche die Bürgerinnen als »Kunden« betrachtet und behandelt, einem Erwartungsdruck des Publikums aus, der zu Lasten professioneller Standards und des gesetzlichen Auftrags gehen kann. Forstbeamte bleiben auch als kundenorientierte Verwaltungsangehörige dem Prinzip der Nachhaltigkeit und der Verhinderung von Raubbau an Flora und Fauna des Waldes verpflichtet, Amtsärzte auch als Gesundheitsdienstleiter den Regeln der ärztlichen Kunst, die mit Forderungen nach Effizienz und Verfahrensbeschleunigung unvereinbar sein können, Professorinnen und Professoren im Beamtenstatus haben allein wissenschaftliche Gütekriterien zu beachten, deren Anwendung mit den Bedürfnissen von Studierenden in Konflikt geraten kann. Öffentlich-private Partnerschaften (entweder in Form regelrechter Kooperationen oder in Gestalt vertraglicher Beziehungen zwischen Behörden und privaten Aufgabenträgern) gehen mit dem Risiko einer Verantwortungsverzerrung einher; sie können, ähnlich wie eine verstärkte »Kundenorientierung« von Behörden, zu uneinheitlichen und widersprüchlichen Rollenorientierungen von Verwaltungsangehörigen beitragen, die sich einerseits als Vertreter des öffentlichen Interesses, andererseits aber als eine Art öffentlicher Unternehmer begreifen sollen. Es ist nicht übertrieben festzustellen, dass solche Verantwortungsverzerrungen und die gemeinsam mit ihnen auftretenden Rollenkonflikte insbesondere leitender Verwaltungsangehöriger schon Leben gekostet haben.[29]

Die NPM-Welle in Verwaltungswissenschaft und Verwaltungspraxis seit den 1990er Jahren beschränkte sich, wie diese Beispie-

29 Siehe dazu die Fallskizzen in Kapitel 12.

le zeigen, keineswegs auf die Propagierung oder Einführung von Managementtechniken in die öffentliche Verwaltung. Sie war auch verbunden mit der Popularisierung neuer Organisationsstrukturen, also etwa der Auslagerung öffentlicher Aufgaben auf private Träger (*outsourcing*) oder der Verstärkung der Zusammenarbeit mit zivilgesellschaftlichen Organisationen. Sowohl im Hinblick auf die Strukturen als auch im Hinblick auf die Steuerungsformen ging es um Alternativen zum Staat und zur Form der Behörde als einer hierarchisch organisierten Institution mit dem Monopol des Gesetzesvollzugs.

Hier traf sich das NPM mit einer neuen politikwissenschaftlichen Denkschule, die unter dem Stichwort *Governance* ebenfalls seit den frühen 1990er Jahren an Einfluss gewann. Anliegen der *Governance*-Schule in der Politikwissenschaft war ein größerer Realismus in der Beschreibung der tatsächlich wirksamen Steuerungsmechanismen im Regierungs- und Verwaltungshandeln.[30] Dies betraf etwa die informellen Abhängigkeiten zwischen öffentlichen und nicht-öffentlichen Institutionen sowie der staatlichen Organisationen untereinander, die flexiblen und fließenden Grenzen zwischen staatlichen, privaten und zivilgesellschaftlichen Organisationen bei der Erledigung öffentlicher Aufgaben, interorganisatorische und interpersonale Netzwerke als Steuerungsmechanismen im öffentlichen Sektor und dessen Peripherie und die dort existierenden Formen des formellen und informellen Austauschs von Ressourcen, Macht und Ideen oder die nicht-hierarchischen Interaktionsformen zwischen öffentlichen und nicht-öffentlichen Trägern öffentlicher Aufgaben in Form von Vertrauensbildung, Deliberation und Diskursen.

So verdienstvoll die *Governance*-Forschung in deskriptiver Hinsicht war und ist, so unzureichend blieb und bleibt sie in normativer und analytischer Hinsicht. Wie bedeutsam und einflussreich nicht-hierarchische und informelle Steuerungsformen im öffentlichen Sektor letzten Endes sind, wurde niemals untersucht, und die Tatsache, dass die meisten Bereiche öffentlicher Aufgaben nach wie vor in Form des behördenmäßigen Gesetzesvollzugs erledigt wer-

30 R. A. W. Rhodes, »The New Governance: Governing Without Government«, in: *Political Studies* 44 (1996), S. 652-667; ders., »Understanding Governance. Ten Years On«, in: *Organization Studies* 28 (2007), S. 1243-1264.

den, wurde nahezu zu einer Nebensächlichkeit herabgestuft. Diesen Luxus kann sich leisten, wer in die Allgegenwart der robusten Behördenform der gesetzesvollziehenden Verwaltung ein Vertrauen hat, dem die *Governance*-Forschung selbst eher entgegenarbeitet.[31]

New Public Value Governance

In kritischer Auseinandersetzung mit dem NPM und (in zweiter Linie) auch mit der *Governance*-Forschung entwickelte sich im ersten Jahrzehnt der 2000er Jahre eine verwaltungswissenschaftliche Diskussion über die Spezifik des öffentlichen Sektors und öffentlicher Werte (*New Public Value Governance* – wobei die englische Formulierung *Public Values* ins Deutsche besser mit dem etwas weniger gravitätischen Begriff »öffentliche Grundsätze« übersetzt werden sollte).[32] Hier geht es um eine Art Rückbesinnung auf die eigenständige Qualität öffentlicher Verwaltung und des öffentlichen Dienstes.

Tatsächlich lohnt es sich nach jahrzehntelangen Diskussionen über Alternativen zum Staat bei der Erledigung öffentlicher Aufgaben unter Betonung privatwirtschaftlicher Werte oder Grundsätze daran zu erinnern, dass nur der hierarchisch und behördenmäßig organisierte Staat Steuern erheben, sonstiges Recht durchsetzen und, nicht zuletzt, ein besonderes öffentliches Berufsethos seiner Angehörigen einfordern kann. Christopher Pollitt und Geert Bouckaert, eigentlich Hauptrepräsentanten der *New-Public-Management*-Schule, kennzeichnen diese Rückbesinnung denn auch treffend als eine Hinwendung zum neo-weberianischen Staat.[33]

Diese neuere Diskussion über öffentliche Grundsätze und Werte hat, wie Rainey hervorgehoben hat,[34] im Unterschied zum

31 Hieran erinnert die Abhandlung von Johan P. Olsen, »Maybe it's Time to Rediscover Bureaucracy«, in: *Journal of Public Administration Research and Theory* 16 (2006), S. 1-24.

32 Rainey, *Understanding and Managing Public Organizations;* Bozeman, *Public Values and Public Interest*; Denhardt/Denhardt, *The New Public Service*; John M. Bryson u. a., »Public Value Governance. Moving Beyond Traditional Public Administration and the New Public Management«, in: *Public Administration Review* 74 (2014), S. 445-456.

33 Pollitt/Bouckaert, *Public Management Reform*, S. 22.

34 Rainey, *Understanding and Managing Public Organizations*, S. 250.

NPM und zur Governance-Schule zur Konkretisierung einer normativen Diskussion beigetragen, die bereits in den 1990er Jahren durch Mark H. Moore angestoßen wurde.[35] Moore hatte darauf verwiesen, dass der normative Maßstab für den Umfang und die tatsächliche Tätigkeit des Staates sich nicht umstandslos an den Erwartungen der Bürgerinnen orientieren könne, sosehr dies in demokratischen Systemen die wesentliche Beurteilungsgrundlage bleibe. Es gehe vielmehr zum einen um den Umfang staatlicher Leistungen, die bekanntlich im internationalen Vergleich auch unter demokratischen Systemen stark variierten, andererseits um die Art und Weise der Leistungserbringung, die den Erwartungen der Bürger hinsichtlich Effizienz und Effektivität, insbesondere aber auch hinsichtlich Transparenz, Gerechtigkeit und Fairness entsprechen müsse. Das aber, so Moore, setze nachhaltig gesicherte öffentliche Institutionen mit stabilen Mechanismen der Verantwortungssicherung voraus.[36] Verwaltungsangehörige, insbesondere solche in leitenden Positionen, so kann man schlussfolgern, müssen diese Logik der öffentlichen Institutionen und ihre nachhaltige Sicherung erst einmal begreifen, und sie müssen auch in der Lage sein, Situationen zu erkennen, in denen es auf Maßnahmen der Sicherung der Institutionen und der Durchsetzung der ihnen innewohnenden Logik besonders ankommt. Klassische Beispiele sind etwa die Durchsetzung des Gewaltmonopols des Staates oder der Schutz von Grundrechten, auf den in Deutschland das Grundgesetz in Artikel 1 alle staatliche Gewalt von vornherein verpflichtet.

Die *New-Public-Value*-Diskussion in der jüngeren Verwaltungswissenschaft ist in dieser Hinsicht unklar und zum Teil auch widersprüchlich geblieben. Im Wesentlichen basiert sie auf der Idee eines demokratischen Wertepluralismus, der sich in den Handlungsorientierungen der öffentlichen Verwaltung und daher in den Köpfen der Verwaltungsangehörigen widerspiegeln müsse. Das ist ein plausibler Gedanke, der in ähnlicher Form bereits von Dwight Waldo in seinem Klassiker *The Administrative State* von 1948 formuliert worden war: Die Verwaltung des demokratischen Staates muss das Wertespektrum der Gesellschaft, für die und in der sie tätig ist, im doppelten Sinne des Wortes reflektieren, also einerseits

35 Mark H. Moore, *Creating Public Value. Strategic Management in Government*, Cambridge (Mass.) 1995.

36 Ebd., S. 53.

widerspiegeln und andererseits auf eine Weise verarbeiten, die mit dem eigenen gesetzlichen Auftrag in Einklang steht. Auch muss man einrechnen, dass der Diskurs vor allem aus der Abgrenzung gegenüber der Einseitigkeit der lange Zeit dominierenden *New-Public-Management*-Bewegung entstanden ist, die die öffentliche Verwaltung im Wesentlichen als Gegenstand betriebstechnischer Rationalisierung betrachtete.

Dennoch ist es gerade der unverkennbare Anti-Etatismus, der die wesentliche Schwäche des *New-Public-Value*-Diskurses in der jüngeren Verwaltungswissenschaft ausmacht. Hierin unterscheidet sich dieser Diskussionsstrang weder vom NPM noch von der *Governance*-Forschung. Die Kerngedanken der *New-Public-Value*-Debatte laufen, wie es Bryson, Crosby und Bloomberg zusammengefasst haben,[37] darauf hinaus, das Konzept des Öffentlichen von seiner Staatszentriertheit zu befreien und die Bürger als gleichberechtigte Problemlöser und Koproduzenten öffentlicher Aufgabenerledigung in komplexen Interaktionszusammenhängen zu begreifen, in denen staatliche Instanzen nur mehr als Moderatoren, Katalysatoren, Kooperationspartner oder latente Aufsichtsinstanzen wirken. Auch soll nach diesen Vorstellungen die öffentliche Verwaltung kein Monopol für die Definition eines öffentlichen Amtsethos mehr beanspruchen können. Auf diese Weise wird aus einem Plädoyer für den Wertepluralismus in der öffentlichen Verwaltung eines für den Werterelativismus und damit für das Gegenteil dessen, was letztendlich den Sinn einer Debatte über eine neue Wertekultur in der öffentlichen Verwaltung ausmachen kann. Wenn die Bürgerinnen pauschal als Koproduzenten öffentlicher Aufgabenerledigung betrachtet und behandelt werden, könnte sich etwa die Polizei ermuntert fühlen, auf die Durchsetzung des staatlichen Gewaltmonopols zu verzichten und dem Mob die Herrschaft über die Straße zu überlassen, wenn Flüchtlinge in eine ihnen zugewiesene Gemeinschaftsunterkunft transportiert werden. Wenn der Staat nur noch Moderator und Kooperationspartner statt hoheitlicher Akteur ist, wird es schwer, zwischen dem öffentlichen Interesse am Vollzug der Gesetze nach dem allgemeinen Gleichheitssatz des Artikels 3 des Grundgesetzes einerseits und dem situativen Einfluss privater Interessen auf die Verwaltung zu Lasten ihres gesetzlichen

37 Bryson u. a., »Public Value Governance«, S. 446.

Auftrags andererseits zu trennen. Unvermeidlich kommt es dann zu Verantwortungsverzerrungen oder einer regelrechten Flucht aus der Verantwortung, wie sie Christopher Hood in seiner Studie *The Blame Game* (2011) beschrieben hat. Es ist eigentümlich, wenn eine Debatte über die Neuausrichtung öffentlicher Werte auf diese Weise eher einer Entgrenzung und Entfesselung öffentlicher Gewalt das Wort redet, statt über ihre Rückbindung an Verfassung, Gesetzgebung und die Fundamentalnormen öffentlicher Ethik zu diskutieren, für die der Grundrechtskatalog einen verlässlichen Maßstab abgibt.

Hybride Arrangements

Jüngere und jüngste Entwicklungen in der Verwaltungswissenschaft suchen einige Erträge der *Governance*- und *New-Public-Value*-Diskussion zu verallgemeinern, indem sie ausdrücklich die Mischformen – den hybriden Charakter – von Organisationsstrukturen und Steuerungslogiken in den Blick nehmen.[38] Auch hier gilt, ähnlich wie für die *Governance*-Forschung, dass über das tatsächliche Ausmaß solcher hybriden Arrangements in der öffentlichen Verwaltung wenig bekannt ist; exemplarische Fälle und Konstellationen sind allerdings in der verwaltungswissenschaftlichen Literatur seit langem geläufig.

Klassische hybride Arrangements finden sich bei Unternehmen, die einerseits öffentlich, andererseits in privater Rechtsform organisiert sind, ferner, insbesondere in Deutschland, in der Zusammenarbeit von öffentlicher Verwaltung und freien Trägern der Wohlfahrtspflege oder in Gestalt öffentlicher Stiftungen. Ich habe an anderer Stelle darauf hingewiesen, dass es sich lohnt, außer diesen traditionellen und manifesten Formen von Hybridität im öffentli-

38 Jean-Louis Denis u. a., »Understanding Hybridity in Public Organizations«, in: *Public Administration* 93 (2015), S. 273-289; Wolfgang Seibel, »Studying Hybrids. Sectors and Mechanisms«, in: *Organization Studies* 36 (2015), S. 697-712; ders., »Welfare Mixes and Hybridity. Analytical and Managerial Implications«, in: *VOLUNTAS: International Journal of Voluntary and Nonprofit Organizations* 26 (2015), S. 1759-1768; Christopher Skelcher, Steven Rathgeb Smith, »Theorizing Hybridity. Institutional Logics, Complex Organizations, and Actor Identities. The Case of Non-Profits‹«, in: *Public Administration* 93 (2015), S. 433-448.

chen Sektor und seiner Peripherie auch die latenten Erscheinungsformen zu beachten, die zum Teil in der organisationstheoretischen Literatur schon seit langem bekannt sind, jedoch nicht unter dem Gesichtspunkt ihrer Hybridität verbucht wurden.[39] Ein Beispiel ist Robert Michels' *Soziologie des Parteienwesens* mit der berühmten Formel vom »ehernen Gesetz der Oligarchie«,[40] ein anderes die auch im vorliegenden Band mehrfach behandelte Studie von Philip Selznick, *TVA and the Grassroots*. Michels beschrieb informelle Hierarchiebildung innerhalb eigentlich basisdemokratisch (wie wir heute sagen würden) und partizipatorisch ausgerichteter Organisationen wie der SPD und der ihr angeschlossenen Gewerkschaften vor 1914, Selznick das komplementäre Phänomen partizipativer Strukturen in einer eigentlich hierarchisch organisierten Behördenlandschaft.

Jean-Louis Denis, Ewan Ferlie und Nicolette van Gestel ergänzen in einem jüngeren Überblickartikel zu Hybridität in der öffentlichen Verwaltung die strukturanalytische Perspektive[41] – die auf Netzwerke, die Überlappung unterschiedlicher *Governance*-Mechanismen und auf den Strukturwandel innerhalb hybrider Arrangements selbst Bezug nimmt – durch das, was sie »Identitätsperspektive« nennen. Damit ist die wichtige Frage des individuellen Umgangs mit einander widerstreitenden Organisationslogiken und Handlungsanforderungen in der öffentlichen Verwaltung gemeint. Das betrifft Rollenkonflikte, die in der öffentlichen Verwaltung seit jeher zu bewältigen sind, Beispiele bieten die Fachverwaltungen mit ausgeprägter professioneller Identität: Forstbeamte begreifen sich eher als Forstleute, Ingenieure der Bauverwaltung eher als Techniker, Amtsärzte eher als Mediziner und Professoren eher als Wissenschaftler denn als Angehörige des öffentlichen Dienstes oder gar der Verwaltung im engeren Sinne. Die analytische Verknüpfung der strukturbezogenen und der personenbezogenen Dimension hybrider Arrangements verweist daher auf ein Schlüsselproblem der Ausdifferenzierung von Organisationsformen und Handlungslogiken in der öffentlichen Verwaltung, das bis heute nur unzureichend diskutiert wird. Davon handelt das nächste Kapitel.

39 Seibel, »Studying Hybrids«.

40 Robert Michels, *Zur Soziologie des Parteiwesens in der modernen Demokratie. Untersuchungen über die oligarchischen Tendenzen des Gruppenlebens* [1911], Stuttgart [4]1989.

41 Denis u. a., »Understanding Hybridity in Public Organizations«.

12. Grenzen des Pragmatismus oder: Aus Verwaltungsdesastern lernen

Kompromisse zwischen einander widersprechenden Handlungsanforderungen zu finden, gehört zum Alltagsgeschäft zumindest des leitenden Verwaltungspersonals. Das ist seit den bahnbrechenden entscheidungstheoretischen Arbeiten von Herbert Simon und James March über das tatsächliche Entscheidungsverhalten in formalen Organisationen ein Topos der Verwaltungswissenschaft, dessen Tragfähigkeit und Grenzzonen gleichwohl unausgelotet blieben. Kompromissbildungen und lediglich zufriedenstellende statt perfekte Lösungen von Entscheidungen in der Verwaltung im Sinne einer begrenzten Rationalität bildeten den Leitgedanken dieser überaus einflussreichen Denkschule verwaltungswissenschaftlicher Theoriebildung.

Allerdings war das Theorem begrenzter Rationalität als Leitbild pragmatischen Entscheidens in der Verwaltung bei Simon und March eindimensional in dem Sinne, dass ihm eine einfache Kosten-Nutzen-Erwägung zugrunde lag. Es sei, so Simon, eben zu aufwendig, nach perfekten Lösungen zu suchen, weil ab einem gewissen Punkt der Grenznutzen zusätzlicher Investitionen in Zeit und sonstige Suchkosten gegenüber dem erreichbaren Erkenntnismehrwert zu gering seien. Rollenkonflikte sind dagegen *per definitionem* mehrdimensionaler Natur, sie berühren nicht Kosten-Nutzen-Kalküle, sondern Identitätsprobleme, und sie erfordern aus diesem Grund eine andere Art von Pragmatismus als den einer eindimensional begrenzten Rationalität im Sinne bloß zufriedenstellender anstelle perfekter Lösungen.

Dieses Problem wurde von Simon und March und ihren Nachfolgern[1] – im Unterschied zur deutschen verwaltungsrechtswissenschaftlichen Diskussion[2] – durchweg außer Acht gelassen, und jün-

1 Richard Michael Cyert, James G. March, *A Behavioral Theory of the Firm*, Upper Saddle River (NJ) 1963; Cohen u. a., »A Garbage Can Model of Organizational Choice«; March/Olsen, *Rediscovering Institutions.*

2 Vgl. insbesondere Schuppert, *Verwaltungswissenschaft*, S. 240-242 (»Staffelung des Gefährdungspotentials informellen Verwaltungshandelns«), mit Bezug auf die Arbeiten von Helmuth Schulze-Fielitz, siehe etwa ders., »Informales oder illegales

gere philosophische Diskussionen über den Pragmatismus in der öffentlichen Verwaltung[3] blieben ihrerseits empiriefrei. Dabei liegt es auf der Hand, dass es, um bei den oben genannten Beispielen zu bleiben, für Forstbeamte, Ingenieure, Ärzte oder Wissenschaftler im öffentlichen Dienst Zonen der Kompromisslosigkeit gibt und auch geben muss, dort nämlich, wo »brauchbare« oder bloß zufriedenstellende Entscheidungen zu Lasten unabdingbarer professioneller Standards gehen würden. Kein Ingenieur einer Baubehörde darf die Statik einer Brücke testieren, deren Konstruktionsmängel für ihn offensichtlich sind, kein Arzt darf die Durchführung oder Unterlassung einer chirurgischen Operation oder die Ausstellung eines Attests von anderen als medizinischen Kriterien abhängig machen.

Die Entscheidungswirklichkeit in der allgemeinen Verwaltung unterscheidet sich nur scheinbar von derjenigen in Fachverwaltungen mit besonders ausgeprägtem professionellen Ethos. In demokratischen Rechtsstaaten sind die Verwaltungsangehörigen an Recht und Gesetz gebunden, in Deutschland sind darüber hinaus die Grundrechte unmittelbar bindend. Die Ausdifferenzierung von Organisationsformen und Handlungslogiken und die damit zwangsläufig einhergehende Multiplikation von Rationalitätskriterien verschärfen das Problem, das vom organisationstheoretischen Pragmatismus in der Nachfolge Herbert Simons und der Schule der *bounded rationality* so notorisch vernachlässigt wurde. Hybride Arrangements wie *public private partnerships* oder auch die Arbeitsteilung zwischen Behörden mit latenten oder manifesten Kompetenzkonflikten können den maßgeblichen Entscheidern in der Verwaltung Kompromisse nahelegen, die unter dem Gesichtspunkt von Recht und Gesetz oder nach ethischen Maßstäben unvertretbar sind und zugleich die Urteilskraft derjenigen schwächen, die diese Unvertretbarkeit erkennen und sich zu entsprechender Kompromisslosigkeit durchringen müssten. Zwei Beispiele mögen dies illustrieren.

Verwaltungshandeln?«, in: Arthur Benz, Wolfgang Seibel (Hg.), *Zwischen Kooperation und Korruption. Abweichendes Verhalten in der Verwaltung*, Baden-Baden 1992, S. 233-253.

3 David L. Hildebrand, »Pragmatism, Neopragmatism, and Public Administration«, in: *Administration and Society* 37 (2005), S. 345-359; Travis A. Whetsell, Patricia M. Shields, »Reconciling the Varieties of Pragmatism in Public Administration«, in: *Administration and Society* 43 (2011), S. 474-483.

In Bad Reichenhall brach am 2. Januar 2006 das Dach einer Eissporthalle ein und begrub eine Gruppe von Besuchern unter sich, von denen fünfzehn den Tod fanden, nämlich zwölf Kinder und drei sie begleitende Mütter. Die strafrechtliche Aufarbeitung der Katastrophe – eine anderweitige unabhängige Untersuchung, etwa durch einen Parlamentsausschuss oder eine Expertenkommission fand nie statt – brachte zutage, dass der zuständigen Stadtverwaltung Mängel der Dachkonstruktion bekannt waren, deren nähere Untersuchung und eine Sanierung des Hallendaches jedoch unterblieben waren, weil Oberbürgermeister und Bauverwaltung ohnehin einen Abriss der mittlerweile 40 Jahre alten Halle ins Auge gefasst hatten. Die Stadtverwaltung bediente sich eines ortsansässigen privaten Sachverständigen für eine Begutachtung der Dachkonstruktion der Halle, dessen Honorar auf 3000 Euro begrenzt wurde. Dies war eine offensichtlich pragmatische Erwägung, die zweierlei sicherstellte, nämlich die symbolische Durchführung einer Prüfmaßnahme und die Verhinderung einer gründlichen bautechnischen Untersuchung, die eine aufwendige Sanierung der ohnehin für den Abriss vorgesehenen Halle oder deren sofortige Schließung hätte auslösen können. Der in Anspruch genommene Sachverständige attestierte dann einen »allgemein guten« Zustand der Halle, womit sich die Stadtverwaltung nur allzu gern zufriedengab. Dieser Pragmatismus kostete fünfzehn Menschen das Leben. Im hybriden Arrangement aus Stadtverwaltung und privatem Gutachter waren die finanziellen Interessen der Stadt und die professionellen Standards des Sachverständigen kollidiert. Die Durchsetzung des öffentlichen Interesses, nämlich der kompromisslose Schutz des Lebens und der körperlichen Unversehrtheit der Hallenbenutzer, unterblieb.[4] Dabei ist besonders bemerkenswert, dass die zuständige Strafkammer des Landgerichts Traunstein in ihrem Revisionsurteil von 2011 die Zustände in der Bad Reichenhaller Stadtverwaltung derart einschätzte, dass selbst bei einer gründlichen Untersuchung des Tragwerks der Eissporthalle »die verantwortliche Stadtverwaltung keine Maßnahmen ergriffen hätte, die das Unglück vom 02.1.2006 hätten verhindern können«.[5]

In Duisburg fand am 24. Juli 2010 die Loveparade statt, eine

4 Zum Sachverhalt siehe Landgericht Traunstein 6. Strafkammer, Urteil vom 27.10.2011, 6 KLs 200 JS 865/06 (3).

5 Ebd., S.1.

Musikveranstaltung mit etwa einer Million Besuchern. Am Nachmittag kam es auf dem für die Schlussveranstaltung vorgesehenen Gelände, der abgeschlossenen Liegenschaft eines ehemaligen Güterbahnhofs mit einem einzigen Zugang, auf eng begrenztem Raum zu einer derartigen Verdichtung der Besucherströme, dass im Zugangsbereich 21 Menschen den Tod fanden und 600 weitere verletzt wurden, viele davon schwer.[6] Kennzeichen der Planung und Vorbereitung des Ereignisses war auch hier ein hybrides Arrangement aus Verwaltung und privaten Akteuren, eine regelrechte *public private partnership* aus Behörden und privatem Veranstalter. Mitarbeiter der im engeren Sinne zuständigen Genehmigungsbehörde der Stadtverwaltung hatten frühzeitig darauf hingewiesen, dass die Durchführung der Veranstaltung bei den erwarteten Besucherzahlen gegen die geltenden Sicherheitsvorschriften verstoßen würde. Sie wurden jedoch ausmanövriert durch ein Bündnis kommunaler Wahlbeamter und der privaten Veranstaltungsfirma, und der politische Druck der Verwaltungsführung – verstärkt durch die Erwartungshaltung einer breiten Öffentlichkeit – bewirkte schließlich das »Einknicken« der Mitarbeiter der Genehmigungsbehörde. Erteilt wurde eine faktisch rechtswidrige Genehmigung, obwohl dieselben Mitarbeiter seit Monaten auf die potenziellen Gefahren hingewiesen hatten. Auch dies war eine pragmatische Entscheidung in einer Angelegenheit, in der allein der kompromisslose Schutz von Leben und körperlicher Unversehrtheit der Veranstaltungsbesucher hätte maßgeblich sein dürfen.

In keinem der geschilderten Fälle wurden die Verantwortlichen amtlicherseits zur Rechenschaft gezogen. Zwar kam es zum Teil zu verspäteten Rücktritten oder in einem Fall auch, nach langem Hin und Her, zur Abwahl eines verantwortlichen Kommunalpolitikers. Es unterblieb aber eine unabhängige Untersuchung ebenjenes Gesamtzusammenhangs zwischen fragmentierten und hybriden Organisationsstrukturen und individuellem Entscheidungsverhalten. Eine solche Untersuchung durchzuführen oder zu veranlassen, wäre Pflicht derselben öffentlichen Instanzen gewesen, in deren fachlichem oder politischem Verantwortungsbereich sich das dras-

6 Zum Sachverhalt siehe unter WikiLeaks, »Loveparade 2010 Duisburg planning documents, 2007-2010« ⟨http://mirror.wikileaks.info/wiki/Loveparade_2010_Duisburg_planning_documents,_2007-2010/⟩, letzter Zugriff am 30. März 2016.

tische Versagen von Behörden gegenüber dem Schutz des Grundrechts auf Leben und körperliche Unversehrtheit ereignet hatte. Der Verzicht auf diese Ursachenanalyse war eine indirekte Bekräftigung einer Verwaltungspraxis, die auf nichts anderes hinauslief als auf die willkürliche und substanzielle Schwächung staatlichen Grundrechtsschutzes in einem besonders schwerwiegenden Fall.

Dies deutet darauf hin, dass auch das öffentliche Bewusstsein von der Morphologie der öffentlichen Verwaltung, ihrer heutigen Gestalt mit einer Mischung aus traditionellem Verwaltungsstaat und hybriden Arrangements und den damit verbundenen Handlungs- und Entscheidungslogiken, inkonsistent und widersprüchlich ist. Zu Recht hat etwa das Behördenversagen bei der Fahndung nach den rechtsextremistischen Mördern des so genannten nationalsozialistischen Untergrunds (NSU) nach der zufälligen Aufdeckung der Zusammenhänge im Herbst 2011 eine Welle öffentlicher Empörung ausgelöst und die Einsetzung gleich einer ganzen Serie parlamentarischer Untersuchungsausschüsse nach sich gezogen. Auch hier hatte die Verwaltung vor ihrer elementaren Aufgabe des Grundrechtsschutzes auf eklatante Weise versagt und trug auf diese Weise eine Mitverantwortung am Tod von zehn Mordopfern.[7] Es ist nicht ohne weiteres zu erklären, dass demgegenüber der Tod von fünfzehn beziehungsweise einundzwanzig Menschen, die in Bad Reichenhall und Duisburg durch Verwaltungsversagen ihr Leben verloren, noch nicht einmal eine systematische Untersuchung, geschweige denn nachhaltige öffentliche Empörung ausgelöst hat.

Die öffentliche Meinung hält es also mit dem allgemeinen Gleichheitssatz des Artikel 3 des Grundgesetzes nicht unbedingt anders als die Verwaltung, die sie in dieser Hinsicht zu kritisieren hätte. Dies zeigt zugleich, wie unzureichend jene Beiträge zu einer Diskussion über »neue öffentliche Werte« (siehe Kapitel 11) bleiben, die sich auf die Widerspiegelung der Empirie vorfindlicher gesellschaftlicher Wertungen als Maßstab einer Verwaltung in der Demokratie beschränken. Eine Verwaltungswissenschaft, die Widersprüche und Friktionen der Organisationsstrukturen und Handlungslogiken der öffentlichen Verwaltung realistisch abbildet, kann nicht die normativen Maßstäben außer Acht lassen, die sich aus der Sache selbst, nämlich der Praxis der Verwaltung und

7 Seibel, »Kausale Mechanismen des Behördenversagens«.

der alltäglichen Herausforderung eines verfassungskonformen und gesetzestreuen Pragmatismus und damit des Grundrechtsschutzes, ergeben.

13. Ein Sonderweg? Zum Verständnis der deutschen Verwaltung

Nachdem in den vorangegangenen Kapiteln ausschließlich von der Verwaltung im Allgemeinen die Rede war, folgen hier einige Bemerkungen zu den Besonderheiten derjenigen öffentlichen Verwaltung, mit denen es die meisten Leserinnen und Leser in ihrem eigenen Umgang mit dem Staat zu tun haben. Natürlich gilt alles Abstrakte, was zuvor über die Verwaltung gesagt wurde, auch für die deutsche Variante. Aber die deutsche Verwaltung ist in mancherlei Hinsicht ein Sonderfall, und dies hat in der Tat etwas zu tun mit ebenjener spezifischen Entwicklung moderner Staatlichkeit und damit einer modernen Verwaltung, die in den 1980er und 1990er Jahren unter Historikern für intensive Diskussion gesorgt hat.[1]

Die deutsche Verwaltung ist keine typisch monokratisch organisierte Verwaltung mit Steuerung über das parlamentarische Gesetzesrecht. Die öffentliche Verwaltung in Deutschland ist einerseits stark dezentralisiert, andererseits vollzieht sie in den meisten Aufgabenbereichen bundeseinheitliches Recht. Die Dualität von struktureller Fragmentierung im Organisatorischen und Vereinheitlichung über Rechtsetzung und weitere Mechanismen der Reintegration ist ihr wesentliches Kennzeichen. Träger von Verwaltungsaufgaben sind in Deutschland die drei gebietskörperschaftlichen Ebenen von Bund, Ländern und Gemeinden. Jeder dieser Ebenen steht wiederum ein Repertoire öffentlich-rechtlicher und privatrechtlicher Rechtsformen für ihre jeweiligen Verwaltungsträger zur Verfügung. Auf der Ebene von Bund und Ländern gibt es die unmittelbare Staatsverwaltung, wozu alle in die vertikale Behördenhierarchie unterhalb einer obersten Bundes- oder Landesbehörde (dies sind die Ministerien) eingegliederte Dienststellen gehören, und die

1 Vgl. exemplarisch David Blackbourn, Geoff Eley, *The Peculiarities of German History. Bourgeois Society and Politics in Nineteenth-Century Germany*, Oxford, New York 1984, die die Sonderweg-These kritisch betrachteten, und Hans-Ulrich Wehler, *Deutsche Gesellschaftsgeschichte. Band 3: Von der »Deutschen Doppelrevolution« bis zum Beginn des Ersten Weltkrieges. 1849–1914*, München 1995, als einer ihrer Hauptvertreter.

mittelbare Staatsverwaltung, zu der die Körperschaften, Anstalten und Stiftungen des öffentlichen Rechts zählen, einschließlich der Gemeinden und Landkreise als Gebietskörperschaften. Zu den privatrechtlichen Trägerformen der öffentlichen Verwaltung zählen Aktiengesellschaften, Gesellschaften mit beschränkter Haftung (GmbH), eingetragene Vereine sowie Stiftungen des privaten Rechts, die öffentliche Aufgaben wahrnehmen.

Fragmentierung und Reintegration

Dies ist also, so könnte man sagen, ein bunter Flickenteppich an Organisationsformen, von dem darüber hinaus jedes Bundesland und jeder Landkreis und jede Gemeinde unterschiedlichen Gebrauch machen kann. Zu den vereinheitlichenden, reintegrierenden Mechanismen zählen dagegen außer einer weitgehend bundeseinheitlichen Gesetzgebung das öffentliche Dienstrecht und die Finanzverfassung. Im Großen und Ganzen sind die Dienstverhältnisse der Beamten, Angestellten und Arbeiter im öffentlichen Dienst einheitlich geregelt, auch wenn es in einzelnen Bereichen, nicht zuletzt auch bei der Besoldungshöhe, von Land zu Land erhebliche Unterschiede geben kann. Die Bürgerinnen und Bürger können davon ausgehen, dass sich das Qualifikationsniveau der Bediensteten in den Amtsstuben von Berchtesgaden oder Konstanz sich nicht wesentlich vom Niveau in Emden oder Greifswald unterscheidet.

Ein weiterer und für die Verwaltungsträger in Deutschland geradezu existenzieller Faktor der Reintegration ist die Finanzverfassung. Ebenso wie die Gesetzgebung steht in Deutschland auch die Verteilung des Steueraufkommens unter dem Gebot der Einheitlichkeit und Gleichwertigkeit der Lebensverhältnisse. Aus diesem verfassungsrechtlichen Grund (Artikel 72 und 106 des Grundgesetzes) kennt Deutschland kein striktes Trennsystem bei der Einnahme und Verausgabung von Geld durch den Fiskus, das darin bestehen würde, dass jede gebietskörperschaftliche Einheit von der kleinen Gemeinde bis zum Bund die für die Erledigung ihrer Aufgaben erforderlichen Steuern selbst erhebt. Vielmehr sorgt im deutschen Staatsaufbau ein komplexes System der Umverteilung von Steuereinnahmen dafür, dass – wiederum im Großen und Ganzen – das

Niveau der Infrastrukturausstattung im gesamten Bundesgebiet über alle Fachsparten der Verwaltung und über alle Trägerformen der öffentlichen Aufgaben hinweg annähernd gleich ist.

Ebenfalls einheitlich und, was die demokratisch-rechtsstaatliche Qualität betrifft, auf hohem Niveau angesiedelt sind in Deutschland der Gesetzesvollzug und die gerichtliche Verwaltungskontrolle. Nach wie vor ist die Rechtmäßigkeit des Verwaltungshandelns Dreh- und Angelpunkt der Ausbildung für die allgemeine Verwaltung – also für diejenigen Bereiche, wo die Verwaltung nicht bestimmte Fachaufgaben mit dem Erfordernis einer darauf abgestimmten Fachausbildung wahrnimmt (wie zum Beispiel die Forstverwaltung, die Bauverwaltung, die Schulen oder die Polizei).

Die klassische Rechtsform des Verwaltungshandelns ist der Verwaltungsakt als eine Maßnahme der Verwaltung auf dem Gebiet des öffentlichen Rechts zur Regelung eines Einzelfalles mit unmittelbarer Rechtswirkung nach außen (so die Definition in § 35 Verwaltungsverfahrensgesetz [VwVfG]). Im Vergleich mit anderen entwickelten Rechtsstaaten, auch solchen mit langer demokratischer Tradition wie Großbritannien etwa, ist in Deutschland die gerichtliche Verwaltungskontrolle durch die Bürgerinnen und Bürger niederschwellig. Das Grundgesetz garantiert in Art. 19 Abs. 4, dass jede und jeder, der oder die sich durch die öffentliche Gewalt in ihren oder seinen Rechten verletzt sieht, ein Gericht anrufen kann.

Diese Grundstrukturen und Grundmerkmale der öffentlichen Verwaltung in Deutschland sind weitgehend auf die Anforderungen eines demokratischen Verfassungsstaates abgestimmt, obwohl sie in wesentlichen Teilen ihren Ursprung in Epochen der Staatsentwicklung haben, in denen von Demokratie und Rechtsstaatlichkeit noch lange keine Rede sein konnte. Die deutsche Verwaltung ist daher auch ein anschauliches Beispiel für kontinuierlichen und stabilen Wandel der inneren Staatsstrukturen, der zu den disruptiven Entwicklungen der politischen Regime allein im 20. Jahrhundert nicht nur in denkwürdigem Kontrast steht, sondern das Überdauern von Staatlichkeit in Deutschland trotz der großen politischen Katastrophen überhaupt erst verständlich macht. Die deutsche Verwaltung kennzeichnet ein hohes Maß an struktureller Elastizität, für die wiederum die komplementäre Ergänzung von flexibilisierenden und rückbindenden oder reintegrativen Elementen die Grundlage bildet.

Demokratische Qualitäten mit vordemokratischen Wurzeln

Die starke Dezentralisierung der deutschen Verwaltungsstruktur und die große Bedeutung der mittelbaren Staatsverwaltung in Form von Anstalten und Körperschaften des öffentlichen Rechts haben zwei historische Wurzeln. Das betrifft zunächst die in Kapitel 3 beschriebene politische Kompromissbildung zwischen Krone und Landadel mit dem Paradebeispiel Brandenburg-Preußen im 17. Jahrhundert. Sie führte zu einer Arbeitsteilung zwischen Zentralgewalt und adeliger Patrimonialgewalt auf dem flachen Land, welche die territorialen Verwaltungsstrukturen wenigstens in den Flächenstaaten unter den deutschen Bundesländern bis heute prägt. Die unmittelbare Staatsverwaltung reicht in Deutschland, von Ausnahmen abgesehen, nur hinunter bis auf die regionale Ebene, dort, wo in den größeren Flächenstaaten traditionell die Regierungspräsidien oder Bezirksregierungen angesiedelt waren. Darunter beginnt das Reich der kommunalen Gebietskörperschaften in Form von Landkreisen, kreisfreien Städten und kreisangehörigen Gemeinden.

Gebietskörperschaften wiederum sind eine Sonderform der Körperschaft des öffentlichen Rechts, die ihrerseits auf dem Prinzip der Mitgliedschaft beruht. Gemeinden sind Mitglieder der Körperschaft Landkreis und Bürgerinnen und Bürger wiederum Mitglieder der Körperschaft Gemeinde. Institutionengeschichtlich geht dies zum einen zurück auf die Belassung des Selbstverwaltungsrechtes des Landadels, wie es sich seit dem 17. Jahrhundert etabliert hat, andererseits auf die Ausbildung der Körperschaft des öffentlichen Rechts als Generaltypus einer auf Selbstverwaltung und Mitgliedschaftsprinzip beruhenden Organisationseinheit in der ersten Hälfte des 19. Jahrhunderts. Typisch hierfür sind unter anderem die Kammern der freien Berufe (also die Rechtsanwaltskammern, die Ärztekammern, die Handwerkskammern, die Industrie- und Handelskammern usw.), allesamt Körperschaften des öffentlichen Rechts und somit mitgliedschaftlich verfasst, aber tätig unter staatlicher Rechtsaufsicht. Dasselbe gilt in Deutschland für die höheren Bildungseinrichtungen, also die Fachhochschulen und Universitäten. Ausdruck der Selbstverwaltungskompetenz ist die Satzungshoheit der Körperschaften des öffentlichen Rechts. Auch hier hat die staatliche Zentralgewalt, also das jeweils zuständige Ministerium auf Landesebene, ein Wort mitzureden, jedoch lediglich in Form einer Rechtmäßigkeitskontrolle, während die Organisation der jeweiligen Fachaufgabe Sache der Körperschaften selbst bleibt.

Diese Dualität von Staatsverwaltung und Selbstverwaltung ist für Deutschland typisch, sie bietet insofern ein vollkommen anderes Bild als die Verwaltung in unitarischen Staaten, für die die französische Verwaltung das klassische Beispiel abgibt. Der Vergleich mit Frankreich macht im Übrigen deutlich, dass die starke Dezentralisierung und die Dualität von Staatsverwaltung und Selbstverwaltung in Deutschland nicht etwa Ausdruck demokratischer Traditionen ist, sondern ihres Gegenteils. Die Verzögerung der Demokratisierung im 19. Jahrhundert und der regelrechten Parlamentarisierung der Regierungsgewalt sogar bis in das frühe 20. Jahrhundert hinein (sie erfolgte auf Reichsebene erst 1918) ließ als Kompensationsmechanismus unterhalb der Schwelle einer Konstitutionalisierung der Staatsgewalt – also eines ausgebildeten Verfassungsstaates – das Selbstverwaltungsprinzip für die Städte und als tragendes Element der Kompromissbildung zwischen Staat und Bürgertum entstehen, was seinen Ausdruck im Institut der Körperschaft des öffentlichen Rechts fand. In Frankreich dagegen beruht der republikanische Gedanke seit 1789 darauf, dass zwischen dem Staat und dem *citoyen* keine ständischen Gewalten stehen dürfen und das jakobinische Prinzip der einen und unteilbaren Republik auch für die gesamte Verwaltung gilt.

Die zweite wesentliche historische Quelle der starken Dezentralisierung der Verwaltung in Deutschland ist selbstverständlich der Föderalismus, der seine Wurzeln wiederum in der späten Staatswerdung der Nation hat, zu der es erst 1871 auf Beschluss der Fürsten und nicht etwa, wie es 1848 hatte geschehen sollen, durch eine Bewegung des Volkes kam. Nicht nur, dass die deutschen Gliedstaaten zu diesem Zeitpunkt bereits über eine für die damaligen Verhältnisse voll entwickelte Verwaltungsstruktur verfügten, vielmehr konnten auch die Fürsten ihrerseits an einer starken Reichsgewalt mit einem eigenen Verwaltungsunterbau nur bedingt interessiert sein. Es waren weniger die adeligen als die bürgerlichen Kräfte einer sich in Deutschland erst im letzten Drittel des 19. Jahrhunderts entwickelnden Industriegesellschaft, die für eine reichseinheitliche Regelung von Rechtsbeziehungen, Maßen und Gewichten, Zollregelungen usw. eintraten. Bezeichnenderweise dauerte es nahezu dreißig Jahre, bis zum 1. Januar 1900, bis das Bürgerliche Gesetzbuch (BGB) als reichseinheitliche Kodifizierung der zivilen Rechtsbeziehungen in Kraft trat, während es zu einer gesamtstaatlichen Regelung des Allgemeinen Verwaltungsrechts in kodifizierter Form nie kommen sollte.

Gleichwohl sorgten gegen Ende des 19. Jahrhunderts in Deutschland zwei politische Faktoren für einen Kompetenzzuwachs der Reichsgewalt und für Vereinheitlichungsschübe im Bereich der Gesetzgebung und der fiskalischen Strukturen. Das eine war die Sozialgesetzgebung der 1880er und 1890er Jahre, die – in Gestalt einer »Reform von oben« – ein Reflex war auf die, wie es in der Begründung zu den Sozialistengesetzen von 1881 hieß, »gemeingefährlichen Bestrebungen der Sozialdemokratie«. Ihr Ziel war es, den deutschen Sozialisten durch die Einführung einer für das damalige Europa fortschrittlichen Absicherung aller Arbeitnehmer gegen die Risiken von Krankheit und Arbeitsunfällen und die Einführung einer gesetzlichen Rentenversicherung den Wind aus den Segeln zu nehmen. Damit wurde nicht allein ein Gesetzgebungsmonopol der zentralstaatlichen Ebene etabliert, vielmehr kam auch hier wiederum das Prinzip der Selbstverwaltungskörperschaft zum Tragen, weil die Versicherungsträgerschaft nicht vom Staat direkt, sondern neuerlich von öffentlich-rechtlichen Körperschaften übernommen wurde. Mitglieder wurden die Versicherten und die Arbeitgeber.

Ein weiterer Zentralisierungsimpuls ging ausgerechnet von den Gliedstaaten aus, deren Situation durch starke Asymmetrien sowohl im Hinblick auf territoriale Größe als auch im Hinblick auf Wirtschaftskraft und Sozialstruktur geprägt war. Die Gleichbehandlungsansprüche der Fürstenstaaten in einem Reich, das seiner Verfassung nach ein Fürstenbund war, konnten naturgemäß nur durch reichseinheitliche Maßnahmen und damit auf zentraler Ebene befriedigt werden. Darin waren Zentralisierungsschübe der Gesetzgebungspraxis angelegt, die sich in der Weimarer Republik, nunmehr unter einer demokratischen Reichsverfassung, voll entfalten und in Westdeutschland unter dem 1949 verabschiedeten Grundgesetz konsolidieren sollten.

Die Gebote der Gleichwertigkeit (Art. 72 GG) und Einheitlichkeit (Art. 106 GG) der Lebensverhältnisse als Grundsätze der Gesetzgebung des Bundes und der Finanzverfassung haben seit 1949 in Verbindung mit dem Institut der konkurrierenden Gesetzgebung – die Gesetzgebungstätigkeit des Bundes, welche die Gesetzgebungshoheit der Länder in dem Moment aufhebt, in dem der Bund die Gesetzgebungskompetenz selbst in Anspruch nimmt – zu der für Deutschland charakteristischen Arbeitsteilung in der Staatstätigkeit geführt, in deren Rahmen Gesetzgebung überwiegend Bundessache, Gesetzesvollzug, also Verwaltung, überwiegend Ländersache ist.

Homogener Gesetzesvollzug durch heterogene Verwaltung

Diese Konstellation war und ist in der Staatspraxis handhabbar aufgrund rechtsetzungstechnischer und verwaltungsorganisatorischer Elemente, die wiederum ihre Wurzeln im vordemokratischen Deutschland haben. Das Grundproblem einer Konstellation, in der die Zentralebene überwiegend für die Rechtsetzung, die dezentrale Ebene dagegen überwiegend für die Rechtsanwendung zuständig ist, liegt offensichtlich in der großen Heterogenität der Vollzugslandschaft. Es kommt darauf an, ein und dasselbe Gesetz in sechzehn Bundesländern, von denen die Flächenländer überwiegend ihre Landkreise und Gemeinden für den Gesetzesvollzug in Anspruch nehmen, bundesweit einheitlich zu vollziehen.

Tatsächlich unterscheidet sich die Vollzugsstruktur für ein und dasselbe Bundesgesetz unter den Bundesländern erheblich, wie schon der Unterschied zwischen Stadtstaaten und Flächenländern zeigt. In den Stadtstaaten fallen Landesverwaltung und Kommunalverwaltung zusammen, und unter den Flächenländern gibt es wiederum solche, die über eine allgemeine Mittelstufe in Form von Regierungspräsidien oder Bezirksregierungen verfügen, und solche, bei denen das nicht der Fall ist, also lediglich ein zweistufiger Verwaltungsaufbau in Form von Zentralstufe und Landkreisen beziehungsweise kreisfreien Städten existiert. Die vielfältigen Wahl- und Kombinationsmöglichkeiten bei der Gestaltung der Rechtsformen von Verwaltungsträgerschaften, die jedem Bundesland zur Verfügung stehen, kommen hinzu. Für den Bundesgesetzgeber wäre es jedenfalls nahezu unmöglich, all diese Sonderfälle mit speziellen Vollzugsanweisungen zu berücksichtigen, wie sie im Interesse eines homogenen Gesetzesvollzugs und damit wiederum nach dem allgemeinen Gleichheitssatz von Art. 3 des Grundgesetzes erforderlich wären.

Doch kommt die Geschichte der Staatsentwicklung in Deutschland dem Gesetzgeber entgegen. Als es noch keine parlamentarische Gesetzgebung gab, weil es keine Parlamente gab, war Gesetzgebung Sache der Exekutive, genauer gesagt der Ministerien. Und das ist in Deutschland, was die tatsächliche Entstehung von Gesetzen betrifft, bis heute so geblieben. Die einschlägigen »Referentenentwürfe« für Gesetze sind Produkte der Ministerialverwaltung in der Verantwortung eines Fachreferats. Gesetze werden in Deutschland von Beamten gemacht, zum Teil von denselben Beamten, die diese Gesetze später auszuführen haben oder von den Gesetzen selbst betroffen sind. Manch großzügige Regelung des Beamtenrechts findet hier zum Beispiel eine einfache Erklärung.

Dies ist jedoch lediglich eine, wenn auch die grundlegende Variante der eigentümlichen Aktivität der Exekutive auf dem Gebiet der Legislative. Sie berührt die Gewaltenteilung bestenfalls am Rande, weil die Rechtsetzungskompetenz des Parlaments durch sie nicht eingeschränkt wird. Anders liegt es bei dem wichtigsten Mechanismus, durch den sichergestellt wird, dass Bundesgesetze in Deutschland in einer überaus heterogenen Vollzugslandschaft auf homogene Weise umgesetzt werden, nämlich der Rechtsverordnung. Rechtsverordnungen sind nichts anderes als Gesetze, welche die Exekutive selbst erlässt, genauer gesagt Gesetze »im materiellen Sinne«, wie die übliche Sprachregelung lautet. Es handelt sich wie bei allen Gesetzen um abstrakt-generelle Regelungen, die jedoch auf der Grundlage einer Verordnungsermächtigung des ursprünglichen Gesetzes, sei es auf Bundes- oder auf Landesebene, durch nachgeordnete Instanzen der Exekutive erlassen werden können. Der typische Fall ist eine Verordnungsermächtigung in einem Bundesgesetz, auf deren Grundlage ein Landesministerium eine Rechtsverordnung erlässt, die in ihren Kompetenzregelungen und Verfahrensvorschriften den jeweils landeseigenen Verwaltungsverhältnissen angepasst ist. Ebendies ist der Mechanismus, der den homogenen Vollzug eines Bundesgesetzes in einer heterogenen, stark dezentralisierten Verwaltungsstruktur ermöglicht.

Natürlich liegt hierin eine Schwächung der Legislative. Das Grundgesetz trägt dem Rechnung, indem es den Umfang einer Verordnungsermächtigung für den Bundesgesetzgeber genau definiert. »Durch Gesetz«, so heißt es in Art. 80 Abs. 1 des Grundgesetzes, »können die Bundesregierung, ein Bundesminister oder die Landesregierungen ermächtigt werden, Rechtsverordnungen zu erlassen. Dabei müssen Inhalt, Zweck und Ausmaß der erteilten Ermächtigung im Gesetz bestimmt werden.« Dies wird als Bestimmtheitsgebot oder Prinzip der Spezialermächtigung (im Gegensatz zur Generalermächtigung) bezeichnet. Nicht-demokratische oder regelrecht totalitäre Regime zeichnen sich dadurch aus, dass sie von gesetzlichen Generalermächtigungen der Exekutive regen und geradezu uferlosen Gebrauch machen. Die NS-Diktatur ist dafür in der deutschen Geschichte von Gesetzgebung und Verwaltung das berüchtigste und am gründlichsten analysierte Beispiel.[2]

Flexible Rechtsstaatlichkeit

Wie erwähnt, existiert in Deutschland keine bundeseinheitliche Kodifikation, keine gesetzliche Fassung des Allgemeinen Verwaltungsrechts. Die Unterscheidung zwischen Allgemeinem und Besonderem Verwaltungsrecht bezieht sich auf den Unterschied zwischen dem Recht für die einzelnen Fachgebiete der Verwaltung (dies ist das Besondere Verwaltungsrecht) und dem Recht für die allgemeinen Grundsätze des rechtsstaatlichen Verwaltungshandelns und dessen bundesweit gültige Formen. Zwar gibt es seit 1976 ein Verwaltungsverfahrensgesetz des Bundes, dem gleichlautende Verwaltungsverfahrensgesetze der Bundesländer folgten. Auch diese Verwaltungsverfahrensgesetze erfassen jedoch bei weitem nicht den gesamten Bereich der Verwaltungstätigkeit, zum Beispiel nicht den privatrechtlichen Bereich, in dem sich die Verwaltung etwa durch Vertragsabschlüsse (vom Institut des öffentlich-rechtlichen Vertrages abgesehen) und in den privatrechtlichen Trägerformen wie GmbHs oder eingetragenen Vereinen bewegt.

2 Bernd Rüthers, *Die unbegrenzte Auslegung. Zum Wandel der Privatrechtsordnung im Nationalsozialismus*, Tübingen [7]2012; Michael Stolleis, *Gemeinwohlformeln im nationalsozialistischen Recht*, Berlin 1974; Wolfgang Seibel, »Steuerung durch Recht im Nationalsozialismus? Juristische Methodenlehre und ökonomische Dogmengeschichte zwischen Kontinuität, Effektivität und Verbrechen«; Dieter Gosewinkel (Hg.), *Wirtschaftskontrolle und Recht in der nationalsozialistischen Diktatur*, Frankfurt/M. 2005, S. 15-38.

Rechtsstaatliche Verwaltung ist selbstverständlich gesetzesgebundene Verwaltung, aber die Verwaltung handelt dennoch auf vielen Gebieten und in weiten Bereichen ohne ausdrückliche gesetzliche Ermächtigung. Unterschieden wird zwischen dem Vorbehalt und dem Vorrang des Gesetzes. Nach dem Grundsatz des Vorbehalts des Gesetzes darf die Verwaltung nur tätig werden, wenn sie dazu durch Gesetz ermächtigt worden ist. Dies gilt unumschränkt für diejenigen Bereiche, die man als Eingriffsverwaltung bezeichnet, also dort, wo der Staat in die Rechte seiner Bürger eingreift und diese damit schmälert. Für den Bereich der so genannten Leistungsverwaltung hingegen ist die Reichweite des Grundsatzes des Vorbehalts des Gesetzes nicht klar definiert. Nach der vom Bundesverfassungsgericht 1975 entwickelten Wesentlichkeitstheorie muss der Gesetzgeber in Deutschland jedenfalls alle »wesentlichen« Entscheidungen im normativen Bereich treffen, insbesondere wenn Grundrechte berührt werden.[3]

Bei der Gesetzesbindung der Verwaltung muss ein weiteres, für jede rechtliche Steuerung charakteristisches Problem gelöst werden, nämlich die Herstellung einer angemessenen Balance zwischen Rechtsbindung und Flexibilität der Verwaltung. An beidem sind die Bürgerinnen als »Endverbraucher« der Verwaltungstätigkeit offensichtlich interessiert. Rechtsbindung bedeutet Gleichbehandlung, Berechenbarkeit und Willkürfreiheit, insofern kann die Rechtsbindung der Verwaltung nicht strikt genug sein. Wäre sie dies allerdings im Übermaß, wäre sie unflexibel und nicht in der Lage, auf die Besonderheiten des Einzelfalles und die legitimen Bedürfnisse der Bürger einzugehen. Die klassischen Instrumente, mit denen diese Balance im deutschen Verwaltungsrecht hergestellt wird, sind die Ermessensgewährung und der unbestimmte Rechtsbegriff.

Dieser Unterscheidung liegt die Konditionalstruktur einer Rechtsnorm zugrunde. Eine Rechtsnorm, soweit sie nicht bloße Zielvorgaben formuliert, definiert einen Tatbestand und knüpft an diesen eine Rechtsfolge. Dies ist nicht nur im Strafrecht so (wenn jemand eine bestimmte Tat begeht, wird er oder sie mit einer bestimmten Strafe belegt), sondern auch im Verwaltungsrecht

3 Entscheidungen des Bundesverfassungsgerichts, Bd. 49, Beschluss vom 8. August 1978 betreffend »Kalkar I« (BVerfGE 49, 89).

(etwa: wenn jemandes Einkommen eine bestimmte Grenze nicht überschreitet, hat er oder sie Anrecht auf Wohngeldzahlung). Auf beiden Seiten dieser konditionalen Struktur einer Rechtsnorm, der Tatbestandsseite und der Rechtsfolgenseite, kann von rechtsetzungstechnischen Flexibilisierungen Gebrauch gemacht werden, was den Handlungsspielraum der Verwaltung erweitert. Sinn dieser Mechanismen ist allerdings keine Lockerung des Willkürverbotes oder des allgemeinen Gleichheitssatzes nach Art. 3 des Grundgesetzes, sondern die Ermöglichung einzelfallgerechter Entscheidungen. Findet die Flexibilisierung oder Lockerung der Gesetzesbindung auf der Rechtsfolgeseite einer Rechtsnorm statt, spricht man von Ermessensgewährung. Findet die Lockerung der Gesetzesbindung auf der Tatbestandsseite statt, handelt es sich um unbestimmte Rechtsbegriffe.

Ermessensgewährung liegt vor, wenn die Verwaltung bei der Verwirklichung eines gesetzlichen Tatbestandes zwischen verschiedenen Verhaltensweisen wählen kann.[4] Dies erfolgt in der Praxis weniger durch den ausdrücklichen Hinweis auf eine Ermessensentscheidung als durch Formulierungen wie »kann« oder »darf«. Formulierungen wie »muss«, »ist zu (erteilen)« oder »darf nicht (versagt werden)« bedeuten, dass ein Ermessensspielraum der Verwaltung ausdrücklich nicht gegeben ist. Es gibt auch kein »freies Ermessen«, sondern nur ein »pflichtgemäßes Ermessen«, das im Verwaltungsverfahrensgesetz (§ 40) definiert ist, wo es heißt: »Die Behörde hat [= ist verpflichtet] ihr Ermessen entsprechend dem Zweck der Ermächtigung auszuüben und die gesetzlichen Grenzen des Ermessens einzuhalten.« Der Zweck der Ermessensermächtigung liegt also nicht in einer Ermächtigung zum Unterlaufen des Gesetzes, sondern in der Erweiterung des Handlungsspielraums der Verwaltung bei der Verwirklichung einer gesetzesangemessenen Entscheidung. Die Verwaltung darf auch keine nicht im Rahmen der Ermessensvorschrift liegende Rechtsfolge aussprechen (zum Beispiel eine Gebühr verlangen, die in einer Gebührenordnung gar nicht vorgesehen ist). Sie muss andererseits ein ihr nach dem Gesetz zustehendes Ermessen auch tatsächlich ausüben (also zum Beispiel eine Kann-Vorschrift ernst nehmen und nicht unter der Hand

4 Vgl. hierzu und zum Folgenden Maurer, *Allgemeines Verwaltungsrecht*; Schuppert, *Verwaltungswissenschaft*, S. 523-543.

zu einer Muss-Vorschrift machen oder einfach eingeschliffenen Routinen folgen). Und sie muss sich eben bei der Ausübung des Ermessens ausschließlich vom Zweck der Ermessensgewährung leiten lassen, sie darf zum Beispiel den damit eröffneten Handlungsspielraum nicht für persönliche oder parteipolitische Ziele nutzen.

Unbestimmte Rechtsbegriffe dagegen eröffnen der Verwaltung einen Beurteilungsspielraum in Bezug auf das Vorliegen des im Gesetz definierten Tatbestandes. Im Interesse eines flexiblen und situationsangemessenen Verwaltungshandelns kann es sinnvoll sein, Tatbestandsmerkmale im Gesetz so zu formulieren, dass das Vorliegen des Tatbestandes im Einzelfall Gegenstand eines Beurteilungsspielraums der Verwaltung ist. Typische Beispiele sind Begriffe wie »öffentliches Interesse«, »Gemeinwohl«, »wichtiger Grund«, »Eignung« oder»besonderer Härtefall«.

Wie bei der Rechtsverordnung ist die Flexibilisierung des Verwaltungsrechts durch Ermessensgewährungen und unbestimmte Rechtsbegriffe unter rechtsstaatlichen Gesichtspunkten offensichtlich nicht ohne Risiken. Eine Lockerung der Gesetzesbindung der Verwaltung bedeutet grundsätzlich immer eine Lockerung des Rechtsstaatsprinzips. Deshalb kommt es entscheidend auf den Umfang der gerichtlichen Überprüfbarkeit von Verwaltungsentscheidungen an, die in Form der Ermessensausübung oder der Konkretisierung unbestimmter Rechtsbegriffe erfolgt. Tatsächlich ist die gerichtliche Überprüfung von Ermessensentscheidungen eingeschränkt. Man könnte sagen: Wäre es anders, hätte dieses Instrument der Flexibilisierung des Verwaltungshandelns auch keinen Sinn. Aber ganz so ist es auch wieder nicht. Die Verwaltungsgerichte können und müssen überprüfen, ob die Ausübung des Ermessens durch die Verwaltung »pflichtgemäß« war, und das heißt, ob die Verwaltung sich bei der Nutzung des eröffneten Entscheidungsspielraums tatsächlich durch den Zweck der Ermessensgewährung hat leiten lassen beziehungsweise ob sie nicht einfach nach »Schema F« vorgegangen ist. Die Interpretation unbestimmter Rechtsbegriffe durch die Verwaltung gilt sogar in der Sache selbst als gerichtlich in vollem Umfang nachprüfbar (mit wenigen Ausnahmen, etwa bei Prüfungsentscheidungen im Schul- und Hochschulbereich). In den Kern einer fachlichen Beurteilung – ob also eine Abschlussarbeit die Note »gut« oder »befriedigend« verdient hat – kann ein Gericht, falls die Beurteilung eines Professors durch einen Studierenden angefochten wird, nicht eingreifen. Es könnte aber überprüfen, ob bei einer Prüfung »alles mit rechten Dingen zuging«, ob also bei einer Klausur die Beleuchtung ausreichend war oder allen Klausurteilnehmern die gleichen Hilfsmittel zur Verfügung standen.

Rechtswegegarantie und subjektives öffentliches Recht

Bürgerinnen und Bürger, die sich durch die Verwaltung in ihren Rechten verletzt sehen, steht nach Artikel 19 Absatz 4 des Grundgesetzes der Rechtsweg offen. Der hier zugrundeliegende Gedanke ist der des subjektiven öffentlichen Rechts, das nicht nur auf dem Gebiet des öffentlichen Rechts, sondern für den Rechtsstaat generell konstitutiv ist. Man versteht darunter »die einem Subjekt durch eine Rechtsnorm zuerkannte Rechtsmacht, zur Verfolgung eigener Interessen von einem anderen ein bestimmtes Tun, Dulden oder Unterlassen zu fordern«.[5] Zur »Rechtsmacht« gehört notwendigerweise, dass eine solche Forderung auch durchgesetzt werden kann; das geschieht durch Gerichte. Auf dem Gebiet des Zivilrechts ist diese »Rechtsmacht« eines »Subjekts« – eines Individuums oder einer juristischen Person, zum Beispiel einer Firma – von grundlegender Bedeutung für die Ausgestaltung einer Wirtschaftsordnung, in der Menschen Investitionen tätigen und Güter liefern im Vertrauen darauf, dass abgeschlossene Verträge gelten. Aus der historischen und der wirtschaftswissenschaftlichen Forschung wissen wir, dass aus diesem Grund ein verlässlicher Rechtsstaat und nachhaltiges Wirtschaftswachstum in einem ursächlichen Zusammenhang stehen.[6] Im Zivilrecht hat sich daher das Institut des subjektiven Rechts – also zum Beispiel die Möglichkeit eines Individuums, einen Schuldner vor Gericht zu bringen – in Europa viel früher entwickelt als im öffentlichen Recht, wo es lange Zeit umstritten blieb.

Bezeichnend ist denn auch, dass Diktaturen und autoritäre Regime das subjektive öffentliche Recht nicht kennen und in der Regel rundheraus ablehnen. Dies war auch unter den beiden deut-

5 Maurer, *Allgemeines Verwaltungsrecht*, S. 164.

6 Vgl. Douglass C. North, *Institutions, Institutional Change, and Economic Performance*, Cambridge u. a. 1990.

schen Diktaturen im 20. Jahrhundert so. Die nationalsozialistische Rechtslehre hat das Konzept des subjektiven öffentlichen Rechts ebenso abgelehnt[7] wie die Rechtslehre und Rechtspraxis der kommunistischen DDR, und das aus nachvollziehbaren Gründen, denn das subjektive öffentliche Recht ist ja nichts anderes als die Möglichkeit, als Bürgerin den Staat selbst vor Gericht zu bringen und ihm dort »auf gleicher Augenhöhe« zu begegnen. Dieser Gedanke ist für Diktaturen und autoritäre Regime logischerweise unerträglich.

Das subjektive öffentliche Recht ist allerdings auch unter dem deutschen Grundgesetz mit einer Einschränkung versehen: Die Bürger können nur die Verletzung ihrer *eigenen* Rechte geltend machen. Das regelt § 42 Abs. 2 der Verwaltungsgerichtsordnung (VwGO): »Soweit gesetzlich nichts anderes bestimmt ist, ist die Klage nur zulässig, wenn der Kläger geltend macht, durch den Verwaltungsakt oder seine Ablehnung oder Unterlassung in seinen Rechten verletzt zu sein.« Eine Klage gegen die Verwaltung wegen einer mutmaßlichen allgemeinen Verletzung der jeweils maßgeblichen Rechtsgrundlage, die zu Lasten Dritter geht (die so genannte Popularklage), ist damit ausgeschlossen. Es kann also der Extremfall eintreten, dass der Bürger die Verwaltung *in flagranti* beim Rechtsbruch erwischt, ohne etwas dagegen tun zu können. Dann gilt schlicht das Motto »Wo kein Kläger, da kein Richter«.

Der Verwaltungsakt

Der Verwaltungsakt ist gewissermaßen das Herzstück der Verwaltung.[8] Seine Funktion liegt darin, das Verwaltungshandeln in eine für die Bürgerinnen ebenso wie für die Verwaltung selbst transparente und berechenbare Form zu bringen. Dort, wo es rechtlich so geregelt ist, haben die Bürger Anspruch auf den Erlass eines Verwaltungsakts und auf die Einhaltung der dafür geltenden Form- und Verfahrensvorschriften. Das gilt übrigens auch für Verwaltungsakte, die die Verwaltung ungefragt erlässt, etwa die

7 Vgl. Michael Stolleis, *Geschichte des öffentlichen Rechts in Deutschland. Dritter Band: Staats- und Verwaltungswissenschaft in Republik und Diktatur 1914-1945*, München 1999, S. 363 f.

8 Schuppert, *Verwaltungswissenschaft*, S. 154-170.

Zustellung von Bußgeld- oder Steuerbescheiden. Im Hinblick auf die Verfahrensformen seines Zustandekommens und seiner Bekanntgabe und insbesondere in Bezug auf seine Geltungskraft ist der Verwaltungsakt mit einem Gerichtsurteil verglichen worden.[9] Er bindet die Beteiligten, also auch die Verwaltung, und er ist im Zweifelsfall, also auch bei »Widerstreben« (Max Weber), für die Verwaltung durchsetzbar.

»Verwaltungsakt ist jede Verfügung, Entscheidung oder andere hoheitliche Maßnahme, die eine Behörde zur Regelung eines Einzelfalles auf dem Gebiet des öffentlichen Rechts trifft und die auf die unmittelbare Rechtswirkung nach außen gerichtet ist«, lautet die Legaldefinition in § 35 Verwaltungsverfahrensgesetz (VwVfG). Der Verwaltungsakt ist insofern die elementare Handlungsform, mit der die Verwaltung aus den abstrakt-generellen Regeln des Verwaltungsrechts konkret-individuelle Entscheidungen im Verhältnis zum einzelnen Bürger macht. Die positive Bedeutung für den Bürger besteht in der Konkretisierung der für die Verwaltung maßgeblichen Rechtsgrundlage nach einem festen und berechenbaren Schema mit eindeutig geregelten Anfechtungs- oder Feststellungsmöglichkeiten (»Rechtsschutz«). Die positive Bedeutung des Verwaltungsakts für die Verwaltung besteht in der Herstellung einer Routine für das Verwaltungshandeln mit einer verlässlichen Steuerungswirkung.

Es gibt unterschiedliche Arten von Verwaltungsakten; grundlegend ist zu unterscheiden zwischen begünstigenden und belastenden Verwaltungsakten. Typische begünstigende Verwaltungsakte sind die Bewilligung einer staatlichen Geldleistung oder die Erteilung einer Bauerlaubnis, belastende Verwaltungsakte sind etwa Steuerbescheide oder eben die Ablehnung einer beantragten Baugenehmigung. Außerdem unterscheidet man zwischen befehlenden, gestaltenden und feststellenden Verwaltungsakten. Ein befehlender Verwaltungsakt ist zum Beispiel ein Versammlungsverbot oder ein Gebührenbescheid. Ein gestaltender Verwaltungsakt beinhaltet die Änderung oder Beseitigung eines bestimmten Rechtsverhältnisses, Beispiele sind Einbürgerungsakte, Beamtenernennungen oder die Immatrikulation an einer Hochschule. Feststellende Verwaltungsakte sind solche, die ein Recht oder eine rechtlich erhebliche Ei-

9 Mayer, *Deutsches Verwaltungsrecht*.

genschaft einer Person feststellen, wie etwa die Feststellung der Staatsangehörigkeit oder des Besoldungsdienstalters oder die Anerkennung als Kriegsdienstverweigerer.

Mindestens so interessant wie die Frage, was ein Verwaltungsakt ist, ist die Frage, was *kein* Verwaltungsakt ist. »Rein tatsächliche Verwaltungshandlungen«, so genannte Realakte – etwa die Beseitigung eines Verkehrshindernisses durch eine Polizistin oder die Unterhaltung des städtischen Freibades – sind zum Beispiel keine Verwaltungsakte. Vorbereitungs- oder Teilakte, zum Beispiel ein medizinisches Gutachten zur Überprüfung der Gesundheit einer angehenden Beamtin, oder Einzelnoten im Rahmen einer Abschlussprüfung, sind ebenfalls keine Verwaltungsakte. Dasselbe gilt für zivilrechtliche Rechtsakte, etwa den Abschluss eines Mietvertrages zwischen der Verwaltung und einem privaten oder öffentlichen Mieter. Durch das Merkmal der Einzelfallregelung sind auch Rechtsverordnungen von der Definition des Verwaltungsakts ausgeschlossen, denn Rechtsverordnungen sind »Gesetze im materiellen Sinne« und daher abstrakt-generelle und nicht, wie der Verwaltungsakt, konkret-individuelle Regelungen. Auch innerdienstliche Weisungen oder die Zustimmung anderer Verwaltungsbehörden sind keine Verwaltungsakte, weil ihnen die unmittelbare Rechtswirkung nach außen fehlt.[10]

Die ausgeprägte Robustheit des Verwaltungsaktes

Bemerkenswert am Verwaltungsakt und seiner zentralen Stellung im deutschen Verwaltungsrecht sind auch die im Laufe der Zeit entstandenen Zusatzmechanismen, durch die dem Verwaltungsakt eine besondere Robustheit gegenüber möglichen Anfechtungen verliehen wurde.[11] Dies kann man durchaus als einen positiven Beitrag zur Rechtsstaatlichkeit im Alltag betrachten, weil dadurch dem Verwaltungshandeln Stabilität und Berechenbarkeit verliehen wird. Ein einmal erlassener Verwaltungsakt ist nicht so leicht aus den Angeln zu heben, auch nicht für die Verwaltung selbst, geschweige

10 Maurer, *Allgemeines Verwaltungsrecht*, S. 201-206.

11 Karl-Heinz Ladeur, »Die Zukunft des Verwaltungsakts – Kann die Handlungsformenlehre aus dem Aufstieg des ›informalen Verwaltungshandelns‹ lernen?«, in: *Verwaltungsarchiv* 86 (1995), S. 511-530.

denn für Einflussnehmer von außen, etwa mächtige Wirtschaftsvertreter oder Politikerinnen und Politiker. Eine korruptionsfreie Verwaltung etwa kann man sich ohne robuste Verwaltungsakte kaum vorstellen. Die Kehrseite dieser Robustheit liegt in einer deutlich ausgeprägten Machtasymmetrie zwischen der Verwaltung und dem einzelnen Bürger.

Das beginnt mit dem Kuriosum, dass ein Verwaltungsakt in jedem Falle rechtswirksam ist, selbst wenn er objektiv rechtswidrig sein sollte. Man nennt dies die fehlerunabhängige Rechtswirksamkeit. Lediglich ein offensichtlich und schwerwiegend rechtswidriger Verwaltungsakt – das Verlangen einer Straftat beispielsweise – ist von vornherein nichtig und daher vom Adressaten auch nicht zu beachten. Der Betroffene braucht allerdings einen seiner Auffassung rechtswidrigen Verwaltungsakt nicht hinzunehmen, er kann ihn anfechten. Die Anfechtung hat in der Regel zur Folge, dass der Verwaltungsakt zunächst nicht vollzogen wird und, wenn er sich im Anfechtungsverfahren als rechtswidrig erweisen sollte, aufzuheben ist. In manchen Fällen – Beispiel: Auflösung einer Demonstration – wird allerdings die sofortige Wirksamkeit angeordnet. Die Anfechtung eines Verwaltungsaktes muss innerhalb einer bestimmten Frist – in der Regel nicht mehr als vier Wochen – erfolgen. Wenn er nicht fristgemäß oder erfolglos angefochten worden ist, wird die vorläufige Rechtswirksamkeit des Verwaltungsaktes zur endgültigen Rechtswirksamkeit. Der Adressat eines Verwaltungsaktes – denken wir der Einfachheit halber an einen belastenden Verwaltungsakt, etwa einen Gebührenbescheid – kann also einen ihres oder seines Erachtens fehlerhaften Verwaltungsakt nicht einfach ignorieren. Das ist der Sinn der vorläufigen Rechtswirksamkeit. Ist man mit einem Verwaltungsakt nicht einverstanden, muss man ihn in jedem Fall anfechten, sonst muss man ihn beachten, auch wenn man ihn für rechtswidrig hält.

Das Verwaltungsverfahrensgesetz errichtet allerdings recht hohe Hürden, die vor einer Nichtigkeitserklärung eines Verwaltungsakts überwunden werden wollen. So ist ein Verwaltungsakt, wie es in §44 VwVfG in schönstem Beamtendeutsch heißt, »nicht schon deshalb nichtig«, weil ihn eine örtlich nicht zuständige Behörde erlassen oder, wohlgemerkt, eine befangene Person an seinem Zustandekommen mitgewirkt hat. Überaus großzügig geht das Verwaltungsverfahrensgesetz, ungeachtet seines wohlklingenden Namens, mit Verfahrensfehlern um. Diese sind, so heißt es in § 45 VwVfG, in einer ganzen Reihe von Varianten »unbeachtlich«, soweit sie nachträglich korrigiert (»geheilt«) werden können. Darin ist auch ein durchaus unbürokratisches Element zugunsten der Bürgerinnen und Bürger enthalten, nämlich die Bestimmung, dass ein für den Erlass eines Verwaltungsaktes erforderlicher Antrag auch nachträglich gestellt werden kann. Ansonsten aber geht das Verwaltungsverfahrensgesetz auch hier vor allem mit der Verwaltung selbst sehr großzügig um. Eine eigentlich erforderliche, aber unterlassene Begründung eines Verwaltungsaktes kann nachträglich gegeben werden; die eigentlich erforderliche, aber unterlassene Anhörung eines Beteiligten kann nachgeholt werden; der eigentlich erforderliche, aber ausgebliebene Beschluss eines Ausschusses, dessen Mitwirkung für den Erlass eines Verwaltungsaktes erforderlich ist, kann nachträglich gefasst werden; die eigentlich erforderliche, aber unterbliebene Mitwirkung einer anderen Behörde kann nachgeholt werden.

Die Krönung dieser ausgeprägten Verfahrensfehlertoleranz ist § 46 VwVfG. Dort heißt es: »Die Aufhebung eines Verwaltungsaktes, [...] kann nicht allein deshalb beansprucht werden, weil er unter Verletzung von Vorschriften über das Verfahren, die Form oder die örtliche Zuständigkeit zustande gekommen ist, wenn offensichtlich ist, dass die Verletzung die Entscheidung in der Sache nicht beeinflusst hat.« Das heißt auf gut Deutsch: Hauptsache, das Ergebnis stimmt. Und das heißt wiederum: Verfahrensvorschriften muss die Verwaltung nicht allzu ernst nehmen. Und dies wiederum heißt: Ausgerechnet das Verwaltungs*verfahren*sgesetz signalisiert der Verwaltung, dass die Verletzung von Verfahrensvorschriften eigentlich nicht so gravierend ist.

Der nicht ganz ernst genommene Bürger

Die Verfasser des Verwaltungsverfahrensgesetzes – natürlich waren es auch Beamte der Ministerialverwaltung, in diesem Fall die des Bundesinnenministeriums – haben es also verstanden, ein Gesetz zu verfassen, das sich in erheblichen Teilen selbst dementiert. Weitere Beispiele, die belegen, dass die Gesetzemacher vor allem das Wohl der Verwaltung und weniger die Bedürfnisse und Interessen der Bürgerinnen und Bürger im Auge hatten, finden sich in den Regelungen zu den Verfahrensrechten der am Verwaltungsverfahren Beteiligten. Hier bekommt man mitunter gar den Eindruck, dass der Gesetzgeber einen auf den Arm nehmen will.

Das gilt zunächst für das Recht auf Anhörung, wie es § 28 Abs. 1 VwVfG zunächst großzügig zu gewähren scheint: »Bevor ein Verwaltungsakt erlassen wird, der in Rechte eines Beteiligten eingreift, ist diesem Gelegenheit zu geben, sich zu den für die Entscheidung erheblichen Tatsachen zu äußern.« Obwohl sich bei genauem Hinsehen dieses Anhörungsrecht lediglich auf die Vorbereitung belastender Verwaltungsakte bezieht, scheint es zunächst unbedingt und umfassend zu sein. In den nachfolgenden Bestimmungen wird das Recht auf Anhörung dann jedoch durch zahlreiche Ausnahmebestimmungen wieder nahezu aufgehoben. So kann nach § 28 Abs. 2 VwVfG

> von der Anhörung [...] abgesehen werden, wenn sie nach den Umständen des Einzelfalles nicht geboten [!] ist, insbesondere wenn (1) eine sofortige Entscheidung wegen Gefahr in Verzug oder im öffentlichen Interesse notwendig erscheint; (2) durch die Anhörung die Einhaltung einer für die Entscheidung maßgeblichen Frist in Frage gestellt würde; (3) von den tatsächlichen Angaben eines Beteiligten, die dieser in einem Antrag oder einer Erklärung gemacht hat, nicht zu seinen Ungunsten abgewichen werden soll; (4) die Behörde eine Allgemeinverfügung oder gleichartige Verwaltungsakte in größerer Zahl oder Verwaltungsakte mit Hilfe automatischer Einrichtungen erlassen will; (5) Maßnahmen in der Verwaltungsvollstreckung getroffen werden sollen.

Und als ob dies immer noch nicht hinreichend klarmache, dass der Gesetzgeber das Recht auf Anhörung am liebsten gar nicht gewährt hätte, heißt es in § 28 Abs. 3 VwVfG: »Eine Anhörung unterbleibt, wenn ihr ein zwingendes öffentliches Interesse entgegensteht.«

Diese Ausnahmeregelungen sind nicht nur zahlreich, sie enthalten auch zahlreiche unbestimmte Rechtsbegriffe (siehe oben). Hinzu kommt, dass die fehlende Anhörung im Verwaltungsverfahren ohnehin weitgehend sanktionslos bleibt, da sie, wie oben erwähnt, noch im Widerspruchsverfahren und teilweise auch noch im Verwaltungsgerichtsverfahren nachgeholt werden kann. Mit anderen Worten: Das Recht auf Anhörung nach § 28 VwVfG ist im Wesentlichen ein Bluff.

Dass dies nicht etwa ein Ausrutscher des Gesetzgebers war, sondern Methode hat, belegt die ganz ähnlich gestrickte Regelung des Rechts auf Akteneinsicht. Auch hier heißt es im Verwaltungsverfahrensgesetz zunächst scheinbar eindeutig: »Die Behörde hat den Beteiligten Einsicht in die das Verfahren betreffenden Akten zu gestatten.« (§ 29 Abs. 1 Satz 1 1. Halbsatz VwVfG) Aber schon der nächste Halbsatz bringt eine wesentliche Einschränkung: »[...] soweit deren [der Akten; W. S.] Kenntnis zur Geltendmachung oder Verteidigung ihrer [der Beteiligten; W. S.] rechtlichen Interessen erforderlich ist.« Bemerkenswert ist hier, dass die Beurteilung, ob die Akteneinsicht durch Verfahrensbeteiligte für die Geltendmachung oder Verteidigung der rechtlichen Interessen dieser Beteiligten erforderlich ist, der Verwaltung überlassen ist – derselben Verwaltung, gegen die sich das Geltendmachen oder Verteidigen der rechtlichen Interessen der Beteiligten richten kann. Außerdem gilt das Recht auf Akteneinsicht sowieso »nicht für Entwürfe zu Entscheidungen sowie die Arbeiten zu ihrer unmittelbaren Vorbereitung« (§ 29 Abs. 1 Satz 2 VwVfG).

Und auch hier gingen all diese Einschränkungen des Rechts auf Akteneinsicht den Gesetzemachern in der Ministerialverwaltung noch nicht weit genug. Um ganz sicherzugehen, dass die Verwaltung das Recht auf Akteneinsicht jederzeit nach eigenem Gutdünken verwehren kann, bestimmt § 29 Abs. 2 VwVfG:

> Die Behörde ist zur Gestattung der Akteneinsicht nicht verpflichtet, soweit durch sie die ordnungsgemäße Erfüllung der Aufgaben der Behörde beeinträchtigt, das Bekanntwerden des Inhalts der Akten dem Wohle des Bundes oder eines Landes Nachteile bereiten würde oder soweit die Vorgänge nach einem Gesetz oder ihrem Wesen nach, namentlich wegen der berechtigten Interessen der Beteiligten oder dritter Personen, geheim gehalten werden müssen.

Wiederum ist hier nicht nur die Anzahl der Einschränkungen eines vordergründig eingeräumten Bürgerrechts kennzeichnend, sondern auch der ausgiebige Gebrauch unbestimmter Rechtsbegriffe, wodurch der Verwaltung ein weiter Handlungsspielraum im eigenen Interesse und im Zweifelsfall zum Nachteil der Bürger eingeräumt wird. Im Übrigen beschränkt sich das Recht auf Akteneinsicht nach § 29 VwVfG grundsätzlich auf die Dauer des konkreten Verwaltungsverfahrens. Mit anderen Worten: Auch das Recht auf Akteneinsicht verdient im Grunde seinen Namen nicht.

In dem hier durchschlagenden Grundsatz beschränkter Aktenöffentlichkeit kommt weniger das Streben nach Datenschutz zum Ausdruck als die Tradition des Obrigkeitsstaates, zu dessen Zeit die deutsche Verwaltung nun einmal entstanden ist. Dass die Verwaltung Teil des Staates und der Staat nach Art. 20 des Grundgesetzes Sache aller Bürgerinnen und Bürger und dass daher diese das grundlegende Anrecht haben, über ihren Staat und seine Tätigkeit so viel wie möglich zu wissen, ist ein Gedanke, der dem deutschen Verwaltungsrecht weitgehend fremd ist. Derselbe Gedanke beherrscht aber etwa die Verwaltungsrechtsordnungen der skandinavischen Länder oder den *Freedom of Information Act* der USA.

Unter der rot-grünen Koalition von 1998 bis 2005 gab es Anstrengungen zu einem in diesem Sinne ausgestalteten Informationsfreiheitsgesetz, das als einer der letzten Gesetzgebungsakte dieser Koalition im Sommer 2005 tatsächlich verabschiedet wurde. Auch dieses Gesetz enthält allerdings zahlreiche Ausnahmetatbestände, es bezieht sich ebenfalls nur auf abgeschlossene Vorgänge, und die betroffenen Behörden können Gebühren von bis zu 500 EUR erheben. Dennoch wird es zu Recht als Paradigmenwechsel bezeichnet, dass durch das Informationsfreiheitsgesetz der Zugang zu verwaltungseigenen Informationen nun als Regel und die Verwehrung des Zugangs als Ausnahme definiert ist. Außerdem kann nun jeder den Bundesbeauftragten für die Informationsfreiheit anrufen, wenn er sein Recht auf Informationszugang nach dem Informationsfreiheitsgesetz als verletzt ansieht. Die Funktion dieses Bundesbeauftragten wird allerdings vom Bundesbeauftragten für den Datenschutz wahrgenommen – eine neuerliche Fehlkonstruktion, weil Informationsfreiheit und Datenschutz in natürlicher Konkurrenz zueinander stehen.

Bezeichnenderweise kam das Informationsfreiheitsgesetz letzten Endes aus der Mitte des Parlaments, was in der deutschen Gesetzgebungspraxis die Ausnahme ist. Hintergrund der Verzögerungen war auch hier ein hinhaltender Widerstand der Ministerialverwaltung, über den sich die politische Leitung offensichtlich nicht hinwegsetzen wollte.

Für die Verwaltungspraxis insgesamt sind aber ohnehin die Informationsfreiheitsgesetze der Bundesländer angesichts der Arbeitsteilung zwischen Bund und Ländern in Verwaltungsangelegenheiten wesentlich bedeutsamer. Auch hier kam und kommt es zu bemerkenswerten Verzögerungen, die regelmäßig darauf zurückzuführen waren, dass die Verwaltung, die das Informationsfreiheitsgesetz des jeweiligen Bundeslandes zu beachten hätte, zugleich in der Praxis den Entwurf der entsprechenden gesetzlichen Bestimmungen zu liefern hat. Ein anschauliches Beispiel lieferte Baden-Württemberg, wo die grün-rote Koalition im April 2011 ein Informationsfreiheitsgesetz ankündigte, das erst viereinhalb Jahre später, im Dezember 2015, verabschiedet wurde.

Insgesamt, so lässt sich zusammenfassend feststellen, ist das deutsche Verwaltungsrecht flexibel und verwaltungsfreundlich, aber nicht unbedingt bürgerfreundlich. Flexibilität und Anpassungsfähigkeit werden gefördert durch das Instrument der Rechtsverordnung, das freilich nichts anderes ist als exekutivische Rechtssetzung und damit eine Schwächung der Legislative, wenn auch eine gerade im föderativen System der Bundesrepublik höchst erwünschte und fungible. Ermessensgewährungen und unbestimmte Rechtsbegriffe sind Instrumente, mit deren Hilfe die Verwaltung auf die Besonderheiten des Einzelfalles eingehen und entsprechend ausgewogene Entscheidungen treffen kann. Die fehlerunabhängige Rechtswirksamkeit des Verwaltungsakts macht das Verwaltungshandeln robust und verlässlich, überlässt es allerdings dem Bürger, Fehler im Verwaltungsakt zu entdecken und diese fristgerecht geltend zu machen. Besonders fragwürdig ist jedoch die ausgeprägte Verfahrensfehlertoleranz des Verwaltungsrechts, die in § 46 VwVfG gipfelt, der seinem Tenor nach Verfahrensfehler für unerheblich erklärt, solange durch diese das Ergebnis in der Sache nicht beeinflusst wurde. Mit den Grundprinzipien eines Verwaltungsverfahrensgesetzes als einer tragenden Norm, mit der der Rechtsstaat für die Bürgerinnen und Bürger im Alltag Wirklichkeit wird, ist eine solche Regelung schwer zu vereinbaren. Gleiches gilt für die insgesamt schwache, im Wesentlichen auf Nichtförmlichkeit ausgerichtete Ausgestaltung des Verwaltungsverfahrens in Deutschland und insbesondere für die schwache Ausgestaltung der Rechte der Beteiligten.

Ein elastischer Staat

Die Organisationsstrukturen und Steuerungsmechanismen der öffentlichen Verwaltung in Deutschland erzeugen einen elastischen Staatsapparat, der die Stabilität seiner Kernstrukturen mit einer bemerkenswerten Anpassungsfähigkeit sowohl im Alltag des Verwaltungshandelns als auch im Hinblick auf durchgreifende Strukturreformen vereinigt. Dies hat sowohl im Hinblick auf die darin zum Tragen kommenden Traditionen und Gewohnheiten als auch im Hinblick auf die Gegenwartspraxis der deutschen Verwaltung und die daran anzulegenden Maßstäbe von Demokratie und Rechtsstaatlichkeit ambivalente Folgen.

Auf der einen Seite sind gerade diejenigen Elemente, welche die deutsche Verwaltung robust und flexibel zugleich machen, ein Erbe der vordemokratischen Zeit. Die deutsche Verwaltung in der vorkonstitutionellen und vorparlamentarischen Zeit hatte die Gesetzgebung durch die Exekutive auf Länderebene eingeübt, die sich noch heute zeigt, nämlich in der föderalen Ordnung mit sechzehn unterschiedlichen Vollzugslandschaften in den Bundesländern für ein und dasselbe Bundesgesetz und der gerade dafür unentbehrlichen Praxis der regionalen Anpassung der Vollzugspraxis von Bundesgesetzen über Verordnungsermächtigungen.

Ohne diese »Erziehung zur Selbststeuerung« wäre vermutlich nicht nur die Reintegration einer föderativ fragmentierten, um nicht zu sagen zerklüfteten Verwaltung undenkbar gewesen, sondern auch die enorme Robustheit, mit deren Hilfe die deutsche Verwaltung die politischen Katastrophen des 20. Jahrhunderts überstanden und damit für die Bevölkerung ein Minimum an Stabilität und Ordnung unter den Bedingungen von Chaos und Umbruch gewährleistet hat. Auch unter weniger dramatischen Umständen hat sich diese Verbindung aus Anpassungsfähigkeit und struktureller Robustheit bewährt, etwa bei den westdeutschen Gebietsreformen zu Beginn der 1970er Jahre oder, in weitaus größerem Maßstab, beim Neuaufbau der öffentlichen Verwaltung in den ostdeutschen Bundesländern nach der Wiedervereinigung von 1990. Letzterer war, sieht man von der großen Ausnahme der bundeseigenen Treuhandanstalt ab, vor allem eine Anpassungs- und Transferleistung der Landesverwaltungen in Zusammenarbeit mit den Kommunen und ihren Spitzenverbänden.

Die deutsche Verwaltung ist also responsiv, sie reagiert selbständig und flexibel auf neue Herausforderungen ebenso wie auf Besonderheiten des Einzelfalles im alltäglichen Kontakt mit den Bürgerinnen und Bürgern und erfüllt insofern ein wesentliches Gütekriterium der Verwaltung in einem demokratischen Rechtsstaat. Man kann die deutsche Verwaltung schwerlich als »abgehoben« bezeichnen, sie ist geprägt durch Strukturelemente des vordemokratischen Staates, nicht aber durch dessen obrigkeitsstaatliche Praktiken.

Auf der anderen Seite errichtet die starke Ausprägung von Selbststeuerungsfähigkeit und Professionalität der deutschen Verwaltung hohe Hürden für die Verwaltungskontrolle durch Bürger und Öffentlichkeit. Dies drückt sich aus in einem traditionell beschränkten Zugang zu verwaltungsinternen Informationen, an dem die ohnehin stark verzögerte Informationsfreiheitsgesetzgebung nichts Wesentliches geändert hat. Verwaltungsangelegenheiten gelten in Deutschland als Expertenangelegenheiten, und mitunter kokettieren sogar Angehörige des öffentlichen Dienstes damit, dass sie mit der »Verwaltung« am liebsten gar nichts zu tun hätten, obwohl sie ihr selbst angehören.

Responsiv ist die deutsche Verwaltung vor allem aus professionellem Ethos, weniger weil ihre Angehörigen glauben, den Bürgerinnen und Bürgern etwas schuldig zu sein. Auch das hat nicht nur negative Seiten, denn es wappnet die Verwaltung dagegen, unter dem Deckmantel der »Bürgerfreundlichkeit« Gefälligkeitsdienste am Rande oder jenseits der geltenden Rechtsregeln zu leisten. Aber es schwächt auch den Sinn für Verantwortung jenseits der formalen Pflichten der Rechenschaftslegung gegenüber den hierarchischen, parlamentarischen, haushaltstechnischen oder gerichtlichen Kontrollinstanzen. Im Unterschied zu den traditionellen Demokratien Großbritannien oder USA existiert in Deutschland keine Kultur systematischer Aufklärung und des institutionellen Lernens bei schweren Verwaltungsfehlern. Selbst regelrechte Verwaltungsdesaster, wie sie im Bereich der öffentlichen Infrastruktur, bei der Planung und Ausrichtung öffentlicher Großveranstaltungen oder im Bereich der Jugendpflege vorgekommen sind und weiterhin vorkommen, werden in Deutschland selten durch unabhängige Expertenkommissionen aufgearbeitet.[12] Zwischen parlamentarischen

12 Siehe Kapitel 12 und die dort angesprochenen Fälle des Einsturzes der Eissporthalle Bad Reichenhall 2006 und der Loveparade-Katastrophe in Duisburg 2010.

Untersuchungsausschüssen und Strafgerichtsverfahren auf der einen Seite und bloßem Nichtstun auf der anderen Seite klafft eine große Lücke. Die deutsche Verwaltung behält sich gerne selbst die Entscheidung darüber vor, aus welchen Fehlern sie lernen möchte und welche Lerneffekte sie für verzichtbar hält. Sowohl im Hinblick auf das Verstehen von Verwaltung und ihrer Standardfehler als auch im Hinblick auf die demokratische Kultur von Transparenz und Verantwortung besteht also durchaus noch Nachholbedarf.

Literaturverzeichnis

Aberbach, Joel D. u. a.: *Bureaucrats and Politicians in Western Democracies*, Cambridge (Mass.) 1981.

Adams, Guy B., Danny L. Balfour: *Unmasking Administrative Evil*, Thousand Oaks (Cal.) [3]2009.

Adler, Hans Günther: *Der verwaltete Mensch. Studien zur Deportation der Juden aus Deutschland*, Tübingen 1974.

Agamben, Giorgio: *Homo sacer. Die souveräne Macht und das nackte Leben*, Frankfurt/M. 2002 [ital. Orig. 1995].

Akerlof, George A.: »The Market for ›Lemons‹: Quality Uncertainty and the Market Mechanism«, in: *Quarterly Journal of Economics* 84 (1970), S. 488-500.

Allison, Graham T.: *Essence of Decision. Explaining the Cuban Missile Crisis*, Boston 1971.

Allison, Graham T., Morton H. Halperin: »Bureaucratic Politics. A Paradigm and Some Policy Implications«, in: *World Politics* 24 (1972), S. 40-79.

Anheier, Helmut K., Wolfgang Seibel (Hg.): *The Third Sector. Comparative Studies of Nonprofit Organizations*, Berlin, New York 1990.

Argyris, Chris, Donald A. Schön: *Organizational Learning. A Theory of Action Perspective*, Reading, MA u. a. 1978.

Argyris, Chris: *On Organizational Learning*, Oxford, Malden (Mass.) [2]1999.

Banning, Jan: *Bureaucratics*, ⟨http://www.janbanning.com/gallery/bureaucratics/⟩, letzter Zugriff am 29. März 2016.

Barnard, Chester I.: *The Functions of the Executive*, Cambridge (Mass.) 1938.

Bauer, Michael W.: »Die Verwaltungswissenschaft und die Herausforderung der Denationalisierung«, in: *Politische Vierteljahresschrift* 56 (2015), S. 648-671.

Bauer, Michael W., Jarle Trondal (Hg.): *The Palgrave Handbook of the European Administrative System*, London u. a. 2015.

Bauman, Zygmunt: *Modernity and the Holocaust*, Ithaca (NY) 1989.

Benjamin, Seifert: *Träume vom modernen Deutschland. Horst Ehmke, Reimut Jochimsen und die Planung des Politischen in der ersten Regierung Willy Brandts*, Stuttgart 2010.

Benz, Arthur: *Kooperative Verwaltung. Funktionen, Voraussetzungen und Folgen*, Baden-Baden 1994.

Benz, Arthur, Nico Dose, *Governance. Regieren in komplexen Regelsystemen*, Stuttgart 2010.

Berger, Peter L., Thomas Luckmann, *Die gesellschaftliche Konstruktion der Wirklichkeit. Eine Theorie der Wissenssoziologie*, Frankfurt/M. [5]1977 [amerik. Orig. 1967].

Blackbourn, David, Geoff Eley: *The Peculiarities of German History. Bourgeois Society and Politics in Nineteenth-Century Germany*, Oxford, New York 1984.

Bogumil, Jörg u. a.: »Ergebnisse und Wirkungen kommunaler Verwaltungsmodernisierung in Deutschland – eine Evaluation nach zehn Jahren Praxiserfahrung«, in: *Politische Vierteljahresschrift*, Sonderheft 37 (2006), S. 151-184.

Bogumil, Jörg, Werner Jann, Frank Nullmeier (Hg.): *Politik und Verwaltung* (= *Politische Vierteljahresschrift*, Sonderheft 37), Wiesbaden 2006.

Bogumil, Jörg, Werner Jann: *Verwaltung und Verwaltungswissenschaft in Deutschland. Einführung in die Verwaltungswissenschaft*, Wiesbaden 2008.

Bozeman, Barry: *Public Values and Public Interest. Counterbalancing Economic Individualism*, Washington, D.C. 2007.

Bryson, John M. u. a.: »Public Value Governance. Moving Beyond Traditional Public Administration and the New Public Management«, in: *Public Administration Review* 74 (2014), S. 445-456.

Bundesministerium für Familie, Senioren, Frauen und Jugend: *Gleichstellung in der Bundesverwaltung. Erfahrungs- und Gremienbericht 2010: zum Bundesgleichstellungsgesetz. Zweiter Erfahrungsbericht der Bundesregierung. Berichtszeitraum 1. 7. 2004 - 30. 6. 2009*, Berlin 2011.

Bundesverfassungsgericht, Beschluss vom 8. August 1978 betreffend »Kalkar I« Entscheidungen Bd. 49 (= BVerfGE 49, 89).

Bunge, Mario: »Mechanism and Explanation«, in: *Philosophy of the Social Sciences* 27 (1997), S. 410-465.

Bunge, Mario: »Systemism. The Alternative to Individualism and Holism«, in: *Journal of Socio-Economics* 29 (2000), S. 147-157.

Clark, Christopher M.: *Preußen. Aufstieg und Niedergang; 1600-1947*, München [5]2007.

Cohen, Michael D. u. a.: »A Garbage Can Model of Organizational Choice«, in: *Administrative Science Quarterly* 17 (1972), S. 1-25.

Conze, Eckart u. a.: *Das Amt und die Vergangenheit. Deutsche Diplomaten im Dritten Reich und in der Bundesrepublik*, München [2]2010.

Crozier, Michel: *Le phénomène bureaucratique. Essai sur les tendances bureaucratiques des systèmes d'organisation modernes et sur leurs relations en France avec le système social et culturel*, Paris 1963.

Crozier, Michel: »Der bürokratische Circulus Vitiosus«, in: Renate Mayntz (Hg.), *Bürokratische Organisation*, Köln 1968, S. 277-288 [= deutschsprachiger Auszug aus Crozier, *Le phénomène bureaucratique*].

Cyert, Richard Michael, James G. March: *A Behavioral Theory of the Firm*, Upper Saddle River (NJ) 1963.

Davis, James H. u. a.: »Toward a Stewardship Theory of Management«, in: *Academy of Management Review* 22 (1997), S. 20-47.
Dearborn, DeWitt C., Herbert A. Simon: »Selective Perception. A Note on the Departmental Identifications of Executives«, in: *Sociometry* 21 (1958), S. 140-144.
Denhardt, Janet Vinzant, Robert B. Denhardt: *The New Public Service. Serving not Steering*, Abingdon, New York [4]2015.
Denis, Jean-Louis u. a.: »Understanding Hybridity in Public Organizations«, in: *Public Administration* 93 (2015), S. 273-289.
Diamond, Jared M.: *Kollaps. Warum Gesellschaften überleben oder untergehen*, Frankfurt/M. 2006 [amerik. Orig. 2005].
Dose, Nico: »Kooperative Verwaltung – Ausdruck einer demokratisierten öffentlichen Verwaltung?«, in: Edwin Czerwick u. a. (Hg.), *Die öffentliche Verwaltung in der Demokratie der Bundesrepublik Deutschland*, Wiesbaden 2009, S. 177-199.
Downs, Anthony: *Inside Bureaucracy*, Boston 1967.
Drecoll, Axel: *Der Fiskus als Verfolger. Die steuerliche Diskriminierung der Juden in Bayern 1933-1941/42*, München 2009.
Durkheim, Émile: *Die Regeln der soziologischen Methode*, Darmstadt [5]1976 [französ. Orig. 1895].
Durkheim, Émile: *Der Selbstmord*, Frankfurt/M. 1983 [französ. Orig. 1897].

Eckstein, Harry: »Case Study and Theory in Political Science«, in: Roger Gomm, Martyn Hammersley u. a. (Hg.), *Case Study Method. Key Issues, Key Texts*, London, Thousand Oaks (Calif.) 2000, S. 119-164.
Elster, Jon: *Nuts and Bolts for the Social Sciences*, Cambridge 1989.
Esser, Hartmut: *Alltagshandeln und Verstehen. Zum Verhältnis von erklärender und verstehender Soziologie am Beispiel von Alfred Schütz und »Rational Choice«*, Tübingen 1991.

Fayol, Henri: »Allgemeine Verwaltungsprinzipien« [1916], in: Heinrich Siedentopf (Hg.), *Verwaltungswissenschaft*, Darmstadt 1976, S. 121-152.
Finer, Herman: »Administrative Responsibility in Democratic Government«, in: *Public Administration Review* 1 (1941), S. 335-350.
Foucault, Michel: *Archäologie des Wissens*, Frankfurt/M. 1973 [französ. Orig. 1969].
Foucault, Michel: *Überwachen und Strafen*, Frankfurt/M. 1976 [französ. Orig. 1975].

Friedrich, Carl J.: *Constitutional Government and Politics. Nature and Development*, New York u. a. 1937.

Friedrich, Carl J.: »Public Policy and the Nature of Administrative Responsibility«, in: Carl J. Friedrich, Mason Edward S. (Hg.), *Public Policy. A Yearbook of the Graduate School of Public Administration, Harvard University*, Cambridge (Mass.) 1940, S. 3-24.

Gabriel, Oscar W.: »Repräsentationsschwächen und die zweite Transformation der Demokratie. Wer will in Deutschland direkte Demokratie?«, in: *Zeitschrift für Parlamentsfragen* 44 (2013), S. 592-612.

Geertz, Clifford: *Dichte Beschreibung. Beiträge zum Verstehen kultureller Systeme*, Frankfurt/M. 2003 [amerik. Orig. 1973].

Gehlen, Arnold: *Der Mensch. Seine Natur und seine Stellung in der Welt. Textkritische Edition unter Einbeziehung des gesamten Textes der 1. Auflage von 1940*, Frankfurt/M. 1993.

Gerring, John, Jason Seawright: »Techniques for Choosing Cases«, in: John Gerring (Hg.), *Case Study Research. Principles and Practices*, Cambridge, New York 2007, S. 86-150.

Giddens, Anthony: *The Constitution of Society. Outline of the Theory of Structuration*, Cambridge 1984.

Goffman, Erving: *Asyle. Über die soziale Situation psychiatrischer Patienten und anderer Insassen*, Frankfurt/M. 1973 [amerik. Orig. 1961].

Goodnow, Frank J.: *Politics and Administration. A Study in Government* [1900], New Brunswick, London 2009.

Gouldner, Alvin W.: *Patterns of Industrial Bureaucracy*, New York ²1965.

Grossman, Sanford J., Oliver D. Hart: »An Analysis of the Principal-Agent Problem«, in: *Econometrica* 51 (1983), S. 7-45.

Gulick, Luther: »Bemerkungen zur Organisationstheorie« [1937], in: Heinrich Siedentopf (Hg.), *Verwaltungswissenschaft*, Darmstadt 1976, S. 153-194.

Hall, Peter A., Rosemary C. R. Taylor: »Political Science and the Three New Institutionalisms«, in: *Political Studies* 44 (1996), S. 936-957.

Hasse, Raimund, Georg Krücken: *Neo-Institutionalismus. Mit einem Vorwort von John Meyer*, Bielefeld ²2005.

Hauriou, Maurice: »La théorie de l'institution et de la fondation (essai de vitalisme social)« [1925], in: *Cahiers de la nouvelle journée* 23 (1933), S. 89-128.

Hedström, Peter, Richard Swedberg (Hg.): *Social Mechanisms. An Analytical Approach to Social Theory*, Cambridge 1998.

Hildebrand, David L.: »Pragmatism, Neopragmatism, and Public Administration«, in: *Administration and Society* 37 (2005), S. 345-359.

Hirschman, Albert O.: *Exit, Voice, and Loyalty. Responses to Decline in Firms, Organizations and States*, Cambridge (Mass.) 1970.

Hoj, Jens u. a.: »Deregulation and Privatisation in the Service Sector«, in: *OECD Economic Studies* (1995), S. 37-74.

Holler, Manfred J., Gerhard Illing: *Einführung in die Spieltheorie*, Berlin, Heidelberg [6]2006.

Holtkamp, Lars: »Das Scheitern des Neuen Steuerungsmodells«, in: *der moderne staat* 2 (2008), S. 423-446.

Hood, Christopher: *The Blame Game. Spin, Bureaucracy, and Self-Preservation in Government*, Princeton 2011.

House of Representatives: *A Failure of Initiative. Final Report of the Select Bipartisan Committee to Investigate the Preparation for and Response to Hurricane Katrina*, Washington D.C. 2006.

James, Estelle (Hg.): *The Nonprofit Sector in International Perspective. Studies in Comparative Culture and Policy*, New Haven (Conn.) 1989.

Jonas, Hans: *Das Prinzip Verantwortung: Versuch einer Ethik für die technologische Zivilisation*, Frankfurt/M. 1979.

Kaufman, Herbert: *The Forest Ranger. A Study in Administrative Behavior*, Baltimore 1960.

Kieser, Alfred: »Managementlehren – von Regeln guter Praxis über den Taylorismus zur Human Relations-Bewegung«, in: Alfred Kieser, Mark Ebers (Hg.), *Organisationstheorien*, Stuttgart [7]2014, S. 73-117.

Kingsley, J. Donald: *Representative Bureaucracy. An Interpretation of the British Civil Service*, Yellow Springs 1944.

Knill, Christoph: *The Europeanisation of National Administrations. Patterns of Institutional Change and Persistence*, Cambridge 2011.

Koselleck, Reinhart: *Preußen zwischen Reform und Revolution. Allgemeines Landrecht, Verwaltung und soziale Bewegung von 1791 bis 1848*, München [3]1989.

Kühl, Stefan: *Ganz normale Organisationen. Zur Soziologie des Holocaust*, Berlin 2014.

Kuhlmann, Sabine, Hellmut Wollmann: *Verwaltung und Verwaltungsreformen in Europa. Einführung in die vergleichende Verwaltungswissenschaft*, Wiesbaden 2013.

Kuller, Christiane: *Finanzverwaltung und Judenverfolgung. Die Entziehung jüdischen Vermögens in Bayern während der NS-Zeit*, München 2008.

Ladeur, Karl-Heinz: »Die Zukunft des Verwaltungsakts – Kann die Handlungsformenlehre aus dem Aufstieg des ›informalen Verwaltungshandelns‹ lernen?«, in: *Verwaltungsarchiv* 86 (1995), S. 511-530.

Landgericht Traunstein 6. Strafkammer, Urteil vom 27. 10. 2011, 6 KLs 200

JS 865/06 (3) [betr. Einsturz der Eissporthalle in Bad Reichenhall am 6. Januar 2006].

Lehmbruch, Gerhard: »Administrative Interessenvermittlung«, in: Adrienne Windhoff-Héritier (Hg.), *Verwaltung und ihre Umwelt. Festschrift für Thomas Ellwein*, Opladen 1987, S. 11-43.

Lehmbruch, Gerhard: *Parteienwettbewerb im Bundesstaat. Regelsysteme und Spannungslagen im politischen System der Bundesrepublik Deutschland*, Wiesbaden ³2000.

Levy, Jack S.: »Case Studies. Types, Designs, and Logics of Inference«, in: *Conflict Management and Peace Science* 25 (2008), S. 1-18.

Lindblom, Charles E.: »The Science of ›Muddling Through‹« [1959], in: Jay M. Shafritz, Albert C. Hyde (Hg.), *Classics of Public Administration*, Pacific Grove (Cal.) ³1992, S. 224-235.

Luhmann, Niklas: *Funktionen und Folgen formaler Organisation*, Berlin 1964.

Luhmann, Niklas: *Theorie der Verwaltungswissenschaft – Bestandsaufnahme und Entwurf*, Köln, Berlin 1966.

Malinowski, Bronislaw: *Eine wissenschaftliche Theorie der Kultur*, Frankfurt/M. ⁸1993 [amerik. Orig. 1944].

Manow, Philip, Philip Wettengel: »Ämterpatronage in der leitenden Ministerialbürokratie der Länder. Eine empirische Untersuchung der Stellenveränderungen vor und nach Landtagswahlen, 1957-2004«, in: *Die Verwaltung* 39 (2006), S. 553-570.

March, James G., Johan P. Olsen: »The Uncertainty of the Past: Organizational Learning Under Ambiguity«, in: *European Journal of Political Research* 3 (1975), S. 147-171.

March, James G., Johan P. Olsen: *Rediscovering Institutions. The Organizational Basis of Politics*, New York 1989.

March, James G., Herbert A. Simon: *Organizations*, New York 1958.

Maurer, Hartmut: *Allgemeines Verwaltungsrecht*, München ¹⁷2009.

Mayer, Otto: *Deutsches Verwaltungsrecht. Erster Band*, München, Leipzig ³1924.

Mayntz, Renate: »Max Webers Idealtypus der Bürokratie und die Organisationssoziologie«, in: *Kölner Zeitschrift für Soziologie und Sozialpsychologie* 17 (1965), S. 493-502.

Mayntz, Renate, Hans-Ulrich Derlien: »Party Patronage and Politicization of the West German Administrative Elite 1970-1987 – Toward Hybridization?«, in: *Governance* 2 (1989), S. 384-404.

Mayntz, Renate, Fritz Scharpf (Hg.): *Planungsorganisation. Die Diskussion um die Reform von Regierung und Verwaltung des Bundes*, München 1973.

Mayntz, Renate: *Soziologie der öffentlichen Verwaltung*, Heidelberg 1978.
Mayntz, Renate (Hg.): *Implementation politischer Programme. Empirische Forschungsberichte*, Königstein/Ts. 1980.
Mayntz, Renate: *Implementation politischer Programme II. Ansätze zur Theoriebildung*, Opladen 1983.
Mayntz, Renate, Fritz Scharpf: »Der Ansatz des akteurzentrierten Institutionalismus«, in: dies. (Hg.), *Gesellschaftliche Selbstregelung und politische Steuerung*, Frankfurt/M. 1995, S. 39-72.
Mayntz, Renate: »Mechanisms in the Analysis of Social Macro-Phenomena«, in: *Philosophy of the Social Sciences* 34 (2004), S. 237-259.
Meinl, Susanne, Jutta Zwilling: *Legalisierter Raub. Die Ausplünderung der Juden im Nationalsozialismus durch die Reichsfinanzverwaltung in Hessen*, Frankfurt/M. 2004.
Merton, Robert K.: »The Unanticipated Consequences of Purposive Social Action«, in: *American Sociological Review* 1 (1936), S. 894-904.
Merton, Robert K.: »Bureaucratic Structure and Personality« [1940], in: ders., *Social Theory and Social Structure*, New York ³1968, S. 249-260.
Merton, Robert K.: »Manifest and Latent Functions« [1957], in: ders., *Social Theory and Social Structure*, New York ³1968, S. 73-138.
Meyer, Marshall W., Lynne G. Zucker: *Permanently Failing Organizations*, Newbury Park 1989.
Michel Crozier u. a.: *The Crisis of Democracy. Report on the Governability of Democracies to the Trilateral Commission*, New York 1975.
Michels, Robert: *Zur Soziologie des Parteiwesens in der modernen Demokratie. Untersuchungen über die oligarchischen Tendenzen des Gruppenlebens* [1911], Stuttgart ⁴1989.
Miller, Gary J.: *Managerial Dilemmas. The Political Economy of Hierarchy*, Cambridge 1992.
Mintzberg, Henry: *Power In and Around Organizations*, Englewood Cliffs (NJ) ²1983.
Mongkol, Kulachet: »The Critical Review of New Public Management Model and its Criticisms«, in: *Research Journal of Business Management* 5 (2011), S. 35-43.
Moore, Mark H.: *Creating Public Value. Strategic Management in Government*, Cambridge (Mass.) 1995
Morstein Marx, Fritz: *The Administrative State. An Introduction to Bureaucracy*, Chicago 1957.
Mosher, Frederick C.: *Democracy and the Public Service*, New York u. a. 1968.

Niskanen, William A.: *Bureaucracy and Representative Government*, Chicago 1971.

North, Douglass C.: *Institutions, Institutional Change, and Economic Performance*, Cambridge u. a. 1990.

Offe, Claus: »Unregierbarkeit. Zur Renaissance konservativer Krisentheorien«, in: Jürgen Habermas (Hg.), *Stichworte zur geistigen Situation der Zeit*. 2 Bde., Bd. 1, Frankfurt/M. 1979, S. 294-318.

Ostrom, Elinor: *Governing the Commons. The Evolution of Institutions for Collective Action*, Cambridge 1990.

Olsen, Johan P.: »Maybe it's Time to Rediscover Bureaucracy«, in: *Journal of Public Administration Research and Theory* 16 (2006), S. 1-24.

Overeem, Patrick: *The Politics-Administration Dichotomy. Toward a Constitutional Perspective*, Boca Raton (Fla.) [2]2012.

Perrow, Charles: *Complex Organizations. A Critical Essay*, New York [3]1986.

Persson, Torsten, Guido Tabellini: *The Economic Effects of Constitutions*, Cambridge (Mass.) 2005.

Peters, Hans: *Die Verwaltung als eigenständige Staatsgewalt. Rektoratsrede*, Krefeld 1965.

Pollitt, Christopher, Geert Bouckaert: *Public Management Reform. A Comparative Analysis. New Public Management, Governance, and the Neo-Weberian State*, Oxford [3]2011.

Powell, Walter W., Paul J. DiMaggio: »Introduction«, in: Walter W. Powell (Hg.), *The New Institutionalism in Organizational Analysis*, Chicago 1991, S. 1-39;

Preuß, Ulrich K.: *Politische Verantwortung und Bürgerloyalität. Von den Grenzen der Verfassung und des Gehorsams in der Demokratie*, Frankfurt/M. 1984.

Rainey, Hal G.: *Understanding and Managing Public Organizations*, San Francisco [4]2009.

Reichardt, Sven, Wolfgang Seibel: *Der prekäre Staat. Herrschen und Verwalten im Nationalsozialismus*, Frankfurt/M., New York 2011.

Rhodes, R. A. W.: »The New Governance: Governing Without Government«, in: *Political Studies* 44 (1996), S. 652-667.

Rhodes, R. A. W.: »Understanding Governance. Ten Years On«, in: *Organization Studies* 28 (2007), S. 1243-1264.

Rouban, Luc: »Politicization of the Civil Service«, in: Brainard Guy Peters, Jon Pierre (Hg.), *Handbook of Public Administration*, London 2003, S. 310-321.

Rüthers, Bernd: *Die unbegrenzte Auslegung. Zum Wandel der Privatrechtsordnung im Nationalsozialismus*, Tübingen [7]2012.

Sager, Fritz, Christian Rosser: »Weber, Wilson, and Hegel: Theories of

Modern Bureaucracy«, in: *Public Administration Review* 69 (2009), S. 1136-1147.
Sager, Fritz, Patrick Overeem: *The European Public Servant. A Shared Identity?*, Colchester 2015.
Scharpf, Fritz W., *Planung als politischer Prozess. Aufsätze zur Theorie der planenden Demokratie*, Frankfurt/M. 1973.
Schelsky, Helmut: »Über die Stabilität von Institutionen, besonders Verfassungen. Kulturanthropologische Gedanken zu einem rechtssoziologischen Thema« [1949], in: ders. (Hg.), *Auf der Suche nach Wirklichkeit. Gesammelte Aufsätze zur Soziologie der Bundesrepublik*, München 1979, S. 38-63.
Schmidt-Hieber, Werner: »Ämterpatronage in Verwaltung und Justiz«, in: Hans Herbert von Arnim, Britta Bannenberg (Hg.), *Korruption. Netzwerke in Politik, Ämtern und Wirtschaft*, München 2003, S. 84-95.
Schulze-Fielitz, Helmuth: »Informales oder illegales Verwaltungshandeln?«, in: Arthur Benz, Wolfgang Seibel (Hg.), *Zwischen Kooperation und Korruption. Abweichendes Verhalten in der Verwaltung*, Baden-Baden 1992, S. 233-253.
Schuppert, Gunnar Folke: *Verwaltungswissenschaft. Verwaltung, Verwaltungsrecht, Verwaltungslehre*, Baden-Baden 2000.
Schuppert, Gunnar Folke (Hg.): *Governance-Forschung. Vergewisserung über Stand und Entwicklungslinien*, Baden-Baden 2005.
Schuppert, Gunnar Folke, Michael Zürn (Hg.): *Governance in einer sich wandelnden Welt*. Wiesbaden 2008.
Scott, James C.: *Seeing Like a State. How Certain Schemes to Improve the Human Condition Have Failed*, New Haven (Conn.) 1998.
Seibel, Wolfgang: *Regierbarkeit und Verwaltungswissenschaft. Ideengeschichtliche Untersuchung zur Stabilität des verwaltenden Rechtsstaates*, Frankfurt/M., New York 1983.
Seibel, Wolfgang, »Entbürokratisierung in der Bundesrepublik Deutschland«, in: *Die Verwaltung* 19 (1986), S. 137-162.
Seibel, Wolfgang: »Successful Failure. An Alternative View on Organizational Coping«, in: *American Behavioral Scientist* 39 (1996), S. 1011-1024.
Seibel, Wolfgang: »A Market for Mass Crime? Inter-Institutional Competition and the Initiation of the Holocaust in France, 1940-1942«, in: *International Journal of Organization Theory and Behavior* 5 (2002), S. 219-257.
Seibel, Wolfgang: »Steuerung durch Recht im Nationalsozialismus? Juristische Methodenlehre und ökonomische Dogmengeschichte zwischen Kontinuität, Effektivität und Verbrechen«, in: Dieter Gosewinkel (Hg.), *Wirtschaftskontrolle und Recht in der nationalsozialistischen Diktatur*, Frankfurt/M. 2005, S. 15-38.
Seibel, Wolfgang: »Kausale Mechanismen des Behördenversagens. Eine

Prozessanalyse des Fahndungsfehlschlags bei der Aufklärung der NSU-Morde«, in: *der moderne staat* 7 (2014), S. 375-414.

Seibel, Wolfgang: »Studying Hybrids. Sectors and Mechanisms«, in: *Organization Studies* 36 (2015), S. 697-712.

Seibel, Wolfgang: »Welfare Mixes and Hybridity. Analytical and Managerial Implications«, in: *VOLUNTAS: International Journal of Voluntary and Nonprofit Organizations* 26 (2015), S. 1759-1768.

Selle, Klaus: »Zur sozialen Selektivität planungsbezogener Kommunikation. Angebote, Probleme und Folgerungen«, in: Annette Harth, Gitta Scheller u. a. (Hg.), *Stadt und soziale Ungleichheit*, Opladen 2000, S. 293-309.

Selznick, Philip: *TVA and the Grassroots. A Study in the Sociology of Formal Organization*, Berkeley 1949.

Selznick, Philip: *Leadership in Administration. A Sociological Interpretation*, Evanston (Ill.) 1957.

Senge, Konstanze u. a. (Hg.): *Einführung in den Neo-Institutionalismus*, Wiesbaden 2006.

Simmel, Georg: *Über sociale Differenzierung. Sociologische und psychologische Untersuchungen*, Leipzig 1890.

Simon, Herbert A.: *Administrative Behavior. A Study of Decision-Making Process in Administrative Organization*, New York 1947.

Simon, Herbert A.: »The Architecture of Complexity«, in: *Proceedings of the American Philosophical Society* 106 (1962), S. 467-482.

Skelcher, Christopher, Steven Rathgeb Smith: »Theorizing Hybridity. Institutional Logics, Complex Organizations, and Actor Identities. The Case of Non-Profits«, in: *Public Administration* 93 (2015), S. 433-448.

Skocpol, Theda: *States and Social Revolutions. A Comparative Analysis of France, Russia, and China*, Cambridge (Mass.) 1979.

Skowronek, Stephen: *Building a New American State. The Expansion of National Administrative Capacities 1877-1920*, Cambridge 1982.

Spiegel-online, »Deutsche Diplomaten waren am Holocaust beteiligt«, ⟨http://www.spiegel.de/politik/deutschland/studie-zum-auswaertigen-amt-deutsche-diplomaten-waren-am-holocaust-beteiligt-a-724949.html⟩, letzter Zugriff am 29. März 2016.

Stolleis, Michael: *Gemeinwohlformeln im nationalsozialistischen Recht*, Berlin 1974.

Stolleis, Michael: *Geschichte des öffentlichen Rechts in Deutschland. Zweiter Band: Staatslehre und Verwaltungswissenschaft 1800-1914*, München 1992.

Stolleis, Michael: *Geschichte des öffentlichen Rechts in Deutschland. Dritter Band: Staats- und Verwaltungswissenschaft in Republik und Diktatur 1914-1945*, München 1999.

’t Hart, Paul: *Understanding Public Leadership*, London, New York 2014.
Tsebelis, George: *Veto Players. How Political Institutions Work*, Princeton 2002.

Ulrich, Volker: »Das Ende der Weizsäcker-Legende. Ein Gespräch mit dem Mitglied der Historikerkommission Norbert Frei über das Selbstverständnis des Amtes, die Beteiligung von Diplomaten am Judenmord und den falschen Eifer der ZEIT bei der Verteidigung der alten Mythen«, in: *DIE ZEIT* vom 28.10.2010.

Voß, Reimer: *Steuern im Dritten Reich. Vom Recht zum Unrecht unter der Herrschaft des Nationalsozialismus*, München 1995.

Waldo, Dwight: *The Administrative State. A Study of the Political Theory of American Public Administration* [1948], New York, London [2]1984.
Walgenbach, Peter, Renate E. Meyer (Hg.): *Neoinstitutionalistische Organisationstheorie*, Stuttgart 2008.
Weber, Max: »Politik als Beruf« [1919], in: ders.: *Gesammelte Politische Schriften*, hg. v. Johannes Winckelmann, Tübingen [5]1988, S. 505-560.
Weber, Max: *Wirtschaft und Gesellschaft. Grundriss der verstehenden Soziologie* [1922], hg. v. Johannes Winckelmann, Tübingen [5]2002.
Weber, Max: *Die protestantische Ethik und der Geist des Kapitalismus* [1904/1905]. Vollständige Ausgabe, herausgegeben und eingeleitet von Dirk Kaesler, München [2]2006.
Wehler, Hans-Ulrich: *Deutsche Gesellschaftsgeschichte. Band 3: Von der »Deutschen Doppelrevolution« bis zum Beginn des Ersten Weltkrieges. 1849-1914*, München 1995.
Whetsell, Travis A., Patricia M. Shields: »Reconciling the Varieties of Pragmatism in Public Administration«, in: *Administration and Society* 43 (2011), S. 474-483.
WikiLeaks, »Loveparade 2010 Duisburg planning documents, 2007-2010«, 〈http://mirror.wikileaks.info/wiki/Loveparade_2010_Duisburg_planning_documents,_2007-2010/〉, letzter Zugriff am 30. März 2016.
Wikipedia. The Free Encyclopedia, »Luther Gulick«, 〈https://en.wikipedia.org/wiki/Luther_Gulick_%28social_scientist%29〉, letzter Zugriff am 29. März 2016.
Wildt, Michael: *Generation des Unbedingten. Das Führungskorps des Reichssicherheitshauptamtes*, Hamburg 2002.
Wilson, Woodrow: »The Study of Administration«, in: *Political Science Quarterly* 2 (1887), S. 197-222.
Wunder, Bernd: *Geschichte der Bürokratie in Deutschland*, Frankfurt/M. 1986.

ZEIT ONLINE, »Steuerrazzia: Deutsche Bank Chef beschwert sich telefonisch«, 18. 12. 2012 ⟨http://www.zeit.de/wirtschaft/unternehmen/2012-12/deutsche-bank-fitschen-bouffier-hessen-anruf⟩, letzter Zugriff am 29. März 2016.

Zucker, Lynne G.: »Organizations as Institutions«, in: *Research in the Sociology of Organizations* 2 (1983), S. 1-47.

Namenregister

NF 125/1/1.16

Peter Fuchs/Andreas Göbel (Hg.). Der Mensch – das Medium der Gesellschaft? stw 1177. 368 Seiten

André Kieserling
- Kommunikation unter Anwesenden. Studien über Interaktionssysteme. 520 Seiten. Gebunden
- Selbstbeschreibung und Fremdbeschreibung. Beiträge zu einer Soziologie des soziologischen Wissens. stw 1613. 306 Seiten

Bruno Latour
- Existenzweisen. Eine Anthropologie der Modernen. Gebunden. 665 Seiten
- Die Hoffnung der Pandora. Untersuchungen zur Wirklichkeit der Wissenschaft. Aus dem Englischen von Gustav Roßler. stw 1595. 386 Seiten
- Jubilieren. Über religiöse Rede. Gebunden und stw 2186. 250 Seiten
- Eine neue Soziologie für eine neue Gesellschaft. Aus dem Englischen von Gustav Roßler. Mit Abbildungen. 488 Seiten. Gebunden
- Das Parlament der Dinge. Für eine politische Ökologie. Aus dem Französischen von Gustav Roßler. 365 Seiten
- Wir sind nie modern gewesen. Versuch einer symmetrischen Anthropologie. Aus dem Französischen von Gustav Roßler. stw 1861. 205 Seiten

Bruno Latour/Vincent Lépinay
Die Ökonomie als Wissenschaft der leidenschaftlichen Interessen. Eine Einführung in die ökonomische Anthropologie Gabriel Tardes. Gebunden. 120 Seiten

Dieter Lenzen (Hg.). Irritationen des Erziehungssystems. Pädagogische Resonanzen auf Niklas Luhmann. stw 1657. 236 Seiten

NF 125/2/1.16

Niklas Luhmann

- Ausdifferenzierung des Rechts. Beiträge zur Rechtssoziologie und Rechtstheorie. stw 1418. 459 Seiten
- Das Erziehungssystem der Gesellschaft. Herausgegeben von Dieter Lenzen. stw 1593. 236 Seiten
- Funktion der Religion. stw 407. 324 Seiten
- Die Gesellschaft der Gesellschaft. Zwei Bände. stw 1360. 1164 Seiten
- Gesellschaftsstruktur und Semantik. Studien zur Wissenssoziologie der modernen Gesellschaft.
  Band 1. stw 1091. 319 Seiten
  Band 2. stw 1092. 294 Seiten
  Band 3. stw 1093. 458 Seiten
  Band 4. stw 1438. 185 Seiten
- Ideenevolution. Beiträge zur Wissenssoziologie. Herausgegeben von Andre Kieserling. stw 1870. 400 Seiten
- Kontingenz und Recht. Rechtstheorie im interdisziplinären Zusammenhang. Gebunden. 348 Seiten
- Die Kunst der Gesellschaft. stw 1303. 517 Seiten
- Legitimation durch Verfahren. stw 443. 261 Seiten
- Liebe. Gebunden. 94 Seiten
- Liebe als Passion. Zur Codierung von Intimität. stw 1124. 231 Seiten
- Macht im System. stw 2089. 156 Seiten
- Die Moral der Gesellschaft. Herausgegeben von Detlef Horster. stw 1871. 401 SeitenDie Politik der Gesellschaft. Herausgegeben von André Kieserling. stw 1582. 444 Seiten
- Der neue Chef. Gebunden. 120 Seiten
- Politische Soziologie. Gebunden und stw 2068. 499 Seiten
- Protest. Systemtheorie und soziale Bewegungen. Herausgegeben und eingeleitet von Kai-Uwe Hellmann. stw 1256. 216 Seiten
- Das Recht der Gesellschaft. stw 1183. 598 Seiten
- Die Religion der Gesellschaft. stw 1581. 368 Seiten

NF 125/3/1.16

- Schriften zur Kunst und Literatur. Herausgegeben und mit einem Nachwort von Niels Werber. stw 1872. 300 Seiten
- Schriften zur Pädagogik. Herausgegeben und mit einem Vorwort von Dieter Lenzen. stw 1697. 350 Seiten
- Soziale Systeme. Grundriß einer allgemeinen Theorie. stw 666. 675 Seiten
- Theorie der Gesellschaft. Neun Bände in Kassette. Die Kassette enthält: Soziale Systeme / Die Gesellschaft der Gesellschaft / Die Wissenschaft der Gesellschaft / Die Wirtschaft der Gesellschaft / Das Recht der Gesellschaft / Die Kunst der Gesellschaft / Die Politik der Gesellschaft / Die Religion der Gesellschaft / Das Erziehungssystem der Gesellschaft. Zusammen 5100 Seiten
- Die Wirtschaft der Gesellschaft. stw 1152. 356 Seiten
- Die Wissenschaft der Gesellschaft. stw 1001. 732 Seiten
- Zweckbegriff und Systemrationalität. Über die Funktion von Zwecken in sozialen Systemen. stw 12. 390 Seiten

Niklas Luhmann/Peter Fuchs. Reden und Schweigen. stw 848. 227 Seiten

Niklas Luhmann/Karl Eberhard Schorr. Reflexionsprobleme im Erziehungssystem. stw 740. 390 Seiten

Niklas Luhmann/Karl Eberhard Schorr (Hg.). Zwischen Intransparenz und Verstehen. Fragen an die Pädagogik. stw 572. 325 Seiten

Niklas Luhmann/Stephan H. Pfürtner (Hg.). Theorietechnik und Moral. stw 206. 267 Seiten

Rudolf Maresch/Niels Werber (Hg.)
- Kommunikation – Medien – Macht. stw 1408. 450 Seiten
- Raum – Wissen – Macht. stw 1603. 309 Seiten

NF 125/4/1.16

Richard Münch
- Die akademische Elite. Zur sozialen Konstruktion wissenschaftlicher Exzellenz. es 2510. 474 Seiten
- Akademischer Kapitalismus. Über die politische Ökonomie der Hochschulreform. es 2633. 459 Seiten
- Globale Eliten, lokale Autoritäten. Bildung und Wissenschaft unter dem Regime von PISA, McKinsey & Co. es 2560. 266 Seiten
- Offene Räume. Soziale Integration diesseits und jenseits des Nationalstaats. stw 1515. 318 Seiten

Armin Nassehi
- Gesellschaft der Gegenwarten. Studien zur Theorie der modernen Gesellschaft II. stw 1996 .362 Seiten
- Der soziologische Diskurs der Moderne. 502 Seiten. Gebunden

Armin Nassehi/Gerd Nollmann (Hg.). Bourdieu und Luhmann. Ein Theorievergleich. stw 1696. 272 Seiten

Frithard Scholz. Freiheit als Indifferenz. Alteuropäische Probleme mit der Systemtheorie Niklas Luhmanns. 287 Seiten. Kartoniert

Rudolf Stichweh
- Der Fremde. Studien zu Soziologie und Sozialgeschichte. stw 1924. 213 Seiten
- Der frühmoderne Staat und die europäische Universität. Zur Interaktion von Politik und Erziehungssystem im Prozeß ihrer Ausdifferenzierung im 16.-18. Jahrhundert. 427 Seiten. Gebunden
- Theorie der Weltgesellschaft. Soziologische Analysen. stw 1500. 275 Seiten
- Wissenschaft, Universität, Profession. Soziologische Analysen. stw 1146. 402 Seiten

NF 125/5/1.16

Helmut Willke

- Atopia. Studien zur atopischen Gesellschaft. stw 1516. 263 Seiten
- Demokratie in Zeiten der Konfusion. stw 2131. 175 Seiten
- Dezentrierte Demokratie. Prolegomena zur Revision politischer Steuerung. stw 2182. 200 Seiten
- Dystopia. Studien zur Krisis des Wissens in der modernen Gesellschaft. stw 1559. 291 Seiten
- Heterotopia. Studien zur Krisis der Ordnung moderner Gesellschaften. stw 1658. 356 Seiten
- Supervision des Staates. 380 Seiten. Gebunden

NF 125/6/1.16